Een marktanalyse:

★ Ik wil zicht hebben op branches en op sectoren.

★ Ik wil weten wat er te doen is in mijn marktsegment, en op mijn vakgebied.

★ Ik wil snappen hoe uitvoerende functies verschillen van bestuurlijke functies.

★ Ik wil een overzicht hebben van de beschikbare functies en bijbehorende competentieprofielen.

Een goede marktbenadering:

★ Ik wil sollicitatiebrieven schrijven die leiden tot een uitnodiging.

★ Ik wil een goed profiel op papier zetten waarmee ik kan schakelen en mixen voor specifieke functies.

★ Ik wil rustig en alert aan tafel zitten tijdens een sollicitatiegesprek.

★ Ik wil een goede deal kunnen sluiten in een afrondend gesprek over de arbeidsvoorwaarden.

Tijdens het proces kan je einddoel steeds duidelijker worden, maar het omgekeerde kan ook gebeuren; het einddoel wordt algemener en abstracter. Vaak gaat het er namelijk om dat je erachter komt welke algemene aspecten je zoekt in een baan. In eerste instantie willen de meeste mensen een bepaald soort functie in een bepaald soort organisatie (bijvoorbeeld de baan die een studiegenoot heeft of de baan die je nu hebt maar dan bij een ander bedrijf), en het is juist de kunst om dat doel *algemener* te formuleren en je niet langer te richten op een specifieke baan bij een specifieke organisatie. Het is zaak dat je leert opties te herkennen die er anders uitzien maar je uiteindelijk toch hetzelfde brengen.

Dit is een deel van het werk dat je doet in dit project: je doel helder voor ogen krijgen – soms in algemenere termen. Door na te denken over je doelen, ben je al bezig met het verwezenlijken ervan. Soms kun je je doel bereiken door in gesprek te gaan met je baas en afspraken te maken over wijzigingen in je takenpakket of arbeidsvoorwaarden. Maar misschien is dat niet wat je wilt of is dat bij je huidige werkgever niet haalbaar.

Je zult erachter komen dat er vele wegen zijn die naar Rome leiden – én het kan dat je onderweg merkt dat Athene voor jou ook een prima bestemming is. Zeer concrete doelen kunnen erg betrekkelijk zijn: als je graag op vakantie wilt naar een mediterraan land met een rotsachtige kustlijn, dan is er niet slechts één mogelijkheid, er zijn er vele. Het is belangrijk die mogelijkheden te herkennen als ze zich voordoen. En soms blijkt dat dat zonnige mediterrane nog niet haalbaar is: leer in te zien dat Ameland op zo'n moment, hoewel wat kouder, ook prachtig is.

Mensen maken het verschil; jij maakt het verschil!

Waar doe ik het eigenlijk voor? Wat vind ik echt belangrijk? Is dit wat ik wil? Wie ben ik? Wat kan ik? Is dit het beste dat ik kan? Zo nu en dan is het nodig om jezelf deze vragen te stellen en te evalueren hoe je leven eruitziet. Er is een viertal, bijna natuurlijke momenten waarop veel mensen dit doen:

★ tijdens en na het afronden van hun studie
★ rond hun 30^e
★ rond hun 40^e of 45^e
★ rond hun 50^e

Een vijfde evaluatiemoment – voor de VUT of pensionering, waarbij fitte babyboomers vol levenslust overdenken hoe ze de periode na hun werkzame leven in willen richten – laten we hier buiten beschouwing.

Het kan natuurlijk ook dat je door omstandigheden wordt gedwongen om de balans op te maken: de organisatie waar je werkt, gaat inkrimpen en jij moet vertrekken; je hebt een stevig verschil van inzicht over het gevoerde beleid, wat leidt tot een arbeidsconflict; je contract loopt af of je gaat verhuizen vanwege de baan van je partner.

Onze visie op werken is de laatste decennia veranderd. Een succesvolle carrière is tegenwoordig voor meer mensen bereikbaar, maar ook meer een eigen keuze omdat we belang hechten aan zelfontplooiing en de kwaliteit van ons leven. De meesten van ons geloven misschien niet in het Amerikaanse droomverhaal – van krantenjongen tot miljonair –, maar ambitie, gedrevenheid en geluk zijn wel voorwaarden voor een goede carrière. Een carrière is niet voor iedereen belangrijk. Sommige mensen kiezen er bewust voor, terwijl andere juist kiezen voor hun privéleven. Welke keus we ook maken, we maken hem bewust. We benutten niet alleen de natuurlijke momenten in ons leven om zaken op een rij te zetten, maar sturen meer en vaker aan op wat we belangrijk vinden, ook in de dagelijkse gang van zaken. En een regelmatig 'rondje rotonde' – zal ik afslaan of rijd ik nog een rondje om zaken te heroverwegen? – is steeds vaker een

gewoonte en niet meer gebonden aan onze leeftijdsdecennia.

Niet alleen de visie van werknemers is veranderd, ook die van werkgevers. In selectieprocedures zijn naast de opleiding en relevante werkervaring ook de 'zachtere' persoonskenmerken belangrijk geworden. Persoonlijke vaardigheden en motivatie van de kandidaat spelen een grote rol bij de keuze voor een nieuwe werknemer. Werkgevers kunnen steeds beter benoemen welke kwaliteiten en vaardigheden een toekomstige medewerker moet hebben en ze zijn steeds beter in staat onderscheid te maken tussen geschikte en minder geschikte kandidaten. Naast de feitelijke gegevens op je cv, is het dus van belang om ook je vaardigheden en je motivatie op een rijtje te zetten. Alleen dan kun je deze duidelijk en enthousiast op anderen overbrengen.

Mensen maken het verschil, jij maakt dus het verschil. Zorg daarom dat je:
★ weet wie je bent (capaciteiten en persoonlijkheid)
★ weet wat je kent (kennis)
★ weet wat je kunt (vaardigheden)
★ weet wat je gedaan hebt (opleidingen en werkervaring)

21

★ weet wat je wilt (eigen eisen, wensen en bereidheid)
★ weet wat je uitstraalt en oproept (*personal branding*: wat koop je als je jou koopt?)
★ weet wat je motivatie is en die kunt verwoorden, zowel schriftelijk als mondeling
★ goed voorbereid bent op elk onderdeel van de sollicitatieprocedure
★ goed weet wat de afnemer wil (profiel van de functie, profiel van de functionaris)
★ beschikt over een klantgerichte, commerciële houding

Voor een klantgerichte, commerciële houding moet je je verdiepen in de wereld van de ander, positief denken, alert reageren, zelf kansen creëren en risico's durven te nemen.

Aan de slag

Voordat je actieplannen gaat maken en als sollicitant aan de slag gaat, moet je, zoals dat in de marketing heet, een zelfanalyse maken: analyseren wie je bent – het product dat jij bent – en wat je kunt – de dienst die je te bieden hebt. Hiervoor bieden we je in deel 1 een aantal hulpmiddelen.

Maak er geen verplichte oefening van, maar kies – eventueel aan de hand van de inhoudsopgave – de onderdelen die jou aanspreken en waarvan je denkt dat ze je kunnen helpen. Zie dit boek als een bladerboek. Je hoeft geen compleet ingevuld boekwerk te maken, het gaat er om de puzzelstukjes te vinden die jouw plaatje compleet maken.

Nadat je een aantal oefeningen hebt gedaan, wordt je zelfbeeld concreter en specifieker. Hoe beter jij weet wat je kunt en wilt, hoe beter je weet welk pad voor jou haalbaar is, en welke bestemming realistisch. Als je je bestemming en kwaliteiten kent, kun je inschatten wat je nodig hebt om die bestemming te bereiken en anderen overtuigen van je kwaliteiten en motivatie.

Het is belangrijk onderweg goede zin te hebben en houden! Wellicht dat dit boek hierbij van dienst kan zijn. Een goede zelfanalyse zal je helpen om de volgende zet – het analyseren van je ambities – beter en doordachter te doorlopen.

3

Willen

Piloot of huisarts?

Sommige mensen hebben al jong een droombaan in gedachten, houden daar aan vast en eindigen inderdaad als piloot, arts of superster. Maar wat als je je toekomst niet zo duidelijk voor ogen hebt? Als je na je opleiding of na je tweede baan nog steeds niet goed weet wat *de* baan voor je is? Als je heel veel dingen leuk vindt of juist niet weet wat je wilt? Of als je op je vijfenveertigste echt iets anders wilt, maar niet goed weet wat? De goedbedoelde adviezen van je familie en vrienden helpen vaak ook niet: het zijn creatieve geesten, maar niemand slaat de spijker op zijn kop. Je wensen blijven abstract en ongrijpbaar.

Een manier om te concretiseren waar jij van gaat sprankelen, is jezelf in denkbeeldige situaties voor te stellen en te onderzoeken hoe dat voelt. Als je het helemaal voor het zeggen zou hebben, als er geen enkel obstakel zou zijn en niemand tegen je zou zeggen: 'Joh, dat kan niet', in welke baan of functie zie je jezelf dan? Zou je directeur van Shell zijn of de nieuwe Rik Felderhof? Ben je bekend en rijk of vecht je voor de dieren en de natuur? Welke beelden die je oproept, doen je het meest? Welke beelden maken je enthousiast? De volgende vragen helpen je om dit soort beelden op te roepen en niet meteen te vervallen in de dat-kan-toch-niet-stemming:

★ Als je morgen een miljoen wint, wat zou je er dan mee doen? Hoe ziet je leven er dan uit?

★ Er is een wonder gebeurd: je wordt wakker en je hebt de baan van je dromen, alleen weet je dat nog niet want het heeft zich vannacht afgespeeld, toen je sliep. De wekker gaat en je doet je ogen open: wat ga je doen, waar ga je naar toe? Start je achter je laptop op je werkkamer thuis en bepaal je zelf je programma voor de dag die voor je ligt? Loop je rond op een industrieterrein, vooral met 'technisch weer'? Trek je je kekke outfit aan om een spannend commercieel gesprek te gaan voeren? Of zie je jezelf

wachten op het vliegveld, tussen twee internationale klussen
door?

★ Wanneer ben je het meest in je element? Wat ben je dan aan het
doen en wat zien anderen je doen? Teken het eens uit.

★ Denk eens terug aan films die je gezien hebt of boeken die je gelezen hebt: in welke banen uit films en boeken kun je jezelf voorstellen?

Lisa

Lisa woonde in een penthouse in het centrum van de stad. Ze was een
varken. Ze had een snelle auto, een goede baan en een eigen kantoor-
tje, maar toch was Lisa niet gelukkig. Er was iets mis, en ze wist niet
wat. Haar hoed stond haar belachelijk, haar mantelpakjes jeukten en
haar hoge hakken knelden...

Toen moest ze bij de directeur komen. 'Je werk is belabberd, Lisa, het
bedrijf is niet tevreden. Neem vakantie en zorg dat je je zaakjes op orde krijgt.' Nog diezelfde dag trok Lisa de deur van haar penthouse achter zich dicht. Ze stapte in haar snelle auto en reed, en reed, en reed
tot de benzine op was. Toen stapte ze uit. Ze gluurde over een heg en
zag een weiland en midden in dat weiland zag ze een vijver en midden
in die vijver zag ze iets wat ze nog nooit gezien had. Varkens! En geen
hoge hak of mantelpak te bekennen. Ze zag varkens plonzen in de vijver, rollen in het gras. En ze zag hoe gelukkig die varkens waren! Plot-
seling begreep Lisa wat er mis was in haar leven. Ze rukte haar jurk
van zich af, schopte haar pumps uit en rende terug naar de auto om
haar mobiele telefoon te halen. 'Ik neem ontslag.'
(Wallace & Monks, 2000)

Mensen met een duidelijk toekomstbeeld blijken het verst te komen. Zij komen overtuigend over omdat ze levendig kunnen schilderen wat ze willen en waarom.

Waar loop je warm voor?

Je hebt vast wel eens een test in een tijdschrift ingevuld die aangaf wat voor type mens of medewerker je bent, of misschien ben je regelmatig te vinden bij het Testlab op www.vkbanen.nl, op www.go-nogo.nl of www.vdab.be/tests. Tests kunnen je helpen een scherper beeld te krijgen van jezelf en je kunt er taalgebruik uit leren dat in sollicitatiegesprekken van pas komt. Andere interessante sites als je je aan het oriënteren bent zijn www.intermediair.nl en (voor België) www.vacature.com.

Misschien heb je ook wel eens een assessment ondergaan (zie hoofdstuk 9, *Vervolg van de sollicitatieprocedure*) waarin je feedback kreeg over je persoonlijkheid, drijfveren en de dingen die je belangrijk vindt in het leven. Zoiets kan helpen om alles weer eens op een rij te zetten. De komende hoofdstukken bevatten instrumenten om jezelf aan een analyse te onderwerpen.

De sprinter of de marathonloper?

Naast je vele kwaliteiten en talenten en die paar mindere eigenschappen – wat kun je? – gaat het bij het maken van keuzes ook om wat je wilt en wie je bent: Wat hoort wel en niet bij je? Wat vind jij de leuke dingen in het leven? Wanneer is jouw leven spannend of aangenaam en wanneer voel je je oké? Om te bepalen welke baan of welk werk bij je past, is het van belang antwoord te vinden op dit soort vragen. Je bent tenslotte tig uur per week met je werk bezig.

Voor de zoektocht naar jouw motivatie – wat past bij mij? – kun je met het model in figuur 3.1 en de daarop volgende tabellen in kaart brengen welk menstype het dichtst bij jou ligt. Onze inspiratie voor dit model ligt bij Quinn (1996), Ofman (2002) en Moses (2003).

We onderscheiden acht types met verschillende oriëntaties in hun studie-, werk- en loopbaanrichtingen.
★ De mensenmens: als het maar met mensen is.
★ De carrièrejager: ik wil vooral vooruit komen.
★ De eigenheimer: ik wil mezelf blijven.
★ De zelfontwikkelaar: ik wil zoveel mogelijk leren.
★ De ondernemer: ik wil zelf bepalen welke kant ik uitga.
★ De innovator: het moet steeds nieuw zijn.
★ De zekerheidszoeker: niet te veel verandering a.u.b.
★ De minimalist: ik werk om te kunnen leven.

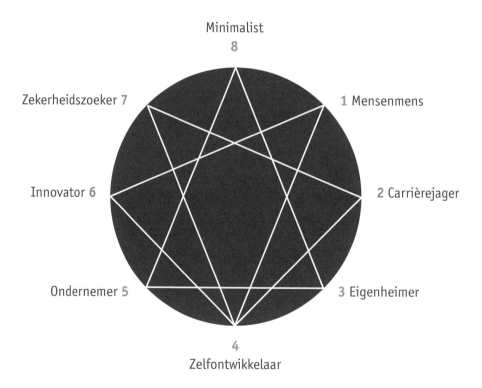

Figuur 3.1 Menstypes

Welk type past op dit moment het meest bij je? Afhankelijk van de omstandigheden waarin je verkeert en de levensfase waarin je zit, kan dit veranderen. Als je net je opleiding hebt afgerond, ben je misschien geneigd om voor 4 (zelfontwikkelaar) en 6 (innovator) te kiezen. Ben je pas ontslagen, of heb je een scheiding achter de rug en ben je toe aan rust, dan kies je misschien voor 7 (zekerheidszoeker). Er zijn geen goede of slechte types. Waar jij voor kiest, zegt enkel iets over het soort baan dat op dit moment meer of minder geschikt voor je is. Je bent uiteraard niet in een hokje te plaatsen en dus kunnen meerdere types van toepassing zijn. Bekijk de volgende beschrijvingen; welke spreken jou aan?

Onder 'kracht' staan de kwaliteiten die bij het desbetreffende type passen, onder 'valkuil' wordt beschreven wat dit menstype helemaal niet ligt. 'Passende combi' geeft aan in welke omgeving hij of zij helemaal tot zijn recht komt. En de 'misfit' moet dit type vooral uit de weg gaan! Leg je bevindingen vast in je logboek, want de informatie helpt je straks bij je oriëntatie op de markt (Deel 2).

Kracht	Valkuil
★ Communicatief vaardig. ★ Legt gemakkelijk contact, goed in netwerken. ★ Relatiebeheer en adviesgerichte verkoop.	★ Te aardig. ★ Alleen werken. ★ Te veel energie besteden aan lastige, onvriendelijke mensen. ★ Te weinig zakelijk, minder goed in resultaatgerichte communicatie, zoals telefonische verkoop, onderhandelen, efficiënt vergaderen. ★ Te weinig direct in het beoordelen van prestaties van anderen, omdat hij mensen accepteert zoals ze zijn. ★ Te positief en loyaal, te weinig kritisch eisend.
Passende combi	Misfit
★ Zakelijke dienstverlening, horeca, reisbranche. ★ Advies/consultancy, customer service, retail, bank/verzekeringsbranche, overheid, nutsbedrijven. ★ Dienstverlening met een hoge mate van sociale contacten, bijvoorbeeld het geven van trainingen of werken in een verzorgend beroep.	★ Solistische specialistische functie. ★ Eigen bedrijf met weinig sociale contacten. ★ Creatief werk. ★ Competitieve commerciële omgeving.

Figuur 3.2 Mensenmens

Kracht	Valkuil
★ Sterke prestatiemotivatie.	★ Jobhoppen: te kort in een functie of rol blijven om vaardigheden echt goed op te pikken.
★ Komt regelmatig uit de *comfortzone* om nieuwe vaardigheden te leren.	★ Obsessie voor geld en erkenning: te veel korte ter- mijn scoringsgericht, te weinig bezig met ontwikke- ling op langere termijn.
★ Goed in staat onderscheid te maken tussen strate- gisch belangrijk werk en urgent werk: daar wordt de energie ook op gericht.	★ Werk dat geen 'publiciteitswaarde' heeft, laten lig- gen. Te veel bezig met profileren en te weinig team- gericht.
★ *Personal branding:* zichzelf zichtbaar maken.	
★ Gevoel voor politiek.	★ Te veel gericht op eigen belang, te weinig consis- tent en betrouwbaar.

Passende combi	Misfit
★ Een competitieve op scoren gerichte omgeving: re- sultaatgericht.	★ Trage ambtelijke organisaties, sterk op overleg ge- richt.
★ Multinationale omgeving, consultancy, grote overheidsorganisaties, productie, telecom.	★ Weinig 'sexy', non-profit omgeving.
★ Eigen bedrijf.	★ Zorg en hulpverlening.
★ Werken in de media, als docent/hoogleraar bij een onderwijsinstelling.	★ Ondersteunende 'achter de schermen'-rollen.
★ Politiek.	

Figuur 3.3 Carrièrejager

Kracht	Valkuil
★ Zelfbewust: weet wat zijn kwaliteiten zijn en wat in zijn belang is.	★ Te kritisch, weinig flexibel en tolerant.
★ Integer.	★ Mensen veroordelen: omgeving op de eerste indruk afkeuren.
★ Consistent.	★ Principieel en rechtlijnig, weinig praktisch en com- promisbereid.
★ Expressief.	
★ Onafhankelijk: duidelijke eigen mening, durft tegen de stroom in te zwemmen.	★ Dilemma van eigen waarden hoog houden versus een rol met aanzienlijke status willen vervullen.

Passende combi	Misfit
★ Creatieve omgeving, media, culturele organisaties.	★ Organisaties met sterke gedragsregels en voor- schriften, consensuscultuur.
★ Ondernemende omgeving.	★ Multinationals als Shell, Unilever en Philips.
★ Vertegenwoordigende rol: advocatuur, professional in de gezondheidszorg, wetenschap.	★ Productie of engineering.

Figuur 3.4 Eigenheimer

Kracht	Valkuil
★ Prestatiemotivatie: gedreven.	★ Ongeduldig, raakt verveeld wanneer er weinig valt te leren.
★ Nieuwsgierig en voortdurend aan het leren.	
★ Hanteert hoge professionele normen en doet bijna altijd meer dan er gevraagd wordt.	★ Balans werk en privé: risico van burn-out.
	★ Drammerig, vol blijven houden tot het uiterste.
★ Neemt risico's en is bereid om nieuwe terreinen op vakgebied te verkennen en uit te proberen.	★ Weinig bereid om compromissen te sluiten.
★ Betrokken, integer.	★ Te veel doen en daardoor fragmentarisch werken en niet volgens kwaliteitsnorm presteren.
Passende combi	**Misfit**
★ Professionele werkomgeving (functie als leraar, advocaat, dokter, accountant, hr-specialist, trainer), veranderende organisaties.	★ Bureaucratische organisaties waar veel gebeurt op basis van vaste regels en routine.
★ Organisaties die mogelijkheid bieden voor het volgen van opleidingen.	★ Behoudende 'voorzichtige' werkomgevingen, waar men veel waarde hecht aan zekerheid en voorspelbaarheid.
★ Ontwikkelingsgerichte organisaties (stages, uitwisselingen, professionele promotie, training).	★ Sterk hiërarchische organisaties.
★ Werk waarin je je onafhankelijk kunt opstellen.	

Figuur 3.5 Zelfontwikkelaar

Kracht	Valkuil
★ Risico nemen: werken met ambiguïteit en onzekerheid. ★ Creatieve, onafhankelijke denker: daagt de gevestigde orde uit. ★ Comfortabel in een ongestructureerde, bewegende, ondernemende omgeving. ★ Sterk innovatief.	★ Gezag en richting accepteren. ★ Zich aanpassen, zeker in een politieke, teamgerichte omgeving. ★ Te snel verwerpen van ideeën omdat ze te weinig vernieuwend zijn. ★ Zich snel vervelen, snel ongeduldig zijn.
Passende combi	**Misfit**
★ Een omgeving waar zelfstandigheid en eigenaarschap gevraagd wordt. ★ Projectomgeving. ★ Kleine organisaties of onafhankelijke business units in grote organisaties waarin veel vrijheid gegeven wordt. ★ Professionele rol of een rol waarin de individuele bijdrage zichtbaar.	★ Grote bureaucratische organisaties. ★ Beleidsrollen die ver af staan van de praktijk. ★ Hiërarchische organisaties met weinig speelruimte waar veel geregeld is. ★ Autoritaire aansturing.

Figuur 3.6 Ondernemer

Kracht	Valkuil
★ Prestatiegericht. ★ Risico's nemen. ★ Nieuwsgierig. ★ Energiek. ★ Generalistisch: weet een beetje van veel.	★ Gemakkelijk verveeld. ★ Te weinig van toegevoegde waarde zijn omdat hij te kort op een plek zit. ★ Carrièrekeuzes: alles lijkt leuk, het gaat alle kanten op. ★ Zich verbinden aan anderen.
Passende combi	**Misfit**
★ *Start up*-situaties. ★ Marketing en strategievorming. ★ Omgeving met nieuwe uitdaging. ★ Eigen bedrijf. ★ Projectmanagement.	★ Een complexe, trage, politieke organisatie. ★ Stabiele 'markt'-omgeving. ★ Rol of opdracht die te lang duurt.

Figuur 3.7 Innovator

Kracht	Valkuil
★ Betrouwbaar en loyaal.	★ Te weinig onderzoekend en vernieuwend.
★ Teamspeler.	★ Rigide: niet goed overweg kunnen met onzekerheid en ambiguïteit, te weinig herkenbare eigen inbreng, te weinig onafhankelijk en kritisch.
★ Georganiseerde planner: afspraak is afspraak.	★ Flexibiliteit.
	★ Nemen van risico's.
Passende combi	**Misfit**
★ Gestructureerde organisaties: bank/verzekeringsbranche, overheid.	★ Ondernemende organisaties: snel, marktgericht, commercieel.
★ Onderwijs, kinderopvang en gezondheidszorg: branches die weinig last ondervinden van economische pieken en dalen.	★ Creatieve omgeving.
	★ Eigen bedrijf.

Figuur 3.8 Zekerheidszoeker

Kracht	Valkuil
★ Duidelijk in prioriteiten.	★ Te rechtlijnig vasthouden aan eigen grenzen, te assertief.
★ Zelfmanagement, intrinsiek gemotiveerd.	★ Te zeer een eigen koers varen.
★ Besluitvaardig.	★ Te afgepast, *flatlinend*.
	★ Inflexibiliteit: te weinig aanpassingsbereid.
Passende combi	**Misfit**
★ Organisaties waar aandacht is voor balans tussen werk en privé.	★ 24 uurs-dienstverlening.
★ Telewerken of thuis werken.	★ Horeca, reisbranche.
★ Eigen bedrijf wanneer dat succesvol is.	★ Productie of engineering.
★ Rollen met vanzelfsprekende autoriteit: rechterlijke macht, medisch specialist.	

Figuur 3.9 Minimalist

Je eigen waarden top tien

Wat vind je nou eigenlijk belangrijk in je werk en je leven? Hoe ge-makkelijker je die vraag kunt beantwoorden, des te beter je weet welke baan en welk soort organisatie bij je past.

Als je de volgende oefeningen doet – waarbij je je belangrijkste waarden formuleert – kun je wel eens voor verrassingen komen te staan. We zijn ons namelijk lang niet altijd bewust van wat we nou echt belangrijk vinden. Je merkt het als je mensen ontmoet met wie je direct een klik hebt, mensen met wie je na een half woord al op één lijn zit. Het is handig om dat soort mensen in je werkomgeving te hebben. Als je anderen voortdurend moet overtuigen en veel energie kwijt bent aan uitleggen waarom dingen voor jou belangrijk zijn, dan kun je je afvragen of jouw waarden voldoende overeenko-men met die van de organisatie of, concreter, met die van de men-sen die daar deel van uit maken.

Een waarde is niks anders dan dat wat jij belangrijk vindt. Veel waarden worden door veel mensen belangrijk gevonden: wie wil er nou geen goed salaris, ruimte om eigen beslissingen te nemen, inte-ressant werk en leuke collega's? Daarin verschillen de meeste men-sen niet en dat zou betekenen dat iedereen dezelfde baan wil. Toch is dat niet zo, dus waar zit het verschil?

Een simpele manier om daar achter te komen, is de volgende oe-fening. Stel, je wint twintig miljoen euro: wat zie je jezelf dan doen, wat zie je jezelf oppakken? Ga je je leven herinrichten, kap je zaken af, pak je nieuwe initiatieven op, blijf je werken, besteed je meer tijd aan je gezin? Je antwoorden geven aan waarvoor je kiest als een noodzakelijkheid zoals geld verdienen, wegvalt. Het verschil zit ook in de volgorde van de waarden: wat zet jij op nummer een, twee en drie? Kortom, wat vind jij het belangrijkst? Welke van de volgende waarden dragen in belangrijke of onbelangrijke mate bij aan plezier op je werk? Je kunt er natuurlijk ook neutraal tegenover staan.

	Belangrijk	Neutraal	Onbelangrijk
1. Prestatie Het gevoel ergens aan bij te dragen, mooie resultaten te boeken.	X		
2. Uitdaging Een persoonlijke en professionele uitdaging in mijn werk voelen.	X		
3. Avontuur/spanning Spannend werk doen en risico's nemen.	X		
4. Vooruitkomen Werk doen dat mogelijkheden biedt om een grotere verantwoordelijkheid te gaan dragen.	X		
5. Creativiteit en innovatie Nieuwe producten, materialen en diensten creëren. Nieuwe ideeën voortbrengen en die uitvoeren.		X	
6. Artistieke creativiteit Mooie kunstzinnige voorwerpen, afbeeldingen of producten maken.			X
7. Aantrekkelijke omgeving Werken in een omgeving die ik aantrekkelijk vind en waarin ik me op mijn gemak voel.	X		
8. Afwisseling en variatie Een baan die behoorlijk veel variatie of verschillende verantwoordelijkheden kent.	X		
9. Dicht bij het machtscentrum Een positie hebben waarin ik dicht bij het vuur zit, vaak contact heb met invloedrijke mensen en betrokken ben bij het nemen van belangrijke beslissingen.	X		
10. Competitie Een baan waarin mijn vaardigheden en capaciteiten afgezet worden tegen die van anderen.			X
11. Beheersbaarheid Een positie waarin ik zoveel mogelijk zelf mijn werktijd kan plannen.	X		
12. Ethiek Activiteiten ontplooien en werken in een omgeving die in overeenstemming is met mijn principes en die past bij mijn overtuigingen.		X	

Figuur 3.10 Belangrijke waarden

(vervolg op pagina 34)

	Belangrijk	Neutraal	Onbelangrijk
13. Blijk geven van deskundigheid Laten zien dat ik prima presteer, mijn werk goed begrijp en bekwaam en effectief ben.	X		
14. Externe structuur Werken in een omgeving die structuur biedt in de vorm van algemene richtlijnen, doelen en duidelijke verwachtingen. Weten aan welke normen ik moet voldoen.		X	X
15. Roem Bij een grote groep mensen bekend zijn en gewaardeerd worden.			X
16. Macht en gezag Werkzaamheden van anderen controleren en daar invloed op uit kunnen oefenen.	X		
17. Snelheid Werken in een omgeving waar snel en binnen bepaalde tijdslimieten resultaten behaald moeten worden.		X	
18. Interessesfeer Werken op een gebied dat belangrijk voor me is en waar ik me met interessante activiteiten kan bezighouden.	X		
19. Goed salaris Een inkomen hebben dat me een behoorlijke financiële armslag en status geeft.		X	
20. Onafhankelijkheid Werkzaamheden en prioriteiten bepalen zonder te veel rekening met anderen te hoeven houden of te veel door anderen aangestuurd te worden.	X		
21. Maatschappelijk verantwoord werken Werk doen waar de samenleving profijt van heeft.	X		
22. Mensen beïnvloeden De mogelijkheid hebben anderen in hun denken te sturen.		X	
23. Rustig werk In een omgeving werken met relatief weinig stress en spanning.		X	
24. Kennis Een baan die me in de gelegenheid stelt kennis te gebruiken en uit te breiden.	X		
25. Zelfstandigheid Een baan die mij in de gelegenheid stelt voornamelijk zelfstandig te werken.	X		

Vervolg figuur 3.10

	Belangrijk	Neutraal	Onbelangrijk
26. Interactie Een baan die mij in de gelegenheid stelt voornamelijk met anderen samen te werken.	X		
27. Leiderschap Degene zijn die anderen visie en richting geeft.	X		
28. Vrije tijd Naast werk genoeg tijd hebben voor bezigheden die ik belangrijk vind.	X		
29. Woon-werkverkeer Werken op korte afstand van mijn huis.		X	
30. Besluiten nemen Regelmatig een behoorlijk aantal besluiten kunnen nemen.	X		
31. Anderen stimuleren en helpen Werk doen waarin ik anderen kan steunen en waarin ik begrip kan tonen of op directe wijze dienstverlenend kan zijn.	X		
32. Orde Zorgen dat persoonlijke activiteiten, omgeving en werkstructuur netjes en ordelijk blijven en werken in een omgeving waar dingen op een geplande, systematische wijze gebeuren.			X
33. Fysieke uitdaging Een baan hebben die fysiek uitdagend en bevredigend is.			X
34. Plezier hebben Tijdens het werk regelmatig met anderen kunnen lachen en grapjes maken.		X	
35. Precisiewerk Een baan die een behoorlijke hoeveelheid accuratesse vereist.			X
36. Prestige/erkenning Werk doen dat anderen belangrijk vinden en erkenning krijgen voor de kwaliteit van mijn prestaties.		X	
37. Profijt/winst Werk doen dat van grote invloed is op de resultaten.			X
38. Contact met klanten Directe contacten met klanten.			X
39. Respect van anderen Respect van anderen krijgen voor mijn deskundigheid.		X	

	Belangrijk	Neutraal	Onbelangrijk
40. Zekerheid Weten dat ik mijn baan kan houden en steeds een redelijk salaris ontvang.		X	
41. Stabiliteit Werk doen dat voorspelbaar is en waarin weinig verandering zit.			X
42. Status Gerespecteerd worden om mijn positie door mijn vrienden, familie en sociale omgeving.			X
43. Steun van omgeving/superieuren Een begrijpende baas of werkgever aan wie ik rustig om advies, raad, hulp en steun kan vragen.	X		
44. Werken aan (de grenzen van) de wetenschap Met nieuwe ideeën komen, nieuwe technieken bedenken, in de voorhoede van een sociale of natuur-kundige wetenschap werken.		X	
45. Werken onder druk Werken in situaties die gedurende lange periodes grote concentratie vereisen en waarin ik mij nauwelijks fouten kan veroorloven.			X

Vervolg figuur 3.10

Het vaststellen van jouw top tien

★ **Zet 1:** Bepaal voor jezelf de tien belangrijkste waarden uit de voorgaande opsomming. Als er iets mist, kun je natuurlijk zelf een waarde formuleren of de omschrijving van bepaalde waarden aanpassen. Het gaat erom dat er zo precies mogelijk komt te staan wat jij belangrijk vindt.

★ **Zet 2:** Schrijf jouw tien waarden op tien losse papiertjes.

★ **Zet 3:** Leg de tien waarden voor je neer en vergelijk de eerste en de tweede waarde. Op je eerste briefje staat bijvoorbeeld 'prestatie' en op het tweede 'creativiteit'. Stel jezelf dan de volgende vraag: 'Stel dat ik kon kiezen uit een baan met veel creativiteit en maar een klein beetje prestatie enerzijds en een baan met veel prestatie en maar een klein beetje creativiteit anderzijds. Welke baan zou ik dan kiezen?' Dat waar je voor kiest – bijvoorbeeld creativiteit – komt op de eerste plaats, het andere – prestatie – komt op de tweede plaats. Nu ga je het tweede briefje vergelijken met het derde briefje, waar bijvoorbeeld 'zekerheid' op staat. Je stelt jezelf weer dezelfde vraag: 'Stel dat ik kon kiezen uit een baan met veel prestatie en maar een klein beetje zekerheid enerzijds en een baan met veel zekerheid en maar een klein beetje prestatie anderzijds, welke zou ik dan kiezen?' Als je prestatie nu het belangrijkst vindt, dan blijven het eerste en tweede briefje hetzelfde en kun je doorgaan met het derde en vierde briefje met elkaar vergelijken. Als je zekerheid belangrijker vindt dan prestatie, dan moet je creativiteit en zekerheid met elkaar vergelijken en bepalen welke op de eerste en welke op de tweede plek komt voordat je doorgaat met het derde en vierde papiertje, enzovoort.

Als je zo alle waarden met elkaar vergelijkt, kom je tot je eigen waarden top tien. Deze top tien kun je meteen uitproberen: ga na hoe deze waarden passen bij je huidige of laatste baan en vul jouw waarden top tien in in figuur 3.11.

Iemand die zijn eigen waarden top tien had gemaakt, werkte bij een bedrijf waar veel technologische innovatie plaatsvond. Hij dacht altijd dat hij werken met hoogwaardige technieken en de laatste ontwikkelingen het belangrijkst vond. Bij het invullen van zijn waarden bleek echter dat hij respectvol en eerlijk omgaan met collega's, klanten en zijn baas veel belangrijker vond. Sterker nog, een leuke dag op zijn werk was vooral een leuke dag als mensen respectvol en eerlijk met hem omgingen. Als dat niet gebeurde had hij een rotdag. Techniek was ook belangrijk voor hem maar het bepaalde zijn werkplezier veel minder dan hij dacht.

Waarde

	Wordt aan voldaan	Wordt niet aan voldaan
1.		
2.		
3.		
4.		
5.		
6.		
7.		
8.		
9.		
10.		

Figuur 3.11 Waarden top tien

Als er in jouw top tien waarden staan die te weinig aan bod komen in je huidige werk, dan heb je een reden om van baan te veranderen. Als je belangrijke waarden voldoende uit de verf komen in je werk, kun je jezelf gelukkig prijzen; als het goed is, heb je veel werkplezier.

Omdat je in de loop van je leven verandert, zal je waarden top tien niet altijd gelijk blijven. Het is verstandig om af en toe na te gaan of jouw top tien gewijzigd is. Tussen hun 35^e en 45^e worden veel mensen ontevreden over hun baan – de midlifecrisis of crisis van waarden – rond deze leeftijd worden andere dingen belangrijk dan voorheen. Zolang je je daar niet bewust van bent, kun je ontevreden zijn met je werk zonder dat je weet waarom. Regelmatig je waarden top tien bekijken, helpt om af en toe pas op de plaats te maken en te kijken of je nog goed zit.

Als je maar geen voetballer wordt... (ze schoppen je misschien halfdood)

We leven in een luxe tijd waarin we op het gebied van vrijetijdsbesteding allerlei keuzes kunnen maken. Het begint al in de kinderjaren; je ouders vonden het belangrijk dat je sportte of aan muziek deed. Het was belangrijk voor je sociaal-emotionele ontwikkeling of het gaf wat tegenwicht aan de inhoudelijke, rationele, westerse wereld. Op een gegeven moment koos je ervoor om je hobby door te zetten of koos je ervoor om iets anders te gaan doen. Koos je daar toen zelf voor of ben je er via vrienden op gekomen?

Misschien heb je er nooit zo bij stilgestaan, maar ook je activiteiten in je vrije tijd geven veel informatie over jezelf. Je stopt er niet voor niets zoveel tijd in: je vindt het leuk, het geeft je energie, je groeit erdoor, je kunt je competitiedrang kwijt, je ontmoet andere mensen, etc.

Weet je nog waarom je ooit bent gaat basketballen? Waarom ben je zo vaak in winkels te vinden? Waarom ga je zo graag naar de film? Patronen die je in je vrije tijd misschien al heel lang hanteert, zeggen veel over je. Ze kunnen je helpen scherp te krijgen wat je leuk vindt en wat je minder leuk vindt, waar je wel voor kiest en waar je niet voor kiest. Hieronder volgt een aantal voorbeelden van drijfveren die een plek krijgen via je hobby. Waaraan besteed je je vrije tijd? Kun je bedenken waarom? Gaat het om vastgesleten gewoonten of haal je er als persoon steeds wat uit?

Activiteit	Motivatie
Voetbal	Gezamenlijk presteren. Competitiedrang: ik wil winnen.
Lezen	Me verdiepen in de wereld van anderen geeft me rust.
Koken	Ik vind het leuk om waardering van mijn gasten te krijgen. Goed inkopen en organiseren vind ik een uitdaging.
Jeugd hockeytrainer	Kinderen iets leren trekt me aan.
Backpacken	Ik ben steeds op zoek naar vrijheid, ik zit niet graag in een keurslijf.
Winkelen	Ik bekijk en koop graag kleding. Mijn kleding is mijn keurmerk, mijn personal branding: ik kan me ermee uitdrukken.
Galeries bezoeken	Ik word rustig en opgewekt van het kijken naar mooie dingen. Schoonheid en esthetiek zijn belangrijke waarden voor me.

Figuur 3.12 Vrije tijd

Maak voor jezelf een kaart (*mindmap*) waarin je je vrijetijdsbesteding en je drijfveren uitwerkt. Figuur 3.13 dient als voorbeeld.

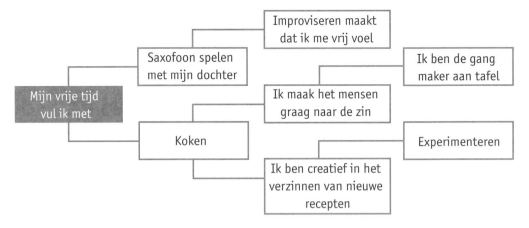

Figuur 3.13 Voorbeeld mindmap

Dankzij je moeder won je Idols: maar wat wil je zelf?

Voor je het weet, loop je – bewust of onbewust – op het pad dat je ouders voor je uitgestippeld hebben. Je oom en je grootvader zaten bijvoorbeeld in de bouw en je moeder was er werkvoorbereider. Jij wist niet goed wat je wilde en op aanraden van je ouders ging je bouwkunde studeren; een brede studie waar je alle kanten mee op kunt. Je liep stage bij een bouwbedrijf, bent daar gebleven en inmiddels werk je er alweer vier jaar.

Maar het knaagt; je gaat niet fluitend naar je werk en je zoekt en vindt je plezier daarbuiten. Je ervaart je werk als een verplichting en ziet het meer als een keurslijf dan als een manier om de wereld je echte ik te laten zien. En dan die urenschrijverij: gek word je ervan, want eigenlijk ben je iemand die de tijd wil nemen. Je stond vroeger altijd te dromen voor de spiegel en vond het heerlijk om toneel te spelen en te zingen. Maar dat komt er gewoon niet van, je hebt er geen zin meer in. Sowieso lijk je weinig tijd te hebben voor de echt leuke dingen. Het is tijd om eens te bekijken of je je interne kompas nog wel volgt! Waar lekt je energie heen? Past dat wel bij jou? Is dit je ware ik?

Alex

Alex werkt op het hoofdkantoor van een groot bedrijf op de afdeling strategische planning – een afdeling met status, je moet wel het een en ander meebrengen om daar te kunnen werken. Alex verdient goed, iets wat hij in het begin graag aan zijn vrienden vertelde, die er wel van onder de indruk waren.

Het laatste jaar heeft hij echter steeds minder te doen omdat de markt niet meezit en het bedrijf er niet goed voor staat. Alex merkt dat hij thuis steeds vaker voor de televisie hangt en dat er weinig uit zijn handen komt, terwijl hij op zijn werk nauwelijks wat te doen heeft. Bovendien hebben zijn projecten een ellenlange doorlooptijd. Alex trekt zich steeds meer terug, totdat hij een goed gesprek heeft met een vriend. Die wijst hem erop dat hij stilstaat, lui wordt en niet meer groeit. Alhoewel Alex dit zelf ook wel ziet, heeft hij nog niet de energie om er wat aan te doen. Een actieve P&O-ster stelt hem voor naar een loopbaancoach te gaan. Met zijn coach brengt hij in kaart waar hij energie van krijgt en wat hem doet opbloeien, maar ook wat hem in een neerwaartse spiraal brengt (zie figuur 3.14).
Status blijkt eigenlijk niet belangrijk voor hem, maar voor zijn omgeving. Alex zelf vindt variatie en resultaten belangrijk, daar krijgt hij een kick van. Hij besluit van baan te wisselen en wordt projectleider bij een consultancy kantoor.

Energiegevers		Energievreters	
werk	*privé*	*werk*	*privé*
Analyseren	Dagdromen met vrienden	Geneuzel over details	Administratie
Organiseren op hoofd-lijnen	Filosoferen	Collega's die pochen	Verplichte bezoek-jes aan familie
Snel resultaat	Mountainbiken	Op uur en tijd werken	Tv kijken
Tevreden klanten	Reizen	Klaagzang van klanten of collega's	Huis opknappen
Complimenten van collega's	Musicals bezoeken met de kinderen	Politieke spelletjes	
Deadlines			

Figuur 3.14 Wat geeft energie en wat vreet het?

41

Maak een analyse van jouw energiegevers en -vreters om te onderzoeken of hetgeen je doet of wilt gaan doen, wel echt bij je past. Waar krijg jij energie van? Wat vreet jouw energie? Je werkt misschien 40 uur in de week of nog meer; je kunt er maar beter zoveel mogelijk uithalen!

Is er een plaats tussen de sterren, waar je heen wilt gaan?

Je beeld van de arbeidsmarkt wordt waarschijnlijk sterk bepaald door je omgeving: je vrienden, je buurtgenoten, je ouders, je voetbalteamgenoten, je hardloopclub, je carnavalsband... Wil je goed inschatten in welke omgeving of welk gebied je past, dan is het belangrijk om met verschillende mensen te praten.

De zoon die bakker wordt omdat dat in de familie al jaren zo gaat, is iets wat steeds minder voorkomt. Elke baan heeft zijn voor- en nadelen en die verschillen per persoon – *in the eye of the beholder*. Denk je bij het vak van bakker aan de nachtelijke uren die je moet maken, of denk je aan de creativiteit die je kwijt kunt bij het samenstellen van het assortiment? Denk je aan de administratieve rompslomp van het zelfstandig ondernemerschap of denk je aan de vrijheid en flexibiliteit die je als zelfstandig ondernemer hebt?

Je kunt pas een realistisch beeld van de arbeidsmarkt krijgen en de plussen en minnen afwegen als je de nodige informatie hebt over voor jou belangrijke branches en de daarin aanwezige functies. Je moet dus niet alleen jezelf goed kennen, een scan van alle branches is ook belangrijk.

Branches en werksoorten onderzoek

Een aantal tips om een beeld van de arbeidsmarkt te krijgen:

★ Vraag aan familieleden en vrienden naar hun werk en de aantrekkelijke kanten en de schaduwzijden van hun branche.

★ Zoek informatie over branches, bijvoorbeeld in *Breng beweging in je loopbaan* (Kuijpers 2005), of in de *Beroepengids tot en met mbo-niveau* en de *Beroepengids vanaf mbo-niveau* (LDC Publicaties, verschijnt jaarlijks). Branches die bij Kuijpers aan bod komen, zijn bijvoorbeeld voeding, gebouwen, kleding, gezondheid en zorg, natuurlijke omgeving en energie en grondstoffen.

★ Googelen op de *look & feel* van branches geeft je beelden en ge-voel mee: spreekt de taal, de aanspreekvorm, de dynamiek, de uitstraling je aan?

★ Maak een werksoortenanalyse: ben je altijd geïntrigeerd geweest door transport, of het nu treinen of vrachtwagens waren? Dan is de logistiek wellicht een interessante branche voor jou. Was je tijdens boswandelingen altijd bezig de planten en de insecten te bestuderen? Wilde je het naadje van de kous weten, gewoon om-dat het onderzoeken je aansprak? Dan is onderzoek en ontwikke-ling bij bijvoorbeeld een wetenschappelijk instituut misschien iets voor jou. Kuijpers geeft in haar boek een uitgebreide be-schrijving van een aantal werksoorten: onderzoek en ontwikke-ling, productie, controle, logistiek, inkoop en verkoop, personeel en organisatie, administratie, leiding en zelfstandig onderne-merschap.

★ Maak een advertentieanalyse: scan internet (Intermediair, VKba-nen, Monsterboard, enzovoort) en kranten op personeelsadver-tenties om branches te vinden die je aanspreken. Het gaat dus niet om de vacatures, maar om de informatie over de organisatie en de branche. Welke beelden roept de informatie uit adverten-ties bij je op? Welke branches lijken jou wat?

Alle informatie kun je hieronder bundelen. Welke conclusies kun je trekken? Wat trekt je aan, wat streep je zeker weg? Welke informatie mis je nog en bij wie kun je die halen?

De branches die me trekken   →
                                  →
                                  →

Omdat ---

Werksoorten die me liggen →

→

→

Ervaringen daarin zijn --

Organisaties die ik heb geselecteerd via de advertentieanalyse

→

→

→

→

→

→

→

→

→

→

Aantrekkelijke kanten zijn namelijk --

Rode draad in deze analyse?

Charlotte

Charlotte heeft na haar atheneum een opleiding tot directiesecretaresse gevolgd. Daarna is zij gaan werken bij een multinationaal chemisch bedrijf. Ze maakt er carrière als achtereenvolgens directiesecretaresse, managementassistente en persoonlijk assistent van de *vice-president* van het bedrijf in Europa. Ze heeft veel ervaring opgedaan met het organiseren van grote evenementen, congressen en bedrijfsfeesten. Het bedrijfsonderdeel waar zij werkt wordt verkocht aan een Amerikaanse belegger. Haar Europese stafrol vervalt en ze krijgt de gelegenheid zich te oriënteren op een volgende stap in haar organisatie of daarbuiten.

Als Charlotte begint aan haar zelfanalyse heeft ze het idee dat een overstap naar P&O-werk aantrekkelijk kan zijn; het is de enige afdeling binnen het bedrijf die ze nog niet kent. Uit een loopbaanassessment komt naar voren dat haar werk- en denkniveau van academisch gehalte zijn, maar ook dat ze liever niet op de voorgrond treedt, en dat ze zich bescheiden en dienstverlenend opstelt. Daarnaast hecht ze veel waarde aan zelfstandigheid en aan eigen speelruimte. Haar kracht ligt met name in het plannen en het organiseren en ze is enthousiast over alles wat te maken heeft met sfeer en ambiance, kleur, cultuur en feest. Charlotte en haar coach beslissen dat ze haar opleiding beschouwen als gelijk aan de hogere hotelschool of heao commerciële economie.

Charlotte komt er gaandeweg achter dat ze, ondanks haar twintig dienstjaren, liever ergens anders zou werken. Ook komt ze tot de conclusie dat P&O-werk niet echt haar belangstelling heeft. Zij wil graag projectmatig werken, en ze heeft graag te maken met het inkopen van diensten. Bij voorkeur werkt ze onder verantwoordelijkheid van een directielid. Ze raakt enthousiast bij de gedachte aan projecten bij een evenementenorganisatie, en in dat licht het inkopen van diensten en het betrekken van eigen personeel en freelancers. Ze begint haar marktoriëntatie en -benadering door contacten in deze richting te leggen en uit te bouwen.

45

Competentie-onderzoek

Nu je een analyse van de branches en werksoorten hebt gemaakt, is het goed je bewijslast te gaan verzamelen: wat wordt er in jouw favoriete branche en werksoort gevraagd aan kwaliteiten, en heb je die in huis? Vragen ze bijvoorbeeld 'financieel inzicht', 'onderhandelingsvaardigheden' of 'visie', ga dan eens bij jezelf na of dat bij jou wel snor zit. Hoe beter je weet wat er gevraagd wordt, hoe beter je dingen bij jezelf kunt afvinken of extra onderzoeken. Veel organisaties gebruiken de term 'competenties' – eerst dus even de definitie daarvan (van GITP): een competentie is het vermogen om effectief te presteren in een bepaald type taaksituatie of bepaald type probleemsituatie.

Het gaat bij competenties dus om vaardigheden, kwaliteiten en/of talenten die van je gevraagd worden in een bepaald werkgebied of in een bepaalde branche. Heb je op een rijtje wat jouw competenties zijn? En kun je vanuit jouw competenties de vertaalslag naar een andere branche maken? Vaak genoeg blijven mensen in hun 'eigen straatje' denken en zoeken, enkel omdat ze geen beeld hebben bij functies buiten hun vakgebied of organisatie. Om dit te voorkomen, volgt hier een aantal competentieprofielen per werkgebied.

Vergelijk de profielen in figuur 3.15 met je eigen competenties en trek je conclusies (zie hoofdstuk 8, *Een handboek voor het opstellen van een succesvolle sollicitatiebrief en cv*).

Commercie	*Consultancy/advies*
Overtuigingskracht	Onafhankelijkheid
Communicatieve vaardigheden	Omgevingsbewustzijn
Resultaatgerichtheid	Commercialiteit
Klantgerichtheid	Creativiteit
Contracterend vermogen	Klantgerichtheid
	Overtuigingskracht

Inkoop	
Luistervaardigheden	*Management en leidinggeven*
Onderhandelingsgerichtheid	Leidinggevende vaardigheden
Integriteit	Stimulerend/enthousiasmerend vermogen
Vasthoudendheid	Ontwikkelingsgerichtheid
	Daadkracht
	Doelgerichtheid
Techniek	Besluitvaardigheid
Analytisch/conceptueel vermogen	Organisatietalent
Oordeelsvorming	Overtuigingskracht
Organisatie sensitiviteit	Initiatief

Figuur 3.15 Competentieprofielen

Je kijkt uit het venster en je ziet...

Eerder vroegen we je al in wiens schoenen je het liefst zou staan. We gaan nu wat verder. We gaan de buitenwereld die jij met al je talenten en wensen gaat bestormen, concretiseren.

Zie je jezelf in een kantoortuin zitten met veel leuke collega's (denk aan de film *Working girl* met Melanie Griffith en Harrison Ford) of heb je je eigen winkeltje? Zit je zelfstandig te sleutelen in de machinekamer van een schip of werk je in een werkplaats met de geur van olie of kunststof in je neus en een team van specialisten om je heen? Zie je een klas of een schoolplein met kinderen voor je of computers met de nieuwste technologie? Vlieg je voortdurend van de ene naar de andere plek of zit je aan het hoofd van een vergadertafel met mannen en vrouwen in pakken om je heen? Hoe meer van dit soort beelden je kunt oproepen, hoe gerichter je kunt bepalen wat wel en wat niet bij je past.

Aan de hand van de volgende assessmentinstrumenten kun je nagaan of je liever als generalist of als specialist werkt en of je voorkeur daarbij uitgaat naar grote of kleine organisaties en naar bedrijfsleven of overheid. Bepaal welke uitspraken het meest op jou van toepassing zijn.

Grote of kleine organisatie?

Hou je van duidelijkheid of structuur en hiërarchie? Wil je een bedrijf met naam, of hecht je daar niet aan? Wil je investeren in jezelf of je eigen gezicht laten zien? Vind je status belangrijk, of korte lijnen?

Groot	Past bij mij	Weet niet	Absoluut niet
Ambities voor een loopbaan in het buitenland.			
Duidelijke, gestructureerde carrière.			
Professionele begeleiding bij mijn ontwikkeling.			
Vastgestelde koers voor mijn loopbaan.			
Veel tijd en geld voor mijn opleiding en training.			
Diplomatiek.			
Goed omgaan met regels en procedures.			
Naamsbekendheid van het bedrijf vind ik belangrijk.			
Zekerheid.			
Deel uitmaken van een groter geheel.			
Totaal			

Klein	Past bij mij	Weet niet	Absoluut niet
Loopbaan zelf invullen.			
In Nederland of België blijven.			
Vervelend om directe beslissers niet direct te pakken te krijgen.			
Afkeer van communicatie over verschillende schijven.			
Allergie voor machtsspelletjes.			
Kunnen meebeslissen.			
In kleine, informele groepen werken.			
Resultaat zien van mijn inspanningen.			
Totaal			

Figuur 3.16 Groot of klein

Bedrijfsleven of overheid?

Grosso modo kunnen we zeggen dat er in het bedrijfsleven doel- en resultaatgerichter gewerkt wordt dan bij de overheid. De lijnen in het bedrijfsleven zijn korter en de producten meestal veel concreter. In het bedrijfsleven word je directer aangesproken op het resultaat en de bijdrage die je levert. Bovendien draait in het bedrijfsleven alles om winst en verlies en kosten en baten.

Bij de overheid heb je vaker te maken met maatschappelijk relevante onderwerpen en je moet kunnen omgaan met gelaagdheid en met inspraakprocedures en dergelijke. Bij de overheid draait het meer om inhoudelijke kwaliteit, meer om draagvlak creëren voor beslissingen, dan om pragmatisme.

Bedrijfsleven	Past bij mij	Weet niet	Absoluut niet
Ik vind het vervelend als mijn inspanningen geen helder eindproduct opleveren.			
Geld verdienen vind ik belangrijk.			
Als het goed is voor mijn carrière, vind ik overwerk niet erg.			
Ik ben gevoelig voor status.			
Ik wil niet slechts een radertje in het geheel zijn.			
Ik wil snel carrière maken.			
Ik houd ervan om snel en direct te communiceren.			
Ik heb een hekel aan communicatie over verschillende schijven.			
'Niet praten maar doen', is mij op het lijf geschreven.			
Ik haat formaliteiten.			
Ik wil een stempel drukken op het eindresultaat.			
Ik vind dat maatschappelijke betrokkenheid zijn beperkingen kent.			
Totaal			

Overheid	Past bij mij	Weet niet	Absoluut niet
Ik houd van intellectuele uitdagingen.			
Abstracte onderwerpen trekken me aan.			
Ik vind werken leuk, maar niet ten koste van alles.			
Mijn werk moet maatschappelijke relevantie hebben.			
Ik kan goed omgaan met regels en procedures.			
Ik vind de inhoud van de boodschap van belang, de verpakking komt op de tweede plaats.			
Ik heb een lange adem.			
Integriteit neem ik serieus.			
Ik hecht eraan te weten waar ik aan toe ben.			
Totaal			

Figuur 3.17 Bedrijfsleven of overheid

Specialist of generalist?

Gaat het bij jou om liefde voor het vak of ga je voor een managementfunctie als bijvoorbeeld lijnmanager, project- of programmamanager? Managen betekent veel vergaderen en overleggen en coachende of corrigerende gesprekken met medewerkers voeren. In ieder geval gaat het erom dat je resultaten boekt met en via andere mensen. Als specialist ben je juist inhoudelijk met je vak bezig.

Generalist	Past bij mij	Weet niet	Absoluut niet
Ik weet graag van veel een beetje.			
Het gaat mij om het resultaat, minder om de inhoud.			
Het interesseert me hoe bedrijven gerund worden.			
Ik ben goed in regelen en organiseren.			
Leidinggeven doe ik al van kleins af aan, ik ben vaak aanvoerder van een team.			
	Totaal		

Specialist	Past bij mij	Weet niet	Absoluut niet
Ik wil graag inhoudelijk bezig zijn.			
Regelen vind ik afschuwelijk.			
Budgetten en planningen doen me niets.			
Ik werk het liefst achter mijn computer inhoudelijke stukken uit.			
Ik communiceer het beste via papier.			
	Totaal		

Figuur 3.18 Generalist of specialist

Je hebt nu een globaal beeld van je voorkeuren: een groot of klein bedrijf, bedrijfsleven of overheid en generalist of specialist. Dit komt van pas als je in deel 2 verder gaat kijken naar specifieke functies.

Marco

Marco werkt al enige jaren in de verzekerings- en makelaardijbranche. Vanwege een aantal redenen (privé en zakelijk) heeft hij kort na elkaar een aantal carrièrestappen gemaakt. Sinds kort heeft hij een functie als hypotheek-adviseur, maar voordat zijn proeftijd verlopen is, realiseert hij zich dat hij niet op de juiste plek zit. Hij besluit zich eens goed te oriënte-ren.

Tot op heden is Marco vooral opportunistisch te werk gegaan. Hij keek voornamelijk naar de status en de financiële voordelen die een baan hem opleverden. Na enkele gesprekken en een grondige zelfanalyse weet hij zijn wen-sen duidelijk te formuleren:

★ Het vak van hypotheekadviseur spreekt hem aan.
★ Hij heeft structuur nodig.
★ Hij wil werken in een groter team waarin hij regelmatig kan afstemmen en waardering krijgt.
★ Zijn baan moet hem mogelijkheden bieden voor persoonlijke ontwikkeling.
★ *Leads* moeten uit de organisatie komen, hij wil zelf geen ac-quisitie doen.
★ Zijn organisatie moet kwaliteitsgericht werken hoog in het vaandel hebben staan.

Marco werkte steeds bij kleine kantoren in so-lofuncties maar hij blijkt veel beter op zijn plaats te zijn bij een grote organisatie. Hij gaat zich oriënteren bij een aantal banken en verzekeringsmaatschappijen.

Pas op de plaats en dan eentje vooruit

Zo, je bent alweer stukken verder in je zelfanalyse. Kriebelt het al als je je toekomstscenario's voor je ziet? We adviseren om regelmatig de beelden over je toekomst in gedachten te nemen, ze weg te schrij-ven in je logboek en hier zoveel mogelijk details in op te nemen.

51

Hoe meer het gaat leven en hoe lonkender het perspectief wordt, hoe meer je bereid bent ernaartoe te bewegen en die eerste kleine stap te zetten. Neem je logboek er dus herhaaldelijk bij en krabbel, teken, brainstorm erop los. De beelden over je volgende stap groeien!

Natuurlijk kom je ook dilemma's tegen bij je oriëntatie: in deel 3 komen we hier uitgebreider op terug. Dromen gaat in de regel gemakkelijker wanneer je jonger bent, omdat het voelt alsof de bomen de hemel nog in groeien. Realiteitsgevoel en druk om de juiste keuze te maken, nemen toe met de jaren. Tegelijkertijd is het ook goed je te realiseren dat juist een stap zetten de nieuwe realiteit in gang zet. Analyseren is onontkoombaar, blijf echter niet vastzitten in dilemma's – doe ook!

Professional of manager?

Vraag
Ik geef sinds een paar maanden leiding aan een logistiek team: als hoofd logistiek maak ik deel uit van het managementteam op de productielocatie. Daarnaast heb ik nog steeds mijn oude taak, de productieplanning. Ik ben altijd geroemd om mijn nauwkeurigheid, nooit een foutje te vinden. Nu loop ik er echter tegenaan dat ik de slag maar niet maak van deze uitvoerende taken naar het aansturen van mijn team. Ik merk dat mijn manager meer van mij verwacht, het lukt me maar niet om te deliveren.

Antwoord
De dilemma's die je beschrijft zijn heel herkenbaar: waar je in je uitvoerende rol vooral om je resultaten bent geprezen (het werk was altijd af, nul fouten, kloppende schema's), gelden er voor je rol als leidinggevende hele andere criteria. Wat is nu af wanneer het af is? Hoe zichtbaar is dat voor anderen? En hoe bepaal je eigenlijk waar je je tijd aan besteedt? Vaak zijn we van rol gewisseld maar proberen we met oud gedrag andere resultaten te krijgen. Wanneer je dat zo leest, lijkt dat natuurlijk logisch, zit je er middenin dan zie je het vaak niet. Je definitie van werken moet je gaan aanpassen, dat is de 1e klus waar je voor staat. Werken als leidinggevende betekent praten, praten, praten. En dat vooral vanuit een zelf uitgedacht en afgestemd plan. Waar je je in de uitvoering kunt laten leiden door duidelijk omlijnde taken, wat de dag aan brand blussen brengt en anderen je vragen, vraagt leidinggeven om anticiperen, vooruit plannen, de agenda's van je MT collega's kennen, beïnvloeden. Kortom, zelf koers bepalen en via anderen zorgen dat het voor elkaar komt. Dat is nieuw terrein voor je als gewezen professional. Dat vraagt om het kantelen van je 'mindset'. Wat jij wil en als doelen formuleert, is leidend: je

creëert je eigen realiteit en daarmee je agenda. Die overgang vraagt om ruimte in je agenda. Dus als eerste die productieplanning weg delegeren, is mijn advies. Welke ambitieuze, nauwkeurige medewerker heb je in je team die toe is aan een volgende klus? Of onderhandel met je baas uit dat er uitbreiding van je team komt. Jij staat aan het stuur en zult de eerste stappen moeten zetten in deze. Streep een aantal dagdelen weg om aan je plan te gaan werken. En presenteer dit met verve aan je baas of aan het MT. Andere tip hierbij is om de kontakten met je collegamanagers aan te halen: ga meer bij ze langs, vraag hun advies en vraag door waar hun belangen en aandachtspunten zitten. Je krijgt hiermee zicht op wat jij zelf weer aan prioriteiten moet gaan stellen in je plan en voor je team.

Zoek naar bondgenoten en ken je tegenstanders wanneer je verbeteringen wil invoeren of zaken anders wil gaan aanpakken die raken aan de belangen van je collegamanagers. En als laatste, formuleer voor jezelf wanneer je je werk goed hebt gedaan. Wees realistisch in je ambitieniveau: een team dat al even niet goed loopt heeft extra aandacht nodig, het opbouwen van relaties met collega's en netwerken binnen je organisatie vraagt om tijd en ruimte. En in het begin werken er nog velen met 'oude' beelden over je en zullen je dus ook op die beelden bevragen. Neem je tijd, focus en herdefinieer je werk. En beoordeel dan of je het leuk vindt, want je hebt echt een wezenlijk andere baan. Enjoy!

(Volkskrant banen, column De Loopbaancoach, Yolanda Buchel, 22 augustus 2006)

4

Kunnen

Jouw portfolio: een eerste scan

Om een beslissing te nemen over een passende zet in je loopbaan, is het goed om terug te kijken op je ervaringen. Datgene wat je in het verleden gedaan hebt, zegt veel over je kwaliteiten. Welke keuzes heb je gemaakt, en waarom?

'Gedrag voorspelt gedrag', zeggen selecteurs vaak. Dit wil niet zeggen dat je steeds hetzelfde zult kiezen en steeds hetzelfde zult blijven doen, maar wat je tot nu toe koos, zegt wel iets over wat je graag doet, over waar je goed in bent, en over wat je leuk en minder leuk vindt. Je weet al veel van jezelf, maar je moet er even voor gaan zitten om je er bewust van te worden.

Je kunt hiervoor de activiteiten uit je verleden systematisch in kaart brengen. Het gaat daarbij om opleiding, werk, nevenactiviteiten en hobby's. Het is een klus, maar het resulteert in een helder en op feiten gebaseerd overzicht van je ervaringen en van je sterke en minder sterke kanten.

Aan de orde komen:
★ opleidingen
★ werkervaring
★ nevenfuncties
★ relevante privé-omstandigheden en gezondheid
★ sterke en zwakke punten, eisen en wensen

Periode in jaren	Opleiding	Diploma?	Wanneer?	Waarom deze opleiding?
1.				
2.				
3.				

1 Opleidingen

1. Wat vond (en vind) ik relatief gemakkelijk om te leren?

----

2. Wat vond (en vind) ik relatief moeilijk om te leren?

----

3. Wat doe ik anders dan een jaar geleden? Door wat of wie komt dat? Wat zegt dat over mijn favoriete leerstijl? Wat moet ik vooral meer doen om te kunnen leren?

----

4. Volg ik op dit moment nog een opleiding? Zo ja, met welk doel?

----

5. Welke nieuwe vaardigheden of kennis wil ik me graag eigen maken? Op welk gebied?

----

6. Hoe denk ik dat te kunnen bereiken? Welke opleidingen of cursussen moet ik daarvoor volgen? Hoeveel tijd moet ik daarin investeren?

----

2 Werkervaring

1. Maak een chronologisch overzicht van je werkverleden. Ook een stageperiode of een bijbaan kun je als functie behandelen. Zet voor elke functie de volgende gegevens op een rijtje:

Eerste functie
Organisatie, periode, functietitel, formele plaats in de organisatie

----

Welke verantwoordelijkheden had ik?

Welke doelen wilde ik realiseren?

Op welke wijze realiseerde ik die doelen?

Wat liep goed? Wat zie ik als een succes? Wat deed ik allemaal opdat het een succes werd? Hoe kan ik dit nog meer gebruiken?

Welke hindernissen kwam ik tegen?

Hoe ging ik hiermee om?

Tweede functie
Organisatie, periode, functietitel, formele plaats in de organisatie

----

Welke verantwoordelijkheden had ik?

Welke doelen trachtte ik te realiseren?

Op welke wijze realiseerde ik die doelen?

Wat liep goed?

Welke hindernissen kwam ik tegen?

Hoe ging ik hiermee om?

Derde functie
Organisatie, periode, functietitel, formele plaats in de organisatie

----

Welke verantwoordelijkheden had ik?

Welke doelen trachtte ik te realiseren?

Op welke wijze realiseerde ik die doelen?

Wat liep goed?

Welke hindernissen kwam ik tegen?

Hoe ging ik hiermee om?

---

2. Welke activiteiten heb ik binnen mijn werk verricht die niet tot mijn eigenlijke taak behoorden?

---

3. Op welke resultaten van mijn werk kan ik met tevredenheid terugkijken? Waar ben ik trots op? Wat zijn mijn wapenfeiten?

---

3 Nevenfuncties

1. Van welke verenigingen, clubs of maatschappelijke organisaties ben ik lid? Welke rol vervul ik daar?

----

2. Welke bijzondere rollen heb ik tijdens mijn studie en tijdens mijn werk vervuld?

----

4 Samenvattend

1. Welke functie vond ik het leukste, en waarom?

----

2. Wat zijn voor mij de belangrijke aspecten van werk en van werkomstandigheden? Wat maakt voor mij het werken plezierig?

----

3. Welke functie vond ik het minst leuk, en waarom?

----

4. Aan wat voor situaties en aan welke kenmerken van werk heb ik een hekel gekregen?

----

5. Welke kennis, ervaring en vaardigheden heb ik in mijn werk tot dusverre opgedaan?

----

6. Welke vaardigheden en kennis heb ik in mijn werk tot nu toe gemist?

----

5 Relevante privé-omstandigheden en gezondheid

1. Wat zijn mijn hobby's?

----

2. Zijn mijn hobby's of andere niet aan werk gebonden activiteiten een serieuze opstap of juist een belemmering voor een andere functie?

----

3. Ben ik bereid om voor een nieuwe functie te verhuizen (binnen- of buitenland)? Zo nee, waarom niet?

----

4. Legt mijn fysieke conditie mij op de een of andere manier beperkingen op?

----

5. Hoeveel tijd wil ik per week – gemiddeld – besteden aan mijn:
a. Thuissituatie   b. Hobby's   c. Nevenactiviteiten

----

6 Sterke en zwakke punten, eisen en wensen

Maak nu een (samenvattende) opsomming van je sterke en zwakke punten in het werk. Ga daarvoor ook na wat anderen tegen je gezegd hebben en op welke punten je denkt dat je je in positieve of negatieve zin van studiegenoten of collega's onderscheidt.

Sterke punten	Zwakke punten
1	1
2	2
3	3
4	4
5	5

Figuur 4.1 Je sterkheden en zwakheden

De eisen die je stelt en de wensen die je hebt

Probeer aan te geven wat je belangrijk vindt in je werk. Maak onderscheid tussen datgene wat je noodzakelijk vindt (je eisen) en datgene wat je plezierig en belangrijk vindt, maar niet per se noodzakelijk (je wensen). Figuren 4.2 en 4.3 kun je gebruiken als hulpmiddelen.

	Geef het belang aan:				
	1	2	3	4	5
De organisatie					
Opleidingsmogelijkheden					
Loopbaanmogelijkheden					
Idealen					
Commercieel, met hectiek en tijdsdruk					
De functie					
Samenwerken					
Zelfstandig werken					
Projectmatig werken					
Vaste locatie					
Veel reizen, internationaal					
Vaste werktijden					
Inhoudelijke diepgang					
Goede verdiensten					
Leidinggeven					
Plannen en organiseren					
Veel contact met klanten					
Je talenkennis gebruiken					
Je analysevaardigheden gebruiken					
Dynamisch en enerverend					
Veilig en weten waar je aan toe bent					
Uitdagend					

Figuur 4.2 Eisen en wensen bepalen

Eisen	Wensen
1	1
2	2
3	3
4	4
5	5

Figuur 4.3 Eisen en wensen op een rij

De drie belangrijkste kenmerken van een toekomstige baan zijn voor mij:

1

2

3

De drie minst belangrijke kenmerken van een toekomstige baan zijn voor mij:

1

2

3

Spiegeltje, spiegeltje aan de wand...

Mensen verschillen in de mate waarin zij succes of falen toeschrijven aan zichzelf of aan omstandigheden. Naarmate je geluk of pech meer toeschrijft aan omstandigheden dan aan jezelf, heb je sterker het gevoel situaties niet onder controle te hebben. Hoe het ook zij, het komt je welbevinden ten goede als je jezelf ziet als regisseur, als een spin in het web, als degene die grotendeels verantwoordelijk is voor wat je meemaakt.

Hoe zit dat bij jou? Ben jij geneigd optimistisch tegen jezelf en tegen zaken aan te kijken en je rijk te rekenen? Of ben je kritisch en kost het je niet veel moeite om jezelf de put in te denken?

Jij bepaalt zelf of je met een zacht lampje of met een tl-buis in de spiegel kijkt. De een bekijkt de wereld en zichzelf door een roze bril, de ander kijkt somberder tegen dezelfde situaties aan.

Ben jij een geluksvogel of ben je een brekebeen? Ben je een zondagskind of ben je er een van de druilerige maandagochtend? De echte positivo moet lang zoeken naar mislukkingen, rampen of zaken waar hij zich voor schaamt. Negatief ingestelde personen moeten lang zoeken om een succesverhaal te vinden, iets waar zij trots op zijn. De positivo heeft soms te weinig zelfkritiek, de negatieveling is soms te zelfkritisch. De waarheid ligt waarschijnlijk ergens in het midden.

Het is goed als je voor jezelf een paar enerverende, indrukwekkende gebeurtenissen op een rij zet waarin je ofwel een mislukking meemaakte, ofwel een succes. Spreek de anekdotes eens door met een maatje, misschien geeft dat – mocht dat nodig zijn – een wat realistischer perspectief. In figuur 4.4 staat een aantal voorbeelden van successen en rampen, misschien gelden ze ook voor jou.

Succesverhalen	Mislukkingen of rampen
Organisatie professionele dagen	Pilot merkintroductie niet op tijd af
Organisatie groot bedrijfsfeest	Een niet geslaagde advertentiecampagne
Integratie met andere werkmaatschappij	Implementatie van nieuwe software
Studie naast werk afgerond	Conflict met baas
Probleem bij klant opgelost en account uit-gebouwd	
Verbetering op het gebied van bedrijfsvoering	

Figuur 4.4 Voorbeelden successen en rampen

Een hulpmiddel om situaties en jouw rol daarin snel en systematisch in kaart te brengen is de STAR-methodiek (GITP ©): S (situatie), T (taak), A (actie) en R (resultaat). Je kunt op deze manier zowel succesverhalen als mislukkingen compact en helder beschrijven zodat je beter zicht krijgt op je sterke en minder sterke kanten.

Bij de STAR-methodiek stel je jezelf de volgende vragen:
★ Wat is de situatie?
★ Wat was je taak?
★ Wat was je actie?
★ Wat was het resultaat?

Figuren 4.5 en 4.6 zijn voorbeelden van de toepassing van de STAR-methodiek.

Succesverhaal

Ons managementteam vroeg ons om de jaarlijkse professionele dagen voor onze organisatie te organiseren. Wij zijn een adviesbureau, met vijftien vestigingen in Nederland en België, waar zowel ondersteunend personeel als adviseurs werkzaam zijn. De doelgroep voor de professionele dagen bestaat uit 100 adviseurs. Het thema was ondernemerschap.

Dit is een driedaags evenement, bedoeld als ontmoetingspunt en inspiratiebron voor de adviseurs. Daarnaast heeft het evenement een educatief element. Mijn rol was die van projectleider. Het projectteam bestond uit vier adviseurs van de verschillende vestigingen en een managementassistente.

S T

A R

Er is veel tijd gaan zitten in het creëren van een gedeeld beeld van wat ondernemerschap is en hoe je dat kunt vormgeven. Uiteindelijk hebben we een groots opgezette ondernemersgame gemaakt, waarin de deelnemers een theaterbedrijf runden. Er waren mensen die de verkoop van de kaartjes en de pr deden, die optraden, die de belichting, decors en het schminken deden, etc. We moesten in zeer korte tijd mensen enthousiast krijgen voor een gezamenlijk doel en ze dingen laten doen die ze niet gewend waren te doen.

We hebben een optreden in een theater verzorgd, met betalende gasten. De deelnemers en het publiek waren razend enthousiast. De regionale pers heeft er over geschreven en we zijn op de radio geweest. De opbrengst is naar de CliniClowns gegaan.

Figuur 4.5 Succes: STAR

Wat kun je hieruit afleiden? Wat zijn de talenten en vaardigheden die je hebt laten zien? Je kunt denken aan:
★ creativiteit
★ ondernemerschap
★ samenwerken
★ plannen en organiseren
★ doorzettingsvermogen
★ stressbestendigheid
★ humor

Mislukking

Ik werkte bij een groot bedrijf in de voedings-middelenindustrie, als projectmanager marke-ting. Ik had daarnaast een aantal andere taken, en ik was actief in het informele circuit. Ik had geen goede medewerker aan wie ik zaken kon delegeren.

Het was mijn taak om een product op de markt te introduceren.

S **T**

A **R**

Ik was bezig om de pilot te organi-seren maar het vlotte niet zo erg. Ik had de zaken wat laten versloffen, ook om-dat er privé van alles aan de hand was (nieuwe enerverende relatie). Mijn manager had er steeds begrip voor. Toen hij met vakantie ging, ging zijn baas, de commercieel directeur, zich ermee bemoeien. Hij wilde voortgang zien.

Uiteindelijk heb ik binnen de gestel-de termijn te weinig resultaat geboekt. De commercieel directeur zag het niet meer met me zitten en hij wilde de arbeids-overeenkomst ontbinden, daar ben ik akkoord mee gegaan.

Figuur 4.6 Mislukking: STAR

Wat kun je hieruit afleiden? Wat zijn de talenten en vaardigheden die je hier hebt laten zien, en die je niet hebt laten zien? Wat heb je ervan geleerd?

Je kunt denken aan:
★ goede contactuele eigenschappen
★ enthousiasme
★ geneigd zaken voor me uit te schuiven
★ druk van deadline nodig
★ niet goed opgelet wat mijn omgeving belangrijk vond
★ ik vind veel leuk; opletten dat ik me voldoende focus

Wanneer je op deze manier een aantal succesverhalen en mislukkin-gen uitwerkt, kun je een helderder beeld krijgen van jouw eigen-schappen en vaardigheden.

Wat heb jij in huis?

Persoonlijkheid en eigenschappen

Om een overzicht te krijgen van je min of meer stabiele persoons-kenmerken, kun je de onderstaande lijst bekijken. Je persoonlijkheid verandert gedurende de jaren doorgaans niet zo heel veel.

Als je zaken op een rij zet, blijk je verschillende kanten te hebben – we zijn soms een vat vol tegenstrijdigheden. Ben je in de ene situatie graag het middelpunt van de belangstelling, dan nog kun je in een andere situatie graag het muurbloempje zijn. Denk daar eens bewust over na en ga na welke eigenschappen door welke situaties opgeroepen worden – dan kun je die ook weer bewuster regisseren; alsof je steeds je 'mentale make-up' aan de gelegenheid aanpast. Dit zonder een heel ander persoon te zijn of worden uiteraard.

Wat zijn jouw onderliggende eigenschappen? Ga steeds na wat het meest op jou van toepassing is. Je kunt het beeld dat hieruit naar voren komt eventueel checken bij anderen.

Introvert	⟷	Extravert
Actief, energiek	⟷	Rustig, bedaard
Impulsief	⟷	Bedachtzaam
Gevoelig	⟷	Nuchter, zakelijk
Wisselend van stemming	⟷	Stabiel, gelijkmatig
Dominant	⟷	Bescheiden, volgzaam
Optimistisch	⟷	Pessimistisch
Denker	⟷	Doener
Mensgericht	⟷	Taakgericht
Ambitieus	⟷	Tevreden
Flexibel	⟷	Degelijk, ordelijk
Relativerend	⟷	Rechtlijnig
Veranderingsgezind	⟷	Behoudend
Goed van vertrouwen	⟷	Kritisch, op mijn hoede
Solist	⟷	Teamspeler
Voortrekker	⟷	Volger
Onafhankelijk	⟷	Gezelschapsmens
Krachtig, zelfverzekerd	⟷	Afwachtend
Assertief	⟷	Zachtaardig

Figuur 4.7 Persoonlijkheid en eigenschappen (vervolg op pagina 72)

Serieus, betrouwbaar	⟷	Luchtig
Risico's aangaan	⟷	Zekerheid zoeken
Kwaliteit	⟷	Kwantiteit
Ordening	⟷	Chaos
Vooruit denkend	⟷	Reagerend
Arrogant	⟷	Onzeker
Idealist	⟷	Realist
Praktisch	⟷	Idealistisch
Zorgzaam	⟷	Zakelijk
Vernieuwend	⟷	Behoudend

Vervolg figuur 4.7

Zet eens op een rij over welke eigenschappen je beschikt. Kijk hoe ver je komt, en als je vastloopt, praat dan met je partner, goede vrienden en collega's. Haal samen leuke en pijnlijke herinneringen op en blader fotoboeken door. Maak vervolgens jouw lijst met 100 eigenschappen van jezelf. Ter inspiratie geven we de lijst van Saskia − productontwikkelaar in de chemische industrie − met de vraag in hoeverre haar eigenschappen overeenstemmen met die van jou.

1. loyaal	15. sympathiek	29. veeleisend naar me-	40. emotioneel
2. lui	16. oprecht	zelf en naar anderen	41. ijdel
3. dromerig	17. overtuigend	30. onzeker	42. regelaar
4. zweverig	18. empathie	31. geneigd mezelf in	43. creatief
5. disciplineloos	19. kritisch	een relatie weg te	44. extravert
6. structuurloos	20. eerlijk	cijferen	45. vriendelijk
7. analytisch	21. rechtvaardig	32. nonchalant	46. veranderlijk
8. gedreven	22. streberig	33. Bourgondiër	47. flexibel
9. sociaal	23. bijgelovig/spiritueel	34. avontuurlijk	48. humeurig
10. humoristisch	24. competitief	35. *thrillseeker*	49. leergierig
11. cynisch	25. behulpzaam	36. veroveringsdrift	50. nieuwsgierig
12. energiek	26. sfeergevoelig	37. bindingsangst	51. breed georiënteerd
13. representatief	27. chaotisch	38. verlatingsangst	52. flirt
14. innemend	28. intuïtief	39. gewetensvol	53. pragmaat

Figuur 4.8 Mijn eigenschappen

54. praktisch	67. sfeerbepaler	80. *open minded*	92. tikje zelfingenomen
55. veelzijdig	68. zelfdestructief	81. ik red die 100 niet!	(strookt niet met
56. doorzetter	69. doemdenker	Ik val in herhaling!	bovenstaande,
57. wispelturig	70. meelevend	82. labiel	maar toch is 't zo)
58. ongedurig	71. inlevend	83. grappig...	93. tevreden met wei-
59. ongeduldig	72. grenzeloos	84. bereid tot zelf-	nig
60. jaloers (niet op ne-	73. fantast	reflectie	94. entertainer
gatieve wijze)	74. bemoedigend	85. oplossingsgericht	95. serieus
61. onbaatzuchtig	75. ruimdenkend	86. conflict mijdend	96. humanist
62. immaterieel	76. direct/bot	87. communicator	97. reislustig
63. levensgenieter	77. overtuigend	88. liefdevol	98. behulpzaam
64. positief	78. schijnbaar onuit-	89. resoluut	99. trots
65. trouw	puttelijk	90. zwart-wit denker	100. reformist (bedrijfs-
66. banaal	79. meegaand	91. doener	matig gezien)

Welke zes eigenschappen van jouw eigen lijst zijn het meest op jou van toepassing?

1 _____

2 _____

3 _____

4 _____

5 _____

6 _____

Welke zes eigenschappen zijn het minst op jou van toepassing?

1 _____

2 _____

3 _____

4 _____

5 _____

6 _____

Vaardigheden en competenties

Vaardigheden zijn te ontwikkelen en sterk afhankelijk van je erva-ring. Vaardigheden zijn er op verschillende niveaus; voor een vaar-digheid als onderhandelen kun je bijvoorbeeld onderscheid maken tussen onderhandelen als verkoper en onderhandelen als directeur. We laten die niveaus nu even buiten beschouwing – neem jezelf als uitgangspunt. We geven een lijst met vaardigheden op verschillende deelgebieden. Geef jouw tien belangrijkste vaardigheden aan, en bedenk bij elke vaardigheid een concreet voorbeeld. Gebruik de suc-cesverhalen en mislukkingen die je eerder beschreef.

1. Bedenken, creëren, ontwikkelen

Inspireren	Verbeelden	Construeren	Nadenken	Overdenken
Maken	Ontwerpen	Scheppen	Ideeën genereren	Uitwerken
Vormen	Brainstormen	Meedenken		

2. Begeleiden

Bijstaan	Ondersteunen	Helpen	Corrigeren	Nakijken
Het voorbeeld geven	Coachen	Controleren	Beïnvloeden	Klankbord zijn

3. Organiseren

Overzichtelijk maken	Plannen	Uitstippelen	Beslissen	Uitzetten
Afmaken	Informeren	Betrekken	Agenderen	Regelen
Versieren	Controleren			

4. Communiceren

Mondelinge uitdrukkingsvaardigheid	Lezen	Contracteren	Luisteren
Besluitvormingsproces organiseren	Samenvatten	Confronteren	Overbruggen
Draagvlak creëren	Ontvangen	Lobbyen	Netwerken
Iets van iemand gedaan kunnen krijgen	Innemend zijn	Het spel spelen	
Schriftelijke uitdrukkingsvaardigheid	Evalueren	Afspreken	

5. Administreren

Opstellen	Structureren	Opruimen	Vastleggen	Controleren
Overzichtelijk maken	Besturen	Beheren	Informatie verstrekken	

Figuur 4.9 Vaardigheden en competenties

In welke deelgebieden zitten jouw tien meest kenmerkende vaardigheden? Zijn ze gelijk verdeeld of zijn ze geconcentreerd in een of twee deelgebieden? En wat betekent dat voor jou?

Samenvattend

Ter afsluiting kun je in figuur 4.10 samenvatten wat je eigenschappen en vaardigheden zijn en waar je aan wilt of moet werken.

Eigenschappen

Vaardigheden

Valkuilen

Ontwikkelpunten

Figuur 4.10 Samenvatting van je vaardigheden

Welke benen dragen jou?

Stel je voor: een bus met schoolkinderen komt terug van een school-
reisje naar een pretpark. Hun ouders staan ze op te wachten. Er
springt een meisje uit de bus:

'En, hoe was het?' vraagt haar moeder.

'Vetcool was het, mam. We hebben gezongen en gespeeld. De juf
was heel aardig en ik was vreselijk goed aan het schreeuwen in de
achtbaan!'

Dan stapt er een jongetje uit.

'En, hoe was het?' vraagt zijn moeder.

'Oh, gaat wel. Ik ben moe en het regende en het was vreselijk
druk overal. En ik kon nergens in want ze lieten me er niet tussen.'

Mensen kijken verschillend tegen de wereld en zichzelf aan. De een
ziet vooral de positieve kanten van het leven en van zichzelf – wat
kan grenzen aan zelfoverschatting –, de ander ziet het leven somber
in; hij neemt kritiek in zich op en laat complimenten nauwelijks tot
zich doordringen.

Vooral als het even tegenzit, zijn mensen minder stevig en minder bestand tegen kritiek dan je zou verwachten. Ze denken dan onnodig negatief over zichzelf en zijn zich lang niet meer altijd bewust
van hun werkelijke kwaliteiten en hun echte verlangens. Die onzekerheid is aan de buitenkant meestal niet te zien: de meesten presenteren zich het liefst zelfverzekerd, positief en succesvol. Diep van
binnen echter, zichtbaar en merkbaar voor maar een paar anderen,
zijn veel mensen onzeker.

High potentials die begonnen met werken tijdens de economische
hoogtijdagen, zijn gewend dat alles loopt zoals zij wensen: dat alles
meezit en dat ze complimenten krijgen, geen kritiek. Ze zijn opgevoed
in kleine gezinnen, waren de oogappeltjes van hun ouders, en groei-
den op met het idee dat de wereld op hen zat te wachten. En dat was
een tijdje ook zo. Maar als je eenmaal een aantal jaren aan de slag
bent, verandert er iets: je bent niet meer de jongste van het team, je
bent niet meer alleen maar *young and coming*. Je komt in posities
terecht met verantwoordelijkheid, je vervult rollen waarin je daadwerkelijk resultaten moet boeken. Je redt het steeds minder met intelligent en aardig zijn, en met hard werken. En als je dat niet eerder
hebt meegemaakt en als je sowieso niet zo gewend bent aan tegenslagen, kan dat een behoorlijke aanslag op je zelfvertrouwen zijn.
Juist dan helpt het als je realistisch kijkt wat je goed afgaat en waar

Johan

Johan, 29 jaar, is werkzaam bij een grote ICT-dienstverlener. Hij is technisch specialist op het gebied van netwerken, en hij weet er alles van. Hij presenteert zich actief en enthousiast. Hij heeft een leuke, positieve uitstraling en komt zelfverzekerd over. Dat is hij ook, tenminste... meestal.

Johan stelt hoge eisen aan zichzelf, hij wil graag alles goed doen. Hij trekt werk en verantwoordelijkheid naar zich toe, omdat hij weet dat als hij iets regelt, het ook echt voor elkaar komt. Hij werkt hard: vaak zo'n zestig tot zeventig uur per week. Dat vindt hij doorgaans niet erg, want zijn werk is zijn hobby, en zijn partner is uit hetzelfde hout gesneden. Toch heeft hij soms last van de hoge werkdruk en voelt hij zich gespannen. Tijdens enkele coachingsgesprekken komt naar voren dat zijn zelfbeeld positief is, en dat hij doorgaans behoorlijk overtuigd is van zijn goede kwaliteiten. Sterker nog, hij vindt dat hij zaken meestal beter oppakt dan zijn collega's, dus een zekere arrogantie kan hem niet worden ontzegd.

Laatst ging hij echter onderuit. Zijn projectmanager stelde voor om op Johans verantwoordelijkheidsgebied een expert in te huren om een project nog eens goed te bekijken. Toen knapte er iets bij Johan. Hij was de expert, en de projectmanager moest dat zien en ook erkennen. Het was voor hem onverdraaglijk dat hij dat niet deed. Het gaf Johan het gevoel dat hij faalde: het voelde 'als een dolksteek' in zijn rug. Vier maanden na de gebeurtenis kon hij er nog niet over praten zonder emotioneel te worden. Deze druppel van kritiek was voor hem te veel, hij voelde zich volledig gediskwalificeerd.

je een *struggle* moet leveren. Ook daar waar je het lastig hebt, kun je weer conclusies trekken over hoe het werkt voor jou en wat dat betekent voor toekomstige situaties. Op die manier bouw je aan een stevig zelfbeeld.

Je zelfbeeld is dat wat je denkt over jezelf. Belangrijk daarbij zijn beelden uit je jeugd, dat wat belangrijke anderen van je vinden en concrete ervaringen uit het dagelijks leven.

Zelfvertrouwen is de mate waarin je zelfbeeld positief is, dus de mate waarin je gemeende positieve dingen over jezelf zegt tegen jezelf.

Soms zijn mensen – ook al komen ze over alsof ze vol zelfvertrouwen zitten – geneigd zich te fixeren op hun tekortkomingen. Anderen hebben hun zelfbeeld zo geïdealiseerd dat ze zichzelf overschatten en hun minder sterke kanten – die iedereen heeft – niet meer kunnen benoemen. Ze doen daardoor dingen waarbij ze keer op keer mislukken, maar de reden van hun falen zoeken ze dan bij anderen.

Het is belangrijk om een compleet zelfbeeld te hebben en je niet te veel te richten op een eigenschap die niet zo sterk is of alleen maar te kijken naar je goede eigenschappen: ieder mens heeft positieve en negatieve eigenschappen en het is belangrijk die onder ogen te zien. Zorg dat je weet welke eigenschappen je bezit: welke benen dragen jou?

Voor een evenwichtig zelfbeeld is het inspirerend om met een aantal belangrijke anderen te praten – je partner, een goede vriend of vriendin of een familielid. Je kunt ze vragen hoe zij jou zien: Waar ben je goed in? Waarin val je op? Wat is er leuk aan jou? Waar ben je minder goed in? Wat is er minder leuk aan jou?

Pas op wel op: vraag een goede vriend of vriendin na twee flessen wijn niet waar hij of zij zich aan ergert bij jou. Dat kan voor een flinke kater zorgen, en dat is net niet waar deze opdracht voor bedoeld is.

Dank je! Verhoog je zelfkennis door het organiseren van complimenten en feedback

Als je eenmaal voor een bepaald pad gekozen hebt in je leven – een studie of baan, een huwelijk of vriendschap – blijkt soms dat je na verloop van tijd voort gaat kabbelen. Gelukkig maar, want over sommige zaken moet je ook niet te lang nadenken. Maar je kunt daardoor ook de kans missen om zaken aan te scherpen, te verbeteren of anders aan te pakken.

In een baan liggen je kansen in de functioneringsgesprekken en beoordelingsgesprekken. Je krijgt daarin een terugkoppeling over wat je goed doet en wat je beter kunt doen – ervan uitgaande dat je een leidinggevende hebt die deze gesprekken serieus neemt. Het is belangrijk om bij functioneringsgesprekken door te vragen, om te achterhalen wat je vooral meer moet doen, omdat dat een positief effect heeft. Daarnaast moet je uitvinden wat je vooral moet laten, omdat het niet past of tot niets leidt.

Manieren om je eigen complimenten te organiseren

Maar wat als je nooit een dergelijk gesprek hebt gehad? Of als je leidinggevende er niet veel van bakt? Wat zijn dan manieren om regelmatig teruggekoppeld te krijgen hoe jij bent, hoe je overkomt en zaken oppakt? Hoe meer informatie je krijgt, hoe realistischer het beeld van jezelf en je prestaties is, en zo kun je je weer scherper op de arbeidsmarkt presenteren.

Zorg dat dat wat je beweert over jezelf, overeenkomt met wat je bent: iemand die hakkelend en warrig vertelt dat hij zelfverzekerd is en goed in staat is om voor grote groepen te spreken, heeft geen reëel zelfbeeld. Hij roept iets anders op dan hij over zichzelf zegt – misschien omdat hij zijn eigen feedback (complimenten en kritiek) niet goed heeft georganiseerd.

Er is een aantal manieren waarop je je eigen feedback kunt organiseren zodat je je zelfbeeld completer kunt maken. En als je behoefte hebt aan positieve input, organiseer dan vooral je complimenten. Die sterken je, en geven je energie.

★ Vraag je omgeving om een terugkoppeling: vraag een docent of cursusleider of je het goed gedaan hebt, vraag een klant of hij bruikbare zaken aangeleverd heeft gekregen en of jij zijn vraag goed beantwoord hebt of vraag je collega of je je werk goed doet.

★ Geef (gemeende!) complimentjes – dit is een hele belangrijke. Wanneer je anderen complimenten geeft over wat je ze ziet doen, wat ze bij je oproepen, wat ze realiseren, ontstaat er een sfeer die hun ruimte geeft om jou ook complimenten te geven. Zeg bijvoorbeeld: 'Ik ben onder de indruk, want ik zie hoe hard je eraan trekt.' 'Ongelooflijk hoe je onder deze druk stevig blijft staan.' 'Goh, ik weet hoe lastig keuzes voor je zijn en nu heb je echt stappen gezet, wat goed!' Of geef een 'gewoon' compliment: 'Wat zie je er stralend en energiek uit vandaag'.

Het geven van complimenten gebeurt eigenlijk maar heel weinig, terwijl er positieve energie bij vrijkomt (ook van jezelf!) en complimenten bovendien informatie geven over wat goed

79

werkt. Informatie die zonder complimenten verborgen blijft. Bovendien is het de manier om aan anderen te laten zien hoe zij complimenten kunnen geven. Elk compliment is een cadeau waarvoor een 'dank je wel' zeker op zijn plaats is. Probeer het maar eens uit; neem je voor om dagelijks minimaal een compliment te geven en kijk wat er gebeurt...

★ Zelfonthullingen: als je weinig van jezelf laat zien of horen, zullen anderen ook minder geneigd zijn om je feedback te geven. Je plaatst jezelf op afstand en maakt jezelf onkwetsbaar. Wanneer je regelmatig wat vertelt over jezelf – dingen die goed gaan en dingen die misgaan – merk je dat anderen ook eerder reageren en je feedback geven.

Omgaan met feedback

Natuurlijk zal het niet alleen maar complimenten regenen. Soms gaan zaken gewoon niet zo goed en regent het klachten: of je nu op het sportveld staat en de zoveelste bal mist of hakkelend en met het klamme zweet in je handen jullie dienstverlening aan een belangrijke opdrachtgever presenteert; af en toe krijg je gewoon te maken met ongeduldige, boze klanten of zwijgende, boze bazen of collega's.

Meestal voel je zelf wel waar de schoen wringt, maar soms krijg je ook te horen dat de ander niet tevreden is, zich aan je ergert, meer van je had verwacht, etcetera.

Bij negatieve feedback is het belangrijk om de volgende dingen te bedenken:

★ Het gaat om je gedrag, niet om jou als persoon. Natuurlijk is je teamgenoot pissig omdat je niet scoorde voor open doel – dat was ook een *lousy* prestatie, laten we wel wezen. Misschien heb je die presentatie niet goed voorbereid, ben je te laat naar bed gegaan of was je niet geconcentreerd. Grijp een klacht aan om te onderzoeken wat het over jou en je prestaties zegt. Misschien ben je toch niet zo goed in het onder druk presteren? Misschien ben je minder samenwerkingsgericht – zeker wanneer de individuele scoringskans voor het oprapen ligt. En heel soms zegt een klacht niets over jou maar vooral iets over de ander.

★ Iedereen heeft het recht om ontevreden te zijn over jouw prestaties. Jij kunt niet bepalen wat een ander moet vinden, denken of
voelen. Ontevredenheid kan een aanleiding zijn om met elkaar in
gesprek te gaan over hoe het anders of beter kan. Probeer te achterhalen wat de ander verwacht en bepaal of dat realistisch is.

★ Misschien heb je de boel wat laten verslonzen en inderdaad niet
echt je best gedaan, of de dingen niet voldoende serieus genomen. Zie de feedback dan als de gelegenheid om uit die kabbe-
lende fase te komen en je doelen en prioriteiten eens onder de
loep te nemen.

★ Je hebt ook minder goede kanten, net als andere mensen. Zeker
als je je aan het oriënteren bent, kun je geneigd zijn om vooral je
positieve punten te benadrukken. Negatieve feedback geeft een
tegenwicht: ieder mens heeft zijn 'hoge zelf' en zijn 'lage zelf',
oftewel positieve en negatieve kanten.

5

Moeten

Een 8 is goed genoeg!

Vaak spiegelen mensen zich aan toppers: het kind dat graag zwemt, wil de nieuwe Pieter van den Hoogenband of Inge de Bruijn worden; het meisje dat actrice wil worden, spiegelt zich aan Katja Schuurman; de politiek bevlogen dromer kijkt wellicht naar Boris Dittrich, en de maatschappelijk betrokken personeelsfunctionaris ziet politicus Mark Rutte als voorbeeld van een geslaagde vakgenoot. Heb jij een voorbeeld, een rolmodel, een ideaal? Wie is dat en waarom? Wat vind jij benijdenswaardig aan die persoon? Wat zou je willen overnemen?

Op het gebied van carrière vergelijken vooral jonge mensen zichzelf met toppers in hun gezichtsveld. Hoe jonger je bent, des te meer je het idee hebt dat de wereld voor je open staat; *the sky is the limit*, totdat het tegendeel bewezen is. Die vlotte medestudent die twee studierichtingen met hoge cijfers heeft afgerond terwijl hij een bijbaan had en een bestuursfunctie vervulde? Dat is wat jij ook wilt! De klasgenoot van de middelbare school die voor zijn dertigste al een toppositie in een toonaangevende organisatie heeft bereikt? Dat is jouw voorbeeld!

Als dit voor jou geldt, dan kun je aan de hand van dit soort beelden je eigen ideaalbeeld of ambities helderder krijgen. Soms helpt het ook niet, en word je juist onzeker van andermans succes. Probeer de realiteit niet uit het oog te verliezen als je je spiegelt aan succesvolle mensen. Ook hun levens hebben hun keerzijde en bovendien zijn er maar weinig mensen die een topper kunnen zijn; de basis van een piramide is breed, de weg naar boven is lang en de top is smal.

Ben jij bereid om de prijs te betalen die nodig is om de top te bereiken en er te blijven? Voor het halen van negens en tienen moet je namelijk veel opzij zetten. Wellicht moet je tevreden zijn met een acht of zeven. Je spiegelen en ideaalbeelden hebben is oké, maar blijf realistisch en trek geen zevenmijlslaarzen aan; denk in kleine stapjes die je goed kunt zetten.

'Goed is goed genoeg' is iets wat perfectionisten kunnen leren. Als je de lat te hoog legt, zowel in je werk als in je loopbaandoelen, dan is de kans op teleurstelling groot. Je kunt je eigen succes organiseren door haalbare doelen te stellen, die je met realistische zetten kunt bereiken. Leg de lat op een uitdagende maar haalbare hoogte.

Mensen die gemakzuchtig zijn ingesteld, moeten er daarentegen juist op letten dat ze niet te snel tevreden zijn met hun prestaties. Zij kunnen de prikkeling van iets te uitdagende doelen gebruiken om zichzelf tot prestaties te dwingen. Vaak blijkt dat je met een beetje extra enthousiasme en inzet toch net iets beter kan.

Wat moet je nou?

Hoe zit het met jou? Ben jij van de negens en tienen of ben jij diegene die op het laatste moment aan de slag gaat en een zes min scoort? Ben jij erg ijverig en gedreven, of ben je gemakkelijker ingesteld? Ben je tevreden over je houding op dit gebied? Zou je het anders kunnen? Presteer je optimaal of zit je in je *comfortzone* – je eigen veilige gebied waar je niet uitkomt voor nieuwe kansen en risico's? Ben je wellicht overbelast of kun je meer aan? Wat betekent dit voor de keuzes die je gaat maken?

Figuur 5.1 geeft weer hoe de verschillende mensen op verschillende manieren presteren onder stress. De blauwe lijn staat voor personen die slechter gaan presteren naarmate de druk toeneemt, de rode lijn staat voor mensen die beter gaan presteren naarmate de stress toeneemt. Uiteindelijk zullen deze mensen natuurlijk ook 'bezwijken' als de stress boven een bepaald niveau komt.

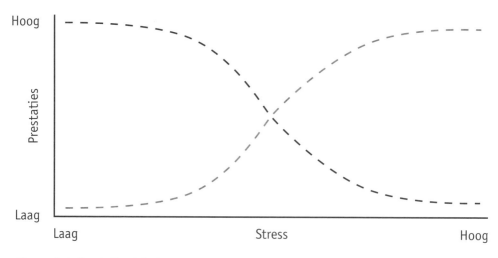

Figuur 5.1 Prestaties bij stress

De luiken mogen open!

Je hebt in je leven de nodige bagage meegekregen en ervaringen opgedaan. Je bent opgevoed, je hebt op school het een en ander geleerd, je hebt bij een sportclub of op muziekles gezeten, je hebt stage gelopen en gewerkt; al met al een koffer vol. Al deze ervaringen hebben invloed op jouw benadering van de wereld. Waarden, normen en veronderstellingen spelen daarbij een rol. Waarden hebben betrekking op dat wat jij belangrijk vindt (zie ook hoofdstuk 3, *Je eigen waarden top tien*). Een voorbeeld van een waarde is dat je anderen met respect wilt behandelen. Normen zijn regels die je hanteert voor jezelf en vaak ook voor anderen. Een voorbeeld van een norm is dat je vindt dat je beleefd moet zijn, en anderen als je ze niet kent met 'u' moet aanspreken.

Veronderstellingen zijn persoonlijke beelden over hoe de wereld in elkaar zit. Een voorbeeld van een veronderstelling is dat je denkt dat de meeste mensen voor hun eigenbelang gaan. Veronderstellingen zijn vaak verborgen of impliciete uitgangspunten die je hanteert zonder dat je je er bewust van bent. De bedoeling is dat je jezelf nu gaat 'afpellen', om te kunnen bepalen wie je bent, en waar je voor kiest.

Van de meeste waarden, normen en veronderstellingen die je aanhangt, zul je niet af willen stappen. Het zijn belangrijke richtsnoeren in je leven, die je waarschijnlijk met de paplepel zijn ingegoten en je houvast bieden. Toch kan het geen kwaad ze eens onder de loep te nemen en de vanzelfsprekenheid van jouw 'regels' te betwisten: regels kunnen verlammend werken en je belemmeren.

Vaak zit er een 'moeten' in regels. Als je erg veel moet van jezelf, kun je jezelf in de weg zitten en verkrampt en gestresst raken. De vraag is hoe realistisch de eisen zijn die je aan jezelf stelt, en in hoeverre je jezelf helpt met je overtuigingen.

We geven een opsomming van overtuigingen op het gebied van werk en loopbaan die we vaak tegenkomen en die mensen in de weg kunnen zitten. Aan de hand van deze lijst kun je in kaart brengen waar voor jou belemmeringen zitten. Kijk – al dan niet met een ander – of je deze overtuigingen kunt vertalen in een meer positieve of realistische variant.

De regel of overtuiging	De relativering
• Je moet altijd goed je best doen.	• De boog kan niet altijd gespannen zijn.
• Werk is een noodzakelijk kwaad.	• Het moet wel leuk blijven, het houdt een keer op.
• Je moet je mogelijkheden maximaal benutten.	• Ik doe waar ik goed in ben.
• Je economische zelfstandigheid is essentieel.	• Ieder levert een bijdrage naar beste kunnen.
• Je werk moet zinvol zijn.	• Soms is werk werk om geld te verdienen.
• Je moet je blijven ontwikkelen en veel kunnen leren.	• Werken op routine levert ook lucht op.
• Stilstand is achteruitgang.	• Juist in rustigere perioden kun je je verdiepen of bezinnen.
• Je moet een nuttige maatschappelijke bijdrage leveren met je werk.	• Het is fijn als je een nuttige maatschappelijke bijdrage levert in je werk.
• Je moet vooral doen wat je leuk vindt, en je talenten ontplooien.	• Het is belangrijk dat je goed je best doet.
• Je moet uitstekend presteren.	• Het is belangrijk dat je goed je best doet.
• Je moet succes hebben in je carrière.	• Het is plezierig als anderen mijn werk waarderen.
• Ze moeten zien dat je je werk goed doet.	• Het is plezierig als anderen mijn werk waarderen.
• Je moet je van anderen onderscheiden.	• Jezelf vergelijken met anderen maakt je niet beter, gelukkig of tevreden.
• Doe maar gewoon, dan doe je al gek genoeg.	• Je mag zelf zichtbaar zijn, en je prestaties zichtbaar maken.
• Je hangt je vuile was niet buiten: het gaat goed!	• Iedereen maakt periodes mee waarin het minder goed gaat, dat maakt je nog geen mislukkeling.
• Je moet kinderen 's middags met een kopje thee opvangen.	• Liefde en aandacht zijn belangrijk voor kinderen. Die kun je op verschillende manieren geven.
• Je moet weten waar je aan toe bent.	• Soms is crisis of onzekerheid nodig om te kunnen veranderen.

Figuur 5.2   Wat belemmert jou?

Caroline

Caroline, een representatieve juriste van 31 jaar, breed opgeleid (onder andere hogere hotelschool) en met gevarieerde werkervaring, was vastgelopen in haar werk, een commerciële functie bij een internationaal bedrijf. Na een paar gesprekken met een loopbaancoach kwam naar voren dat een belangrijke reden voor haar veelvuldige overstappen een grote mate van perfectionisme was, gekoppeld aan een flinke dosis faalangst. Ze stapte telkens als het echt lastig werd en het er echt op aankwam over naar een ander bedrijf. Deze dame moest nogal wat van zichzelf, en dat hielp haar niet.

Naar de buitenwereld was ze populair en succesvol, maar van binnen voelde ze zich soms onzeker en gedeprimeerd. Daarin speelde haar jeugd, waarin ze als enig kind in een ondernemersgezin weinig aandacht kreeg, een rol. Ze heeft haar verhaal hierover op papier gezet, waardoor ze er meer afstand van kon nemen. Zij maakte het volgende lijstje moetens:

Ik moet:

1. me ontwikkelen op intellectueel niveau door:
   - nieuwe literatuur, maar ook de klassiekers
   - cultfilms
   - musea
   - vakliteratuur
   - kunst
2. sporten, figuur perfectioneren (voorzover mogelijk... niet echt, dus)
3. socialiseren, vrienden, kennissen en zakelijke contacten perfect onderhouden
4. dingen bijleren zoals schrijven, boetseren, tekenen, een vierde taal, tennissen, etc.
5. werken aan mijn mentale ontwikkeling door te lezen over het boeddhisme en andere metafysische zaken
6. een perfecte vriendin, collega en partner zijn
7. anderen helpen
8. de 'juiste' tv-programma's kijken die bijdragen aan mijn ontwikkeling en geen lichtzinnige zooi tot me nemen
9. er goed uitzien, het perfecte uiterlijk verzorgen (behalve kleding, dat doet me minder)
10. regelmatig leven (bijna onmogelijk voor mij)
11. een liefdevolle dochter zijn (blijft ook moeilijk)
12. de wereld leren bevatten (*impossible!*)

Ach, uiteindelijk wil ik gewoon excelleren op ieder gebied omdat ik gewoon de beste wil zijn! Onverslaanbaar! Zou ik een beetje onzeker zijn? Bang niet serieus genomen te worden? Triviale vragen... *n'est ce pas?*

Herken je hier iets van? Wat moet jij allemaal van jezelf? Kijk eens of je een lijstje met je eigen moetens kunt maken. Kijk eens wat jouw sterkste moetens zijn. Vraag je af in hoeverre deze moetens realistisch en haalbaar zijn. Helpen ze je? Welke zitten er in de weg? Kun je ze iets relativeren?

Ik moet het volgende van mezelf:

En het meest zit me in de weg dat ik:

Jeroen

Jeroen is jurist van origine, en werkt als manager bij een trainings-
centrum voor ICT-gebruikers dat deel uitmaakt van een groot internationaal bedrijf. De werkdruk is hoog, er zijn veel aanvragen en er is erg
veel hectiek. De planning en organisatie van de opdrachten en diensten verloopt niet helemaal soepel. Ook staan de prijzen onder druk,
en de resultaten blijven achter op de begroting. Als leidinggevende is
Jeroen heel vriendelijk en creëert hij een positieve sfeer. Hij is creatief en inspirerend en erg goed in het leggen en onderhouden van relaties met opdrachtgevers. Duidelijk sturend of richting gevend naar
zijn mensen toe is hij echter minder. Zijn manager, de directeur verkoop, is ontevreden met zijn functioneren. Hij vindt dat Jeroen meer
structuur moet aanbrengen, en dat hij ervoor moet zorgen dat er een
hogere *output* komt, en betere resultaten. Ook moet het aantal opdrachten door zelfstandige acquisitie veel groter worden.

Tijdens zijn zelfanalyse beseft Jeroen dat hij door zijn perfectionisme
geneigd is om te lang te dralen en zaken voor zich uit te schuiven. De
'dikke, trage Jeroen' van vroeger kan behoorlijk aan zichzelf twijfelen.
Om te beginnen aan projecten moet hij een drempel over, en dat geldt
ook als hij een project moet afronden. Hij kan om de hete brij heen
draaien, zowel in het uitvoeren van zijn eigen werk als in contacten
met medewerkers en opdrachtgevers. Hierdoor heeft hij veel tijd nodig
om tot resultaten te komen.

Tijdens een persoonlijk coachingstraject heeft Jeroen gewerkt aan de
relativering van zijn perfectionisme. Hij kan de eisen die hij aan de
kwaliteit van zijn werk stelt nu relativeren en lager stellen. Hij heeft
zich aangeleerd om sneller van start te gaan, juist met lastige klussen. Hij heeft gemerkt dat dat gaat en dat heeft zijn zelfvertrouwen
vergroot. Zijn tempo en zijn voortvarendheid zijn duidelijk toegeno-
men. Toch constateert hij dat hij in zijn rol als manager van een trai-
ningscentrum van 'knoppencursussen' niet helemaal uit de verf komt.
Hij gaat op zoek naar een baan waarin zijn kwaliteitsgerichtheid, in-
ventiviteit, creativiteit, sfeergevoeligheid en uitstekende schrijfvaar-
digheid beter tot hun recht komen. Een halfjaar later vindt hij een
baan die dicht bij zijn ideale baan komt: hij wordt docent recht aan
een hbo-opleiding. Toevallig zit zijn nieuwe baan een stuk dichter bij
huis. Zijn lease-auto levert hij daarvoor met plezier in.

6

Weten

Hoe groot is jouw wereld?

Als je over werken nadenkt, aan welke afstanden denk je dan? Hoe breed is de cirkel die je om je heen trekt? Kinderen van expats – werknemers die voor hun werk uitgezonden zijn naar het buitenland – hebben een brede blik, omdat ze nu eenmaal veel van de wereld gezien hebben. Wat dat met ze doet, is heel verschillend. De een wil absoluut een vaste plek omdat hij het gezeul zat is. De ander vindt diversiteit juist een absolute must in zijn baan.

Ben je de zoon of dochter van een gemeenteambtenaar die elke dag fietsend naar zijn werk ging, of van een zelfstandig ondernemer die aan huis werkte? Kwam je moeder regelmatig steunend en vloekend thuis, met een zware voet van het file rijden? Dan wil je misschien het liefst een baan in de buurt. Of heb je vrienden die dagelijks met de trein naar hun werk gaan en die daardoor zo lekker uitgerust zijn, omdat de overgang van werk naar privé zo goed geregeld is? Je geografische mobiliteit is belangrijk om mee te wegen in je oriëntatieproces.

Dicht bij huis of woon-werkverkeer

Mensen blijken steeds minder bereid te zijn om te reizen voor hun werk. Ze ervaren het reizen als een last – zowel via de weg als met het openbaar vervoer. Als een organisatie reorganiseert en van de ene naar de andere kant van het land verhuist, willen werknemers vaak niet meeverhuizen. Is de arbeidsmarkt slecht, dan is men weer meer bereid om te verhuizen.

Steven

Steven krijgt een conflict met zijn baas. Hij vindt dat zijn baas slecht communiceert, onrealistische verwachtingen van hem heeft en onvoldoende ruimte geeft om te verbeteren. Het wordt van kwaad tot erger; Steven gaat er slecht van slapen, neemt het conflict mee naar huis en wordt steeds ongelukkiger in zijn werk. Uiteindelijk meldt hij zich ziek. Door begeleiding van de bedrijfsarts krijgt hij een andere – tijdelijke – functie. Vanwege de Wet Poortwachter blijft zijn werkgever actief met hem in gesprek, maar Steven heeft het gehad. Hij heeft zijn vertrouwen in zijn werkgever verloren en wil wat anders. Eigenlijk vindt hij de regio waar hij werkt en de sfeer die er heerst ook niets. Zijn vrouw komt uit een andere regio en wil graag terug. Ze besluiten te verhuizen en een nieuw bestaan op te bouwen. Steven komt samen met zijn werkgever tot het besluit zijn arbeidscontract te beëindigen.

Hier blijven of naar het buitenland?

Misschien denk je over een internationale baan. Welke overwegingen spelen dan een rol voor je? Wil je 'gewoon' iets leuks en uitdagends of hecht je waarde aan zelfstandigheid en interesseer je je voor andere culturen? Ben jij stevig genoeg om zo'n baan aan te kunnen? Beschik jij over de juiste competenties? Voor een internationaal werkende project-engineer worden bijvoorbeeld de volgende competenties gevraagd:

★ interculturele oriëntatie
★ emotionele stabiliteit
★ zelfstandigheid
★ besluitvaardigheid
★ luisteren

Nederlanders blijken bijvoorbeeld vaak veel Nederlandser te zijn dan ze zich realiseren. Veel mensen die op basis van culturele sensitiviteit geschikt denken te zijn voor een baan in het buitenland, blijken met hun directheid en openheid minder goed te passen in een andere cultuur. Deze kunnen zelfs als beledigend worden ervaren door mensen uit andere culturen. Bij een overweging om naar het buitenland te gaan, hoort een serieus onderzoek of je wel intercultureel georiënteerd bent. Dit is vaak ook een belangrijk onderdeel van assessments.

Een ander belangrijk aspect dat je mee moet wegen is je thuissituatie: heb je een partner die ook naar het buitenland wil? Is hij bereid om ergens anders een leven op te bouwen, of gaat hij mee omdat jij zo graag weg wilt? De praktijk wijst uit dat je partner medebepalend is voor je succes in het buitenland.

Voor meer informatie over internationale banen kun je kijken op:
- www.cwinet.nl
- www.vacature.com
- www.europa.eu.int/eures
- www.labourmobility.com
- www.academictransfer.org

Mick Stevens
BROUWERIJSTRAAT 31, WAGENBERG
NOORD-BRABANT
Nederland
Europa
Wereld
Aarde
Heelal

93

Schrijf je levensverhaal

Het kan zijn dat je het gevoel hebt dat je verleden van groot belang is voor hetgeen er nu met je gebeurt; je bent tevreden, maar er blijft onderhuids iets 'zeuren'. Het schrijven van een autobiografie of levensverhaal kan dan zinvol zijn. Je hebt bijvoorbeeld een bijzondere jeugd gehad, of je hebt een lastige periode in je leven doorgemaakt. Of je hebt een tijd veel succes gehad en gepiekt, maar je zit nu in een dalletje.

Als je wilt weten hoe het allemaal zit, kan het zinvol zijn om je ervaringen eens uitgebreid op papier te zetten − niet alleen aan de hand van gestructureerde oefeningen en vragenlijsten, maar door het schrijven van je levensverhaal. Je kunt zo orde scheppen in de ervaringen die je tot nu toe hebt opgedaan. Soms is het nodig om pijnlijke ervaringen van je af te schrijven; het helpt je om wat afstand te nemen, en om ingrijpende gebeurtenissen beter te verwerken.

Waarom lees je dit boek? Wat is de situatie waarin je je bevindt? Waarom bezin je je op de toekomst? De kunst is om jezelf de goede vragen te stellen, en je persoonlijke verhaal, waarin je kwaliteiten en motivatie besloten liggen, samen te vatten. Dat mag je zo uitgebreid of zo kort doen als je zelf wilt. Je zult merken dat je er gaandeweg plezier in krijgt. Als dat niet zo is, moet je er snel weer mee stoppen.

Begin met het beschrijven van je huidige situatie. Beschrijf je werk of de opleiding die je gevolgd hebt, en maak een uitgebreid cv (zie hoofdstuk 8). Hierna ga je verder met de persoonlijke kant van je geschiedenis: Waar kom je vandaan? Wat is je achtergrond? Wat heb je meegemaakt? Als rode draad voor het schrijven van je levensverhaal kun je een indeling gebruiken in periodes of in thema's.

Voor een indeling in periodes splits je je leven op in periodes van vijf, zes of zeven jaar. Probeer van elke periode een beeld te schetsen van je leven. Schrijf over je gezin, je vrienden, het soort persoon dat je was, je hobby's, je onzekerheden of twijfels én je opleiding en je werk. Breng

Tips om inspiratie op te doen:

★ Schrijf je verhaal voor jezelf; het hoeft geen bestseller te worden, dus laat je niet afremmen door de beoordelende blik van een denkbeeldige lezer.

★ Bekijk je leven als een buitenstaander en probeer jezelf zo objectief mogelijk te beschrijven.

★ Neem de tijd. Schrijf je verhaal niet in een keer maar ga er af en toe voor zitten.

★ Kijk in fotoboeken en schoolrapporten, bekijk videobandjes, ga naar plaatsen uit je jeugd toe, lees je oude dagboeken − de herinneringen komen vanzelf weer boven.

★ Draai muziek van vroeger.

★ Praat met familieleden en oude vrienden.

★ Probeer thema's en rode draden in je leven te vinden. Ga op zoek naar terugkerende patronen.

de keuzemomenten en dilemma's in kaart en bedenk waarom je bepaalde keuzes hebt gemaakt. Beschrijf op welk moment jij aan het stuur zat van je leven en wanneer niet. Denk aan de personen en dingen die je geholpen en gestimuleerd hebben, en aan de personen en dingen die je hinderden.

Voor een levensverhaal in thema's of *highlights* kun je denken aan hoogtepunten en crises, belangrijke mensen, teleurstellingen en successen, belangrijke veranderingen en belangrijke besluiten.

Even alles op een rijtje: wat heb ik te bieden?

Na al deze oefeningen en overpeinzingen is het tijd om dat wat je over jezelf bedacht hebt, overzichtelijk te ordenen zodat je in een oogopslag de triggers en de samenhang ziet en er een eenheid ontstaat waarop je terug kunt vallen als je gesprekken voert, naar advertenties kijkt of aan je cv werkt. Want dat is wat in deel 2 aan bod komt.

We geven je twee manieren om dit overzicht te creëren: het referentieblad en de mindmap. Kies wat bij jou past; de een zet de zaken het liefst schematisch op een rijtje (referentieblad), de ander tekent en schetst liever (*mindmap*).

Referentieblad

De waarden die belangrijk voor mij zijn:

1 _____

2 _____

3 _____

4 _____

5 _____

6 _____

7 _____

8 _____

9 _____

10 _____

(Je eigen waarden top tien, p. 32)

Eigenschappen waarover ik beschik:

1 _____

2 _____

3 _____

4 _____

5 _____

6 _____

(Wat heb jij in huis?, p. 71)

Vaardigheden en competenties die ik heb:

1 _____

2 _____

3 _____

4 _____

5 _____

6 _____

7 _____

(Branches en werksoorten onderzoek, p. 42)

Zaken waaraan ik wil werken die mij nog niet zo goed afgaan, zijn:

1 _____

2 _____

3 _____

Jouw portfolio: een eerste scan (p. 55), Branches en werksoorten onderzoek (p. 42),

Spiegeltje, spiegeltje aan de wand (p. 66), Welke benen dragen jou? (p.76).

Omgevingen die voor mij een uitdaging zijn:

1 _____

2 _____

3 _____

Waar loop je warm voor? (p. 25), Je kijkt uit het venster en je ziet (p. 47), Hoe groot is jouw wereld? (p. 91).

Mindmap

Nu je hebt nagedacht over de richting en inhoud van je loopbaan, kun je visueel inzicht en overzicht creëren door een *mindmap* te maken. Tony Buzan (2003) heeft deze methodiek vormgegeven in de jaren tachtig, onder andere om naast de dominantie van de linker hersenhelft bij het analyseren en beoordelen van zaken meer ruimte te creëren voor het associëren via de rechter hersenhelft.

Mindmapping leert je vanuit hoofdlijnen te associëren naar deelaspecten zonder de beperking van een logische volgorde aan te moeten houden. Voor mensen die niet zo houden van (chrono)logische rijtjes – zoals in het voorgaande referentieblad – biedt deze methodiek meer ruimte om te spelen met beelden en gedachtelijnen.

OpZ

Bij *mindmapping* ga je als volgt te werk:

★ Neem een blad papier voor je (bij voorkeur A3) en houd stiften, gelpennen of kleurpotloden bij de hand!

★ Zet in het midden je hoofdthema, bijvoorbeeld *Loopbaan van A tot Z* of *Mijn volgende Z* of ...

★ Benoem naar aanleiding van de voorgaande hoofdstukken de hoofdlijnen die je in je overzicht wilt opnemen, bijvoorbeeld 'willen', 'kunnen' en 'moeten' of 'drijfveren', 'kwaliteiten', 'wensen & dromen' en 'succeservaringen'.

★ Werk elke gedachtelijn uit door de resultaten van je analyses op te nemen.

Er ontstaat een patroon van elementen waarin je samenhang en conclusies kunt gaan aanbrengen.

★ In het volgende voorbeeld wordt gewerkt met woorden, maar je kunt natuurlijk ook met beelden, tekeningen en symbolen werken (gebruik die rechter hersenhelft!).

★ Als het goed is, ontstaat zo je eigen, persoonlijke overzicht waarin je jouw verhaal afgebeeld ziet.

Tip

Via de site vind je software die *mindmapping* mogelijk maakt. Ter inspiratie volgt hier de *mindmap* van Joost.

Joost

Joost heeft jaren bij een groot bedrijf gewerkt in diverse functies op het gebied van financiën en administratie. Hij is vanuit de automatisering met een relatief lage basisopleiding doorgegroeid; hij is een *selfmade* man. De laatste jaren is Joost enigszins van zijn vak weggedreven vanwege zijn andere passie, de medezeggenschap. Hij is in diverse gremia (nationaal en Europees) de OR-vertegenwoordiger en kent het vak als geen ander binnen zijn organisatie. Door een reorganisatie wordt zijn afdeling opgeheven en hij moet een keuze maken; proberen een andere plek in de organisatie te krijgen en het werk weer oppakken, of deze gelegenheid aangrijpen om zijn passie en idealisme verder vorm te geven, bijvoorbeeld door zelfstandig de markt op te gaan.

Om de pro's en contra's voor beide scenario's te verzamelen is Joost gaan analyseren waar zijn kwaliteiten liggen, welke rol hem het best past, wat zijn missie is. De volgende *mindmap* geeft de beginfase van zijn oriëntatie weer.

Inhoud van de Wet Onderhandelen

Accent ligt NU op

Proces
Project
ISO-certificering
Efficiency

Het organiseren van MZ-werk

Organiseren van zaken

Kantoorautomatisering
Hoe organiseer je je werk?
Hoe deel je 't in?
Opzetten van 'projecten' is leuk

Analyseren (informatie, organisatie) behoeften

Meten en rapporteren

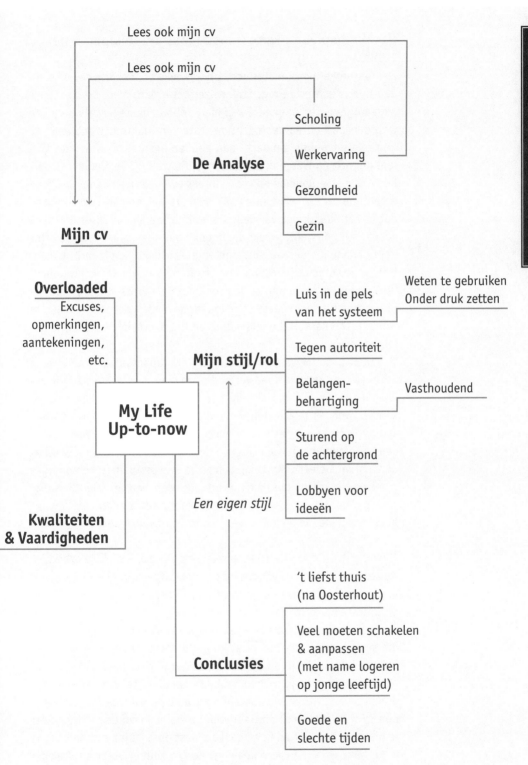

Lees ook mijn cv

Lees ook mijn cv

De Analyse

Scholing

Werkervaring

Gezondheid

Gezin

Mijn cv

Overloaded
Excuses,
opmerkingen,
aantekeningen,
etc.

**My Life
Up-to-now**

Mijn stijl/rol

Luis in de pels
van het systeem

Weten te gebruiken
Onder druk zetten

Tegen autoriteit

Belangen-
behartiging

Vasthoudend

Sturend op
de achtergrond

Lobbyen voor
ideeën

Een eigen stijl

**Kwaliteiten
& Vaardigheden**

Conclusies

't liefst thuis
(na Oosterhout)

Veel moeten schakelen
& aanpassen
(met name logeren
op jonge leeftijd)

Goede en
slechte tijden

Weten

Pas op de plaats: wie of wat ze met jou inkopen – personal branding

Zo, het verkennen, analyseren, onderzoeken, uitschrijven, uitbeelden heb je achter de rug. Stuk wijzer geworden, meer de diepte ingegaan: jouw verhaal heeft veel meer inhoud gekregen. Nu de juiste woorden nog en een kernachtige statement daarbij. Want waar we nog relatief weinig aandacht aan hebben besteed, is hoe jouw Willen, Kunnen en Weten doorwerkt in je uitstraling. Dit is voor bijvoorbeeld dienstverlenende en kennisintensieve bedrijven een ontzettend essentiële factor, want hoe vaak gebeurt het niet in deze branche dat je een klus krijgt vanwege de 'klik' of de 'chemie', of omdat je verwachtingen hebt gewekt die je ook hebt waargemaakt of beloftes hebt gedaan die gerealiseerd zijn en die smaken naar meer? Je overtuigt in je sollicitatiegesprek en je baan niet alleen dankzij inhoudelijk stevige oplossingen: je hebt ook passie en uitstraling nodig om je toekomstige werkgever of je leidinggevende voor jouw ideeën te winnen. Die passie, die uitstraling en die overtuiging maken je geloofwaardig.

Vanuit je zelfbewustzijn zet je actiever stappen, daar draait het in dit boek om. Je kunt goed verbinding maken met je (klanten)omgeving omdat je authentiek bent, je eigen 'mentale make-up' goed kent en weet te relativeren. En van daaruit kun je ook bewust koersen op contexten waarin je prima past en ervoor kiezen weg te blijven uit omgevingen waar je onvoldoende resonantie op jouw waarden en wil beleeft. Kortom, ben je je bewust van je persoonlijke merk en de kracht die daarvan uitgaat, dan ben je geloofwaardig, transparant en consistent: belangrijke succesfactoren in bijvoorbeeld beïnvloeden en netwerken, waarover meer in deel 2.

Dus nog even dit: hoe kom en blijf je bij je persoonlijke merk?
De zelfanalysetocht die je tot nu toe hebt afgelegd, brengt en houdt je bij jezelf en maakt dat je je verhaal scherp houdt – bijvoorbeeld door je steeds af te vragen wat jouw successen zijn van de afgelopen maanden en jaren. Waar ben je trots op? Welke kwaliteiten heb je in die situatie laten zien en waar kun je die kwaliteiten nog meer gebruiken? Wat roep je op bij mensen, krijg je daar feedback op? Wat betekent dit voor jouw persoonlijke merkbelofte: wat krijgen opdrachtgevers, werkgevers of leidinggevenden, wanneer ze jou 'inkopen'? En wat betekent dit weer voor de klant, je collega's? Hoe meer je hierover nadenkt en je verhaal aanpast en bijslijpt en hoe meer je je verhaal vertelt in je omgeving, des te zelfbewuster en steviger

kom je over – en daardoor komen er weer veel meer kansen naar je toe. Mensen verbinden zich graag aan zelfbewuste, succesvolle anderen – het geeft hen ook status.

Naast reflectie is regelmatig bewegen belangrijk. Blijf je grenzen verleggen en uitproberen om zo meer over jezelf te leren. Experimenten helpen je bovendien om je verhaal uit te breiden, te verdiepen en te verbreden; zo weet je goed waar jouw (unieke) toegevoegde waarde ligt. En ook daarmee scherp je je merk weer aan.

2

De markt op

Deel 2 behandelt hoe je een vervolgstap in je loopbaan kunt bereiken. We staan stil bij de kanalen die je kunt gebruiken om die nieuwe baan te vinden, bij je schriftelijke presentatie in je brief en cv, je mondelinge presentatie tijdens het sollicitatiegesprek en bij de salarisonderhandelingen. We sluiten af met het afscheid van je huidige werkgever en het overleven van de proeftijd.

7

Welke wegen leiden naar het beloofde land?

De volgende Z

Nu je na het doorlopen van deel 1 weet wie je bent, wat je kunt en wat je wilt, is het tijd voor de volgende zet: het realiseren van een vervolgstap in je loopbaan.

Het is wellicht nuttig op dit moment te verwijzen naar de NVP-sollicitatiecode. Deze code bevat basisregels die arbeidsorganisaties volgens de Nederlandse Vereniging voor Personeelsmanagement & Organisatieontwikkeling (NVP) in acht behoren te nemen bij de werving en selectie van personeel. De code is opgesteld in overleg met de Stichting van de Arbeid en is opgenomen op pagina 279 van dit boek. Op www.nvp-plaza.nl vind je steeds de meest actuele versie van deze code.

Mocht je tijdens het solliciteren vraagtekens hebben bij de gang van zaken, dan kun je deze code raadplegen en eventueel contact opnemen met de NVP.

Welke Z-en leiden naar een nieuwe baan?

Hoe vind je nu die baan die je voor ogen hebt? Waar is het te halen? Waar begint je zoektocht? Er zijn verschillende kanalen om je nieuwe ideale baan te vinden en de effectiviteit ervan varieert. Figuur 7.1 laat zien welke wervingsmethoden organisaties gebruiken om nieuwe medewerkers te werven. Houd daar in je zoektocht rekening mee. Opvallend is dat via via – netwerken dus – en open sollicitaties nog steeds hoog scoren, dat het gebruik van internet blijft groeien en dat kranten en tijdschriften nog steeds op nummer 1 staan.

Zet de meest effectieve kanalen in, maar laat de minder effectieve zeker niet achterwege. Juist door het combineren van de verschillende kanalen maximaliseer je de kans op succes!

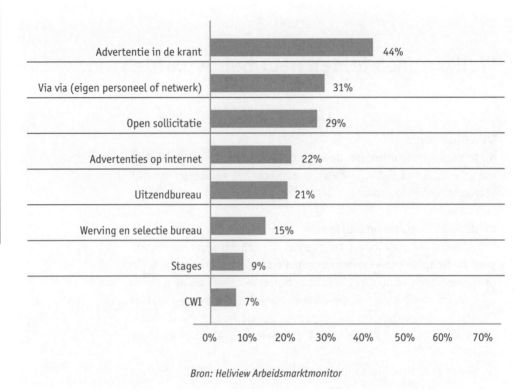

Bron: Heliview Arbeidsmarktmonitor

Figuur 7.1 Wervingsmethoden bij personeelswerving

Welke kanalen jij het best kunt inzetten, is mede afhankelijk van waar je momenteel staat en wat je zoekt. Starters en mbo-ers vinden bijvoorbeeld vaak een nieuwe baan via een uitzendbureau, terwijl kandidaten met meer werkervaring of een hbo- of wo-achtergrond eerder een nieuwe baan vinden via een werving en selectie bureau.

Je moet nu in kaart brengen waar je ideale baan te vinden is: welke branches en organisaties bieden wat jij zoekt? En welk kanaal moet je daarvoor gebruiken? Realiseer je dat wie beweegt en rond-vliegt, meer kans heeft om iets te vangen dan degene die stil zit!

In between jobs?

Mocht je nu *in between jobs* zitten, blijf dan naast het solliciteren niet stil zitten, maar ga bijvoorbeeld vrijwilligerswerk doen. Je houdt niet alleen je dagelijkse ritme, je werkt ook aan je netwerk, je voorkomt een gat in je cv en wellicht levert het nieuwe ervarin-gen op voor een nieuwe baan – zeker handig als je een overstap overweegt naar een andere sector, bijvoorbeeld de jeugd-gezondheidszorg.

Uitpluizen die kranten!

Adverteren in kranten en week-bladen is nog steeds één van de succesvolste en snelste manieren voor organisaties om vacatures in te vullen. In figuur 7.2 staat welk soort functies je waar kunt vinden.

www.vrijwilligerswerk.nl
www.vrijwilligerscentrale.nl
www.vrijwilligerswerk.startpagina.nl
www.vrijwilligerswerk.be
www.vrijwilligersjobs.be

	Directie en management	Financieel	Automatisering	Commercieel	Marketing en communicatie	Onderwijs en onderzoek	
Landelijke dagbladen							
Algemeen Dagblad		■	■	■	■		
De Telegraaf	■	■	■				
De Volkskrant	■					■	
Het Financieele Dagblad	■	■					
NRC Handelsblad	■						
NRC Next		■		■			
Trouw						■	
Regionale dagbladen							
Algemeen Dagblad regionale edities: zie landelijke editie							
BN/De Stem				■			
Brabants Dagblad	■			■		■	
Dagblad De Limburger	■						
Dagblad van het Noorden	■						
De Gelderlander		■					
De Twentsche Courant Tubantia	■		■				
Het Parool						■	
Noordhollands Dagblad						■	
Weekbladen							
Carp		■	■	■	■		
Elsevier	■	■	■	■	■	■	
Intermediair	■		■				
Volkskrant banen	■	■	■	■	■	■	
Vakbladen							
Adformatie					■		
Automatisering Gids	■		■				
Binnenlands Bestuur	■						
Cobouw	■			■			
Computable	■		■				

Figuur 7.2 Welke vacatures in welke media?

Techniek	Bestuur en beleid	Consultancy en advies	P&O	*Profit*	*Non-profit*	Gezond-heids-zorg	Weten-schap
	░						
░				░			
	░		░		░	░	░
	░	░		░	░		
		░		░			
	░						
	░		░				
	░		░				
░	░		░				
	░		░				
	░	░					
	░		░				
	░						
				░			
			░	░			
░		░	░	░	░		
	░	░	░	░	░	░	░
		░					
		░					
	░	░					
░							

(vervolg op pagina 112)

	Directie en management	Financieel	Automatisering	Commercieel	Marketing en communicatie	Onderwijs en onderzoek	
De Ingenieur	■		■	■			
FEM Business	■	■					
Gids voor Personeelsmanagement	■						
Intermediair PW	■						
Management Team	■						
Personeelsbeleid	■						
Technisch Weekblad	■			■			
Bladen voor starters							
Intermediair Starters		■	■	■	■		
Memory Magazine		■	■	■	■	■	
SUM Oriëntatie Nieuws		■	■	■			
Overige							
Dag			■	■			
De pers		■	■	■			
Metro		■	■		■		
Spits		■	■	■	■		

Vervolg figuur 7.2

Een deel van het succes van adverteren schuilt in het feit dat ook de latent zoekenden worden bereikt – degenen die niet actief op zoek zijn naar een andere baan, maar wel advertenties bekijken en dan toch solliciteren. Een andere reden dat organisaties graag gebruikmaken van advertenties, is dat alleen mensen reageren die intrinsieke motivatie hebben voor de betreffende functie en organisatie. Bovendien bouwen bedrijven met dit soort advertenties aan hun zogenaamde 'werkgeversimago'. Als je werk zoekt, kan het bekijken van advertenties je helpen je ideale functie te completeren.

De meeste personeelsadvertenties staan in de zaterdagedities van dagbladen. Daarnaast zijn er specifieke vacaturebladen, waarvan *Intermediair* en *Volkskrant banen* de bekendste zijn.

Techniek	Bestuur en beleid	Consultancy en advies	P&O	Profit	Non-profit	Gezondheidszorg	Wetenschap
■							
				■			
			■				
		■	■	■			
			■				
■			■				
		■					
■			■				
	■		■				
■							
■							
	■						
	■						

De meeste kranten en tijdschriften hebben een eigen site waarop de vacatures ook worden geplaatst. Je hoeft ze dus niet allemaal te hebben om de advertenties te bekijken. Je kunt natuurlijk ook een weekendabonnement nemen, omdat de personeelsadvertenties in de regel op zaterdag geplaatst worden.

Netwerken

Een andere zeer effectieve manier om een nieuwe baan te vinden is het via via-circuit – je netwerk dus. Als er in een organisatie een vacature is, wordt vaak aan de personeelsleden en in het eigen netwerk gevraagd of men geen goeie kandidaten kent. Bij netwerken gaat het erom dat er mensen zijn – in voor jou belangrijke branches, sectoren of bedrijven – die dan antwoorden: 'Ja, volgens mij heb ik onlangs iemand gesproken' en jou daarmee bedoelen. Maar wat is netwerken precies? Hoe pak je het aan? Hoe overwin je de schroom om te netwerken? Wat zijn de voordelen?

Wat is netwerken?

Netwerken is bouwen aan een web van relaties dat zich steeds verder uitbreidt. Aan deze relaties vraag je advies en informatie over branches, sectoren of functies waarin je geïnteresseerd bent en je vertelt wat je eigen capaciteiten en interessen zijn. Bovendien laat je weten dat je je aan het oriënteren bent op de arbeidsmarkt. Je zorgt ervoor dat deze relaties aan jou zullen denken wanneer dat nodig is, en je vraagt hen om een aantal verwijzingen naar andere personen die je weer verder kunnen helpen.

Om misverstanden te voorkomen: netwerken wil *niet* zeggen dat je je relaties vraagt om een nieuwe baan! Vragen om een baan is voor jou vervelend en brengt de ander in grote verlegenheid; als ze een baan voor je hebben zullen ze je dat zeker zeggen. Je vraagt alleen om informatie, tips en verwijzingen. Netwerken is dus een activiteit, het vraagt om een proactieve houding. Het is niet voor niets net werken!

Belangrijkste doelen in het netwerken zijn:
* ★ informatie krijgen
* ★ advies krijgen
* ★ onthouden worden
* ★ verwijzingen krijgen

Netwerken kent een aantal uitgesproken voordelen:

* ★ Bij netwerken ben je de concurrentie een stap voor: jij komt in contact met een organisatie voordat een vacature via bijvoorbeeld een advertentie naar buiten gaat. Je hebt daardoor minder directe concurrentie van medesollicitanten.

* ★ Netwerken is proactief; je neemt plaats op de *driver's seat* door zelf in actie te komen in plaats van af te wachten of de juiste vacature voorbijkomt. Bijkomend voordeel is dat je aan een potentiële werkgever laat zien dat je initiatiefrijk bent en dat wordt vaak zeer gewaardeerd.

* ★ Netwerken is een heel goede manier om de arbeidsmarkt beter te leren kennen. Het kan je helpen om scherper te krijgen welke functies en organisaties bij je passen, iets wat belangrijk is als je een overstap wilt maken naar een andere functie of branche. Je zult boven-

dien merken dat een grondige kennis van de arbeidsmarkt van pas komt tijdens sollicitatiegesprekken.

★ Netwerken biedt je de mogelijkheid om in een minder gespannen sfeer dan tijdens een alles-of-niets sollicitatiegesprek te oefenen in het presenteren van jezelf. Oefening baart kunst.

★ Door te netwerken breid je je netwerk uit: elk contact biedt weer de mogelijkheid van verwijzingen waardoor je vele nieuwe contacten aan je netwerk toevoegt. Een gesprek zal vaak zonder problemen tot stand komen als het om een doorverwijzing gaat.

★ Je komt, al netwerkend, sneller en makkelijker in gesprek met personen die uiteindelijk beslissen. Je passeert daarbij allerlei *gatekeepers* zoals secretaresses, recruiters en P&O-ers.

★ Realiseer je dat een organisatie een heleboel geld bespaart als via via een nieuwe medewerker wordt gevonden. De totale kosten van het aantrekken van een nieuwe medewerker via gangbare wijze lopen namelijk al snel in de richting van 50% van een brutojaarsalaris. Een organisatie is dus best bereid om tijd te investeren in het via via aantrekken van nieuwe medewerkers.

★ Netwerken levert vrijwel altijd *iets* positiefs op, in tegenstelling tot gerichte sollicitaties waarbij vaak sprake is van een afvalrace. Bij netwerken vraag je niet – samen met talloze anderen – om een baan, maar om advies, informatie en verwijzingen. Je zult merken dat de meeste mensen waar je een beroep op doet, bereid zijn om je verder te helpen. Mensen praten bovendien graag over hun vak en hun organisatie. Vrijwel elk netwerkgesprek zal je iets positiefs opleveren en wellicht uiteindelijk de juiste functie.

Welke smoezen heb jij bedacht om niet te netwerken?
Het is natuurlijk heel makkelijk om allerlei smoezen te verzinnen om vooral niet te gaan netwerken, maar bespaar je de moeite, dit hebben wij al voor je gedaan. Wel hebben we ook de vrijheid genomen om de smoezen te ontkrachten. Je hebt dus geen excuses meer om niet te netwerken.

★ **Ik voel me opgelaten om te vragen of bedelen om een baan.**
Je hebt helemaal gelijk. Je moet ook niet rechtstreeks om een baan vragen, daar zet je de ander onnodig mee onder druk. Rechtstreeks vragen is weinig effectief en bovendien kan zo'n vraag alleen met 'ja' of 'nee' beantwoord worden. Je moet vragen om informatie en advies. Mocht jouw contact direct een mogelijkheid voor een baan zien, dan zal hij dat zeker zeggen. Zo niet, dan kun je vragen om doorverwijzingen.

★ **Netwerken is lastig. Het is een specialisme.**
Onzin! In privésituaties netwerk je ook door vrienden en kennissen om advies te vragen, bijvoorbeeld als je een nieuw huis wilt kopen. Je vraagt iedereen die je kent naar hun ervaringen met makelaars en hypotheekverstrekkers. Het kan zelfs dat je dan van vrienden hoort dat zij mensen kennen die hun huis willen verkopen, en voor je het weet, koop jij onderhands jouw droomhuis! En wie vraagt niet even rond als hij op zoek is naar een nieuwe huisarts?
Netwerken is dus geen specialisme, je doet het vaak onbewust al. Het enige wat je moet doen, is gestructureerd te werk gaan, en daar is dit boek voor.

★ **Netwerken kost me te veel tijd en het levert niets op.**
Nu heb je voor een deel gelijk. Het kost inderdaad veel tijd om te netwerken en bovendien vraagt het de nodige zelfdiscipline en structuur, anders leidt het tot niets. Helaas staat hier tegenover dat het een van de meest effectieve manieren is om aan een andere baan te komen. Natuurlijk gaan er soms tientallen gesprekken overheen voordat netwerken daadwerkelijk een baan oplevert, maar de kans is zeker aanwezig dat het een baan oplevert! Blijf je bij elk gesprek realiseren dat je netwerk groeit en dat de kans op het vinden van je ideale baan daarmee toeneemt.

★ **Ik heb geen netwerk.**
Oh nee? Heb jij geen: familie, vrienden, buren, collega's, oud-collega's, zakenrelaties of kennissen van de sportclub? Hebben jouw vrienden geen vrienden? Heb je geen contacten opgedaan tijdens externe trainingen, workshops of seminars en tijdens je school, je studie, militaire dienst? Ken je geen lokale politici, mensen die bij werving en selectie bureaus of bij de

> *Iedereen heeft een netwerk, ook jij!*

Kamer van koophandel werken? Kom je in de kerk of bij service- en zakenclubs als de Rotary en de Lions nooit mensen tegen? Zijn er geen publicisten uit vakbladen of mensen die je hebt horen spreken op jouw vakgebied die je kunt benaderen? Heb je geen contacten opgedaan in eerdere sollicitaties? Ja toch? Iedereen heeft een netwerk, ook jij!

★ **Heb jij geen internet?**

Een niet te missen trend zijn de digitale netwerken. Denk daarbij aan LinkedIn (www.linkedin.com) en XING (www.xing.com) en de meer informele varianten als Hyves (www.hyves.nl) en schoolbank.nl (www.schoolbank.nl). Het is niet alleen leuk om weer in contact te komen met oude vrienden, collega´s en oude school- en studiegenoten, het is ook nuttig, omdat tijdens het bijpraten vaak ook aan bod komt wat jullie nu doen. Is de baan van de ander relevant voor jou? Dan is het bruggetje snel gemaakt. En vergeet niet: professionele sites worden ook door recruiters en searchbureaus gebruikt.

★ **Netwerken is een laatste redmiddel of optie.**

Het is niet een kwestie van *of of* maar van *en en*. Wil je de kans op een nieuwe baan maximaliseren? Dan moet je gebruikmaken van alle mogelijkheden die in te zetten zijn. Netwerken mag en kan daar niet in ontbreken; dan doe je jezelf tekort. Het is niet verstandig de kanalen na elkaar te gebruiken, je moet ze parallel gebruiken. Wachten is kostbaar tijdverlies.

Hoe te netwerken?

Netwerken is een gestructureerd proces, maar eigenlijk is het niets bijzonders. Zoals we al uitlegden doe je het ook in privésituaties door advies en informatie te vragen – niet alleen bij de aankoop van een huis maar ook bij de aanschaf van een nieuwe computer of bij het kiezen van een andere tandarts.

Netwerken bestaat uit een drie fasen: de opbouw, het gesprek en het onderhoud. Netwerken vereist, naast *tijd* en *discipline,* een *systematische aanpak*. Voor die systematische aanpak kun je gebruikmaken van het stappenplan in figuur 7.3.

Om te netwerken moet je dus eerst je zoekgebied bepalen. Beantwoord daarvoor de volgende vragen:

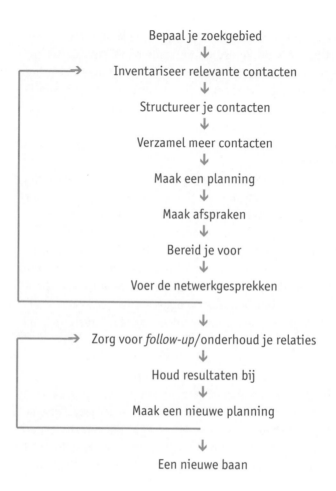

Bepaal je zoekgebied
↓
Inventariseer relevante contacten
↓
Structureer je contacten
↓
Verzamel meer contacten
↓
Maak een planning
↓
Maak afspraken
↓
Bereid je voor
↓
Voer de netwerkgesprekken

↓

Zorg voor *follow-up*/onderhoud je relaties
↓
Houd resultaten bij
↓
Maak een nieuwe planning

↓

Een nieuwe baan

Figuur 7.3 Netwerkstappenplan

★ In welke branches, sectoren en marktgebieden heb ik interesse?
★ Welke specifieke functies wil ik onderzoeken?
★ Wie kan mij helpen, met wie moet ik gaan praten?
★ Hoe voer ik een netwerkgesprek?

Daarna maak je een contactlijst. Deze bestaat uit:
★ *Alle* mensen die je kent of hebt gekend.
★ Mensen die je *nog* niet kent, maar die je wilt leren kennen.

Eerst schrijf je dus iedereen op die je kent – gebruik 'Ik heb geen netwerk' uit de smoezenlijst als houvast. Wees zo compleet mogelijk; verzamel over iedereen die je kent de onderstaande gegevens. Neem er de tijd voor. Leg je lijst af en toe weg en kijk er later weer even naar. Je zult zien dat je de lijst dan weer verder kunt aanvullen. De netwerklijst is een dynamisch geheel. Als het goed is, groeit hij naarmate je meer netwerkgesprekken voert; elk contact kan weer een nieuw contact opleveren.

Netwerkcontacten

★ Volledige naam *(inclusief titulatuur)*

★ Adres, telefoonnummer, e-mail *(privé en/of zakelijk)*

★ Organisatie en functie

★ Soort contact *(categorieën volgens onderstaande indeling)*

★ Contact is relatie van

★ Doel van het contact

★ (Vervolg)afspraak

★ Contact gehad op

★ Brief/mail verstuurd op

★ Te ondernemen actie

★ Verjaardag en andere belangrijke data

★ Relevante informatie uit de media

De uiteindelijke lijst met contacten kun je in drie categorieën indelen:

1. De doorverwijzers

Dit zijn relaties die je *geen* informatie en advies kunnen geven, maar die je *wel* kunnen doorverwijzen naar personen die je verder kunnen helpen (de tweede categorie). De meeste mensen in je directe, persoonlijke omgeving zullen in deze categorie vallen. Gebruik deze relaties verder voor persoonlijke feedback. Omdat zij het dichtst bij je staan, zijn zij daar het meest geschikt voor.

2. De informanten

Mensen die weliswaar *niet* over de invulling van functies in hun organisatie kunnen beslissen, maar die je *wel* informatie en advies kunnen geven over branches, sectoren, organisaties en functies waarin je geïnteresseerd bent en die je inzicht kunnen geven of een specifieke branche, sector, organisatie of functie wel echt bij je past – klopt het beeld dat jij hebt? Verder kunnen deze mensen je een indicatie geven over jouw mogelijkheden in je zoekgebied op de arbeidsmarkt. En wellicht kunnen deze mensen jou in contact brengen met 'beslissers' (de derde categorie).

3. De beslissers

Contacten die (mee)beslissen over de invulling van vacatures in hun organisatie. Je kunt bij hen terecht voor informatie, advies en verwijzingen, maar je kunt ook rechtstreeks bij ze solliciteren. Gezien het belang van deze contacten moet je deze contacten goed onderhouden. Zet ze bovendien pas in als je al ervaring hebt in het netwerken *en* als je weet wat je wilt van deze relatie.

Het wat wil je weten schema

Bepaal van tevoren wat je minimaal wilt weten over branches, sectoren, organisaties en interessante functies.

Wat je wilt weten, is natuurlijk heel persoonlijk: wat vind jij belangrijk in een nieuwe functie? Voor de een is dat de inhoud van de functie of de bedrijfscultuur, voor de ander de doorgroeimogelijkheden of arbeidsvoorwaarden. Maak een schema waarin je aangeeft wat jij belangrijk vindt. Om je daarbij op weg te helpen geven we als voorbeeld het schema van een ervaren manager bedrijfsvoering bij een bancaire instelling die een nieuwe baan zoekt.

Branche	Financiële dienst-verlening	Gemeente	Variërend
Functienaam	Manager bedrijfsvoering	Hoofd bedrijfsvoering	Interim manager financiën
Functie-inhoud	Volledig bekend	Deels bekend, organisa-tiespecifieke zaken (budgetten, verslagleg-ging, wet- en regelge-ving) nog onduidelijk	Sterk wisselend
Arbeidsvoorwaarden	Vergelijkbaar	Met name primair minder, nader onder-zoeken	Primair aantrekkelijk, secundair meer eigen verantwoordelijkheid, nader onderzoeken Financiële onzekerheid
Gewenste opleiding t.o.v. mijn opleiding	Sluit goed aan	Aanname: sluit goed aan, wel even checken	Sluit goed aan
Gewenste ervaring t.o.v. mijn ervaring	Sluit goed aan	Specifieke ervaring lokale overheid ont-breekt, noodzaak nader onderzoeken	Divers, nader onderzoe-ken in hoeverre eigen achtergrond aansluit bij mogelijke opdrachten
Ontwikkelingen in de sector/het bedrijf	Bekend	Nader onderzoeken	Nader onderzoeken
Bedrijfscultuur, bekend en passend?	Bekend, te hiërarchisch en bureaucratisch	Passend? Beeld is poli-tiek, bureaucratisch en informeel maar ook hië-rarchisch Controleren of beeld klopt	Afhankelijk van op-dracht, maar gezien andere rol en beperkte duur minder van belang
Balans werk en privé	Goed geregeld	Verbetering	Eigen regie

Figuur 7.4 Wat wil je weten?

121

Om het jezelf makkelijk te maken en om te voorkomen dat je allerlei smoezen gaat verzinnen om zaken uit te stellen, is het belangrijk een planning op te stellen en de discipline op te brengen om je eraan te houden.

Van start

Nu je informatie hebt verzameld, kun je van start met het netwerken. Kies uit je contactlijst vijf mensen uit de eerste categorie. Deze mensen ken je al, dus het is gemakkelijker om een eerste afspraak te maken en te oefenen in het voeren van netwerkgesprekken. Dit wil natuurlijk niet zeggen dat je je niet hoeft voor te bereiden: weet wat je wilt weten – gebruik het voorgaande schema – bekijk relevante sites, lees relevante artikelen, etc. Neem geen contacten uit categorie drie om te oefenen.

Verzamel zoveel mogelijk *aanvullende informatie* over de persoon met wie je een afspraak hebt en over zijn organisatie en branche. Je kunt hierbij denken aan:

★ website van de organisatie
★ kranten, tijdschriften en internet in verband met eventuele actuele kwesties
★ brochures en (sociaal) jaarverslag van de organisatie
★ jaarboeken: *Nobiles*, *Intermediair*, etc.
★ google: is er iets te vinden over je gesprekspartner

De beste manier om een afspraak te maken is per telefoon. We raden je af om het via e-mail te doen; het is onpersoonlijk en de andere persoon kan gemakkelijk 'nee' zeggen.

Telefonisch afspreken

Als je gaat bellen naar iemand die je niet (goed) kent, kan het bellen een behoorlijke drempel zijn, vandaar dat we hier wat langer bij stil staan:

★ **Introductie**
Bel op, noem je naam en de eventuele verwijzer, geef kort aan waarom je belt en vraag of het schikt. Schikt het niet, vraag dan wanneer je terug kunt bellen. Door de verwijzer te noemen, creëer je gemeenschappelijkheid en voelt degene die jij belt een morele verplichting ten opzichte van de verwijzer. Dat is niet erg, daar kun je gewoon gebruik van maken.

★ **Wees bedacht op** *gatekeepers*

Bij grotere organisaties of personen op hogere functies kun je tegen zogenaamde *gatekeepers* aanlopen: secretaresses of recep-
tionisten die de persoon die jij wilt spreken zoveel mogelijk af-
schermen. Behandel deze personen met respect. Realiseer je dat
het hun rol is om telefoontjes te screenen op belangrijkheid en
urgentie. Refereren aan de naam van de eventuele doorverwijzer,
waarbij je aangeeft dat je hebt afgesproken om te bellen, is vaak
voldoende om voorbij de *gatekeeper* te komen. Als jouw contact
niet bereikbaar is, maak dan een concrete afspraak om terug te
bellen. Als je terugbelt, is de *gatekeeper* meestal snel gepasseerd
door hieraan te refereren.

★ **Doel van het gesprek**

Introduceer jezelf, noem de naam van de eventueel doorverwijzer en leg kort uit dat je je aan het oriënteren bent op de arbeidsmarkt. Het moet duidelijk zijn dat je op zoek bent naar informatie over het gebied waar deze persoon veel kennis en expertise
van heeft. Wees ervan bewust dat hij of zij kan denken dat jij om
een baan wilt vragen. Maak dus duidelijk dat je informatie en advies wilt, en niet direct een nieuwe baan. Het is vaak nuttig nogmaals te verwijzen naar de persoon die jou heeft doorverwezen
en te zeggen dat die zei dat je contact veel kennis en ervaring
heeft en jou vast verder kan helpen.

★ **Maak een afspraak voor een gesprek**

Probeer het telefoongesprek kort te houden en stuur aan op een
persoonlijk gesprek om je vragen te stellen. Een persoonlijk gesprek is effectiever dan een telefoongesprek: je krijgt meer informatie, je krijgt makkelijker doorverwijzingen, je blijft langer
hangen (je wordt *top of mind*) en je leert je te presenteren. Neem
zelf het initiatief voor een afspraak door twee concrete voorstellen te doen, de ander is dan minder snel geneigd om 'nee' te
zeggen. Als jouw data niet uitkomen, vraag dan om een alternatief. Zorg dus dat je je agenda bij de hand hebt en wees flexibel.

★ **Belangrijk om je te realiseren**

Besef je dat iedereen het leuk vindt om over zijn of haar werk te
praten – dus eigenlijk over zichzelf – en aangesproken te worden
op zijn specifieke kennis en expertise. Bovendien is het voorde-
lig om een vacature te vullen zonder actief te hoeven werven.

Het gesprek

Een netwerkgesprek bevat meestal de volgende zes onderdelen:

★ **Opening**

You never get a second chance to make a first impression: een dood-doener, maar daarom niet minder waar. Maak dus een goede eerste indruk! (zie hoofdstuk 9.) Probeer met *social talk* onderscheidend of – nog beter – actueel te zijn. Heb het dus niet over het weer of verkeer. Kom binnen vijf minuten ter zake en geef het doel van het gesprek aan.

★ **Introductie**

Verwijs naar jullie telefoongesprek en het doel van de afspraak, bedank alvast voor het gesprek en stel gezamenlijk de agenda op. Concretiseer het doel van het gesprek door aan te geven welke informatie je zoekt en op welk gebied je advies wilt.

★ **Zelfpresentatie**

Presenteer jezelf met je *elevator speech* (zie hoofdstuk 7, *Werving en selectie bureaus,* p.138): Wie ben je? Wat kun je? Wat wil je?

★ **Informatie en advies**

Het krijgen van informatie en advies is de kern van je gesprek, sta hier dus ook lang bij stil. Bereid goed voor wat je wilt weten (het wat wil je weten schema). Je gesprek moet een echt gesprek zijn en geen vraag en antwoord-spel. Luister goed en vraag door.

★ **Verwijzingen**

Naast het inwinnen van informatie en advies is het essentieel om naar concrete doorverwijzingen te vragen: zo bouw je je netwerk verder uit en kun je het wat wil je weten schema verder invullen.

★ **Afsluiting**

Vergeet niet je contact nogmaals te bedanken voor zijn tijd, informatie en adviezen – na het gesprek kun je trouwens nogmaals bedanken met een briefje, kaartje of e-mail, een goede optie om jezelf weer onder de aandacht te brengen. Als het relevant is, laat je natuurlijk je meegenomen cv achter.

Peter

Peter werkt als teamleider applicatiebeheer bij een grote zorgverzekeraar. Op een bepaald moment zijn hij en zijn werkgever het erover eens dat er voor hem geen toekomst meer is binnen de organisatie. In goed overleg wordt besloten dat hij op zoek gaat naar een functie bij een andere organisatie. Met steun van de zorgverzekeraar gaat Peter een outplacementtraject volgen. Een van de tips die hij krijgt, is dat je altijd een (bedank)briefje moet sturen als je op gesprek bent geweest.

Peter solliciteert op een vacature uit de krant en wordt uitgenodigd voor het eerste gesprek. Dit gesprek gaat goed en binnen een paar dagen gaat hij opnieuw op gesprek. Na het tweede gesprek valt hij echter af omdat hij een onderdeel van de gecompliceerde functie niet goed genoeg beheerst; hij heeft er te weinig ervaring mee. Hij kan zich hier wel in vinden, maar hij vond de organisatie en de gesprekken zo leuk dat hij besluit een briefje te sturen. Hij geeft daarin aan dat hij het jammer vindt dat hij niet door is naar de volgende ronde maar dat hij begrip heeft voor de beweegredenen. Hij schrijft ook dat hij zeer geïnteresseerd zou zijn als er ooit een andere functie vrijkomt die beter bij hem past omdat hij een positief beeld van de mensen en de organisatie heeft gekregen.

Een maand later wordt hij gebeld of hij weer op gesprek wil komen. Het is de organisatie niet gelukt om de vacature te vullen en ze willen de functie in tweeën splitsen. De ene functie betreft het gebied waar Peter expertise in heeft en de andere functie betreft het gebied waar hij te weinig ervaring in had. Het feit dat hij een briefje schreef, bracht hem nogmaals positief onder de aandacht. Omdat hij aangaf dat hij geïnteresseerd was in andere functies bleek dat hij meer wilde dan alleen deze specifieke functie: hij wilde ook graag bij deze organisatie werken. Al met al genoeg redenen om hem nogmaals uit te nodigen en hem uiteindelijk de baan aan te bieden.

De follow-up

Na het gesprek zijn er een paar dingen die je moet doen:

★ Werk je aantekeningen uit – bij voorkeur dezelfde dag –, noteer eventuele *follow-up* acties en completeer je wat wil je weten schema.

★ Maak *zo snel mogelijk* afspraken met de personen waar je naar bent doorverwezen; het gesprek zit dan nog in je hoofd en je kunt zeggen dat je kort geleden nog een gesprek had met de door- verwijzer en/of informant. Dit komt gemotiveerder over dan ver- wijzen naar een gesprek van een maand geleden. Bijkomend voordeel is dat je in je bedankje kunt melden dat je al een af- spraak of afspraken hebt gemaakt; zo laat je zien dat je het ge- sprek zeer nuttig vond en gemotiveerd bent.

★ Stuur na je afspraak – indien mogelijk – bijvoorbeeld een rele- vant artikeltje. Dit dient niet alleen als een bedankje, het zorgt er ook voor dat je *top of mind* blijft.

Niet geschreven is altijd mis: open sollicitatie

Een andere manier om een nieuwe baan te krijgen, is de open sollici- tatie. We onderscheiden daarin drie soorten:

★ Je interesse gaat uit naar een bepaalde organisatie en niet speci- fiek naar één functie. Je bent dus geïnteresseerd om specifiek bij deze organisatie te werken. In je brief en cv geef je aan over wel- ke kennis en ervaring je beschikt, je beschrijft waarom je precies bij die organisatie wilt werken en je geeft een (globale) indicatie van de baan waaraan je denkt.

★ Je hoort via je netwerk dat er ergens een vacature komt en je sol- liciteert voordat er een advertentie verschijnt.

★ Je ziet de mogelijkheid voor een nieuwe functie bij een bepaalde organisatie – er is bijvoorbeeld nog geen inkoper of marketing & pr-medewerker –, je attendeert de onderneming op deze lacune en stelt jezelf kandidaat.

Een open sollicitatie wijkt op enkele punten af van een gangbare sollicitatie. In de procedure voorafgaand aan het gesprek zijn er vier belangrijke zetten die je moet doen.

Zet 1: Zelfanalyse
Deze fase kun je in deel 1 van dit boek doorlopen. De uitkomst is het door jou opgestelde referentieblad of de *mindmap*.

Zet 2: Oriëntatie op de arbeidsmarkt
Als uitkomst van de arbeidsmarktoriëntatie (Deel 1: *Branches en werksoorten onderzoek*) heb je een beeld welke branches, werksoorten en organisaties je liggen en heb je je eigen top tien van organisaties opgesteld. Als het niet lukt om met netwerken of via een bestaande vacature bij een van deze organisaties binnen te komen, is het schrijven van een open sollicitatie een goed alternatief.

Zet 3: Telefonisch contact
Voordat je je brief schrijft, dien je telefonisch gegevens in te winnen. Zo'n telefoongesprek heeft niet alleen informatieve waarde, het dient ook als middel om een voet tussen de deur te krijgen. Een goede voorbereiding is van groot belang; stel de juiste vragen in een goede, van tevoren bepaalde volgorde. Zorg dat je de vragen beheerst, zodat je flexibel bent en tijdens het gesprek de volgorde aan kunt passen. Neem voldoende tijd en rust om te telefoneren en notuleer het gesprek.

Probeer de geschikte persoon aan de lijn te krijgen, geen P&O-er maar een daadwerkelijke beslisser (staf- of lijnmanager). Probeer zijn interesse te wekken door in te gaan op je opleiding en werkervaring. Vraag aan wie je de brief het best kunt richten.

Zet 4: De brief
In hoofdstuk 8 vind je informatie voor het opstellen van een brief en cv.

Mireille

Mireille is een paar jaar geleden – voornamelijk uit idealistische overwegingen – overgestapt van het bedrijfsleven naar de gezondheidszorg. Ze wilde een P&O-functie in een omgeving waar maatschappelijk relevant werk wordt gedaan. Ze heeft zich echter niet gerealiseerd dat het ziekenhuis waar ze is gaan werken, P&O nog niet echt op de kaart had staan. De kwaliteit van de P&O-afdeling is mager en ze moet erg veel uitvoerend werk doen om bij haar interne klanten aan tafel te komen. Hoewel ze de afdeling op een hoger plan heeft gebracht, wil ze toch overstappen naar een organisatie waar het P&O-beleid professioneler en strategischer is.

Ze praat met een loopbaanadviseur die haar tipt dat er in haar omgeving multinationals zijn die op P&O-gebied hard aan de weg timmeren. Ze belt een van de bedrijven, schrijft een open sollicitatiebrief en stelt voor om langs te komen voor een vrijblijvend gesprek. Ze wordt uitgenodigd en tijdens het gesprek blijkt dat er een vacature is. Twee maanden later maakt Mireille de overstap naar de multinational, ze zet daar haar loopbaan als HR-manager voort.

Uitzendbureaus

Je kunt ook een baan zoeken via een uitzendbureau. Uitzendbureaus bemiddelen tegenwoordig ook voor vaste banen, waarbij de uitzendtermijn vaak als verlengde proefperiode wordt gebruikt. Kanttekening is dat uitzendbureaus meestal alleen bemiddelen in functies op mbo- en mbo+-niveau of functies voor startende hbo-ers en wo-ers. Als je tot deze groep behoort, is het zeker zinvol om je in te schrijven bij een uitzendbureau.

Bij de meeste bureaus krijg je een intakegesprek waarin je kunt aangeven wat je zoekt in een baan. Beschouw de intake als een echt sollicitatiegesprek, want de intercedent zal na afloop van het gesprek zijn indrukken noteren in je dossier. Benader het gesprek dus serieus; kom op tijd en let bijvoorbeeld ook op je kleding, deze dient te passen bij de organisaties waar je zou willen werken. Bij het inschrijven moet je een aantal dingen meenemen: legitimatiebewijs, diploma's, getuigschriften en je cv.

Ook tijdelijk werk via een uitzendbureau kan nuttig zijn. Je doet (aanvullende) werkervaring op – iets wat nooit slecht op je cv staat – en daarnaast kunnen zich altijd doorgroeimogelijkheden voordoen, of je tijdelijke uitzendcontract kan alsnog worden omgezet in een vast contract. Als je ergens werkt, zie en hoor je het als eerste als er nieuwe vacatures ontstaan. Bovendien is het natuurlijk een vorm van netwerken.

Er is een grote verscheidenheid aan uitzendbureaus. Er zijn bureaus die zich op allerlei functies en sectoren richten en er zijn gespecialiseerde bureaus die zich richten op een specifieke branche of sector. De grote, landelijke bureaus hebben vaak weer gespecialiseerde afdelingen voor bepaalde doelgroepen.

> *Meer informatie over*
>
> *uitzendbureaus en uitzendwerk*
>
> *vind je op:*
> www.abu.nl
> of www.federgon.be
>
> www.uitzendbureau.pagina.nl
> of
> www.vacatures.startpagina.be

Internet

Internet is niet meer weg te denken, en dat geldt natuurlijk ook op loopbaangebied; het wordt een steeds belangrijker kanaal en niet meer alleen voor ICT-, marketing- en salesfuncties. Alleen de directie- en bestuursfuncties lijken nog niet echt tot het internet doorgedrongen te zijn, dit geldt zowel voor de zoekende organisaties als voor de kandidaten. Wat internet betreft kun je een driedeling maken: je hebt vacaturesites, bedrijvensites en communitysites.

> *Vacaturesites voor België:*
>
> www.monster.be
> www.stepstone.be
> www.easyjobs.be
> www.jobat.be
> www.jobscareer.be
> www.vacature.com
> www.vdab.be
> www.bgda.be
> www.selor.be*
>
> *(Selectiebureau van*
> *de federale overheid)*

Vacaturesites

In figuur 7.5 vind je een overzicht met informatie over een aantal grote Nederlandse vacaturesites.

Vacaturesites kun je op twee manieren inzetten; je kunt zelf vacatures zoeken en je kunt een profiel van jezelf op een of meerdere sites zetten zodat potentiële werkgevers jou kunnen vinden.

Site	Doelgroep	Gemiddeld aantal vacatures	Gemiddeld aantal bezoekers per maand
www.gemeentebanen.nl	Aanbod lokale overheden. 62% hbo/wo.	600	160.000
www.intermediair.nl	Aanbod in alle sectoren, nadruk op financiële functies, P&O, techniek en automatisering. Voornamelijk hbo en wo.	2.100	750.000-800.000
www.jobnews.nl	Aanbod in alle sectoren. 14% mbo, 50% hbo en 36% wo.	1.900	300.000
www.jobtrack.nl	Vmbo, mbo, hbo.	13.000	600.000
www.monsterboard.nl	Aanbod in alle sectoren. 33% mbo, 33% hbo, 33% wo.	7.000	2 miljoen
www.nationalevacaturebank.nl	Aanbod met name zakelijke dienstverlening en commerciële functies. 6% vmbo, 43% mbo, 40% hbo, 11% wo.	14.000	1,3 miljoen
www.stepstone.nl	Aanbod met name op gebied van verkoop, marketing, IT en management. Leeftijd 18-44 jaar. Voornamelijk mbo en hbo.	3.500	500.000
www.vacaturebank.nl	50% mbo, 50% hbo/wo.	800	3 miljoen
www.volkskrantbanen.nl	Aanbod in alle sectoren, nadruk op zorg, welzijn, onderwijs, overheid en management en staf. Voornamelijk hbo en wo.	1.700	350.000
www.werk.nl	Alle niveaus en sectoren.	61.000	Onbekend
www.werkenbijdeoverheid.nl	Aanbod van de overheid, van wo tot vmbo.	1.800	Onbekend

Figuur 7.5 Vacaturesites

Zoekt en gij zult vinden

Je kunt zelf dus kijken of er functies zijn die bij jou passen en voldoen aan jouw eisen en wensen. Op elke site kun je een aantal criteria aangeven – bijvoorbeeld regio, functie, salaris en branche, maar je kunt ook voor jou specifiek relevante trefwoorden invullen waardoor je een passend aanbod krijgt. Je moet hier wat gevoel voor krijgen want de selectie moet niet zo breed worden dat je honderden vacatures moet bekijken. Anderzijds moet de selectie natuurlijk ook niet te klein zijn want dan gaan passende functies aan je neus voorbij. Oefen en varieer gewoon een paar keer, dan weet je snel hoe je een passende zoekopdracht formuleert. Op bijna elke vacaturesite kun je een profiel opslaan en vacatures die daarbij passen, door laten sturen naar je e-mail, zogenaamde agents. Denk er goed over na of je daar je zakelijke of privé e-mailadres invult.

Aangezien organisaties moeten betalen om te adverteren op vacaturesites, adverteren zij overal maar beperken ze zich tot een of twee sites. Ga er dus niet van uit dat het voldoende is om één site te gebruiken: je loopt dan de kans dat je vacatures misloopt. Schrijf je dus in bij drie of vier sites die passen bij jouw profiel – voor de werkzoekende is het kosteloos.

Plaatsen van je cv: kies mij!

Op de meeste sites kun je ook zelf gegevens plaatsen. Je kunt dan aangeven wat voor een baan je zoekt en bij wat voor soort organisatie je graag wilt werken. Daarnaast kun je voorkeuren aangeven op het gebied van salaris, regio, beschikbaarheid (full- of parttime), etc. Je gegevens worden geplaatst in de database van de site waar geabonneerde werkgevers en werving en selectie bureaus in kunnen kijken. Als dat mogelijk is, is het verstandig om je cv als attachment toe te voegen. Desgewenst kun je je profiel anoniem laten, bijvoorbeeld omdat je niet wilt dat je huidige werkgever jou tegenkomt als hij zelf op zoek is naar nieuwe medewerkers.

Organisaties en werving en selectie bureaus kunnen de profielen van kandidaten dus bekijken en zoekopdrachten geven – met criteria als opleiding, ervaring, etc. Als een organisatie een cv heeft gevonden dat interessant lijkt, nemen ze (per e-mail) contact op met de kandidaat om te kijken of deze interesse heeft om te solliciteren naar de aangeboden functie.

Waar je op moet letten als je je cv op een vacaturesite plaatst:

★ Je moet altijd een aantal verplichte velden invullen. Denk er goed over na wat je daar invult want dit zijn de velden die de organisaties gebruiken voor hun zoekopdrachten. Controleer voor de definitieve plaatsing of alles er goed uitziet.

★ Wees niet te beknopt want dan kun je jezelf te kort doen. De selecteur dient een volledig beeld van je te krijgen, net als bij een normale sollicitatie. Beschouw het als een open sollicitatie en ga er serieus mee om.

★ Vaak moet je je profiel een titel geven. Als je hier alleen maar *cv, harde werker* of andere nietszeggende informatie invult, bestaat de kans dat je niet veel reacties krijgt. Denk dus goed na welke boodschap je wilt geven. Voorbeelden van goede titels zijn: *Gedreven internationale salesmanager met groeiambities* of *facilitair manager: een bouwer met visie*. Dit soort titels geven een concrete indruk van een profiel.

★ Je kunt je gegevens anoniem plaatsen. Als je dit doet, moet je erop letten dat je bijgevoegde cv ook anoniem is. Mocht je je huidige werkgever anoniem willen vermelden, denk er dan aan dat de organisatienaam op meerdere plekken op je cv kan staan; bijvoorbeeld ook bij opleidingen als je een interne opleiding gevolgd hebt.

★ Zorg voor de juiste trefwoorden in je cv, want veel organisaties zoeken op trefwoorden. Ben je salesmanager? Zorg er dan voor dat trefwoorden als acquisitie, verkoop, *target, business-to-business* en relatiebeheer zijn opgenomen in je profiel.

★ Ververs regelmatig je profiel, organisaties zoeken namelijk vaak onder kandidaten die zich niet langer dan veertien dagen geleden hebben ingeschreven.

★ Het voordeel van je cv plaatsen, is dat je als werkzoekende kan zien wat voor soort organisaties jou benaderen. Mochten dit niet de organisaties zijn die jij zoekt, dan kun je je gegevens aanpassen.

★ Als je je cv hebt geplaatst, kijk dan minimaal twee keer per week in je mailbox of je reacties hebt. Als dat het geval is, ben je waarschijnlijk niet de enige die door de betreffende organisatie is benaderd en dan is snelheid dus geboden – pas na twee weken reageren komt ongeïnteresseerd en ongemotiveerd over.

★ Als je je gegevens hebt geplaatst en je krijg een reactie van een organisatie, reageer dan altijd, ook als je niet geïnteresseerd bent. Een organisatie heeft de moeite genomen contact met jou te zoeken, dus het is wel zo netjes een reactie te geven. En wie weet is het nu niets, maar de volgende keer wel.

Naast de besproken sites, zijn er ook specialistische sites. Deze sites richten zich op bepaalde branches en functiegroepen. Voorbeelden zijn:

Site	Doelgroep
www.pwnet.nl	P&O
www.bouwvacatures.nl of www.debouw.be	Bouw
www.aedes.nl	Woningcorporaties
www.academictransfer.nl of www.universiteit.info	Wetenschap
www.werkenbijdeoverheid.nl of www.selor.be	Overheid
www.computable.nl en www.automatiseringsgids.nl	ICT
www.ziekenhuis.nl	Gezondheidszorg
www.zorg.nl of www.carejobs.be	Zorg

Er is voor bijna elke branche en functiegroep wel een specifieke site. Het loont om te onderzoeken welke site of sites het best passen bij de functie die jij zoekt. Kijk minstens eens per week op deze sites als het niet mogelijk is om via e-mail nieuwe vacatures binnen te krijgen.

Communitysites

Communitysites zijn erg in opkomst. Er zijn meer zakelijke netwerksites, zoals de reeds genoemde www.xing.com en www.linkedin.com, en er zijn ook communitys voor specifieke doelgroepen – bijvoorbeeld voor marketeers – op sites als www.moblog.nl. Meer informele varianten zijn www.hyves.nl en www.schoolbank.nl. Een extreme variant en een enorme hype is Second Life (www.secondlife.nl en www.secondlife.com). Hoe Second Life zich zal ontwikkelen en of het ook op loopbaangebied een rol zal gaan spelen, is nog niet duidelijk. De meer zakelijke netwerksites kun je in ieder geval niet langer negeren.

Let op: je wordt gegoogeld!

Internet biedt niet alleen kansen voor het vinden van een nieuwe baan, het kan ook roet in het eten gooien. Het is namelijk geen uitzondering dat recruiters potentiële kandidaten googelen. Voor het inwinnen van referenties hebben zij toestemming nodig, maar googelen mag iedereen. Houd daar dus rekening mee als je een eigen weblog hebt of een profiel hebt geplaatst op een communitysite.

Twee korte voorbeelden uit de praktijk. Een sollicitant had een horoscoopprofiel op zijn weblog staan waarin hij zijn zwakke punten benoemde. Deze eigenschappen waren cruciaal voor de baan waarnaar hij solliciteerde. De organisatie waar hij solliciteerde googelde hem en besloot hem bij nader inzien toch maar niet uit te nodigen voor een gesprek. Iemand anders solliciteerde naar een functie als senior organisatieadviseur, maar men twijfelde over zijn geschiktheid als senior want zijn naam kwam op internet niet voor als spreker op seminars of congressen en er waren ook geen publicaties van hem te vinden.

In deze twee voorbeelden zijn de kandidaten, terecht of ontrecht, gedurende de sollicitatieprocedure in problemen gekomen door informatie op internet. Je hoeft niet af te zien van bijvoorbeeld een weblog – zeker niet – maar we willen je wel wijzen op de mogelijke consequenties. Wees je daarvan bewust en wees dus zorgvuldig met de informatie die je publiceert. Websites als www.reputationdefender.com en www.defendmyname.com kunnen ervoor zorgen dat ongepaste zoekresultaten verdwijnen; tegen betaling wordt uitgezocht waar je naam tevoorschijn komt op internet, en vervolgens wordt ervoor gezorgd dat de betreffende webpagina's niet meer voorkomen in online zoekresultaten.

Het tegenovergestelde is natuurlijk ook het geval: je versterkt je kandidatuur als je gepubliceerd hebt, veel geciteerd wordt binnen je vakgebied of relevant vrijwilligerswerk hebt gedaan en dit via Google te vinden is. Ook niet onbelangrijk om te vermelden, is dat de meeste onderwijsinstellingen de mogelijkheid bieden om te controleren of iemand daadwerkelijk zijn/haar diploma heeft behaald.

Werving en selectie bureaus, doe er je voordeel mee!

Werving en selectie bureaus worden door organisaties ingehuurd om kandidaten te zoeken voor concrete vacatures. Er zijn bureaus die zich richten op een bepaalde doelgroep − personeelsfunctionarissen, ICT-personeel, commerciële functies − of een bepaalde branche − onderwijs, techniek, banken, chemie. Daarnaast zijn er bureaus die bemiddelen in niet-specialistische functies. De meeste bureaus bemiddelen voor functies voor hoger opgeleiden (vanaf hbo-niveau) met een aantal jaar werkervaring, maar dit verschilt per bureau. Er zijn tegenwoordig ook bureaus die zich richten op mbo of mbo/hbo. Wanneer krijg je te maken met een werving en selectiebureau? Hoe werken ze? Welk bureau moet jij kiezen? En hoe vind je je weg in deze wirwar? Hier volgt een slimme handleiding.

Wanneer krijg je te maken met een werving en selectie bureau?
Je kunt met een werving en selectie bureau te maken krijgen omdat het de werving en selectie begeleidt voor de vacature die jij op het oog hebt. Daarnaast kun je zelf bureaus inschakelen om jou te helpen met het vinden van je ideale baan. Daarbij is het belangrijk om te weten dat bureaus vacatures vervullen door gebruik te maken van de kandidaten uit hun eigen bestand. Dit levert namelijk een groot kostenvoordeel op omdat ze niet hoeven te adverteren. Het is dus belangrijk dat je ingeschreven staat, wil je überhaupt in aanmerking komen voor die betreffende functie. Hierbij is de kanttekening dat veel bureaus werken op basis van de opdrachten die zij in behandeling hebben. De meeste bureaus gaan niet met iedereen die zich aanmeldt een oriënterend gesprek aan, maar probeer altijd zo'n gesprek te krijgen. Als je een gesprek hebt gevoerd, is de kans groter dat ze jou benaderen als er een functie beschikbaar komt. Zit een gesprek er niet in, zorg dan dat je erachter komt of het bureau bemiddelt in functies waar jij interesse in hebt. Als dat zo is, vraag dan hoe je in hun database opgenomen kan worden. Wij adviseren om dit altijd te doen. In figuur 7.6 vind je een aantal Nederlandse bureaus en hun specialisme.

Werving en selectie bureau	Site	Specialisme
Beljon + Westerterp	www.beljon.westerterp.nl	Algemeen
Boelen Adviesgroep	www.boelenadvies.nl	Algemeen
Bruins Recruitment	www.bruins.nl	Sales/Agri
Den Uijl Ploeg & Partners	www.dupp.nl	Sales en marketing
Ebbinge & Company	www.ebbinge.nl	Algemeen
ERLY The Consulting Company	www.erly.nl	*Non-profit*/Woningcorporaties
FunktieMediair	www.funktiemediair.nl	Algemeen
GITP Werving & Selectie	www.gitp.nl	Algemeen
Hays Personnel	www.hays.nl	Algemeen
InQuest	www.inquest.nl	Inkoop
JS Consultancy	www.jsconsultancy.nl	*Non-profit*
Mercuri Urval	www.mercuriurval.com	Algemeen
Michael Page	www.michaelpage.nl	Algemeen/Financieel
Novesta Consultancy	www.novesta.nl	Bouw
PublicSpirit	www.publicspirit.nl	*Non-profit*
Robert Walters	www.robertwalters.com	Financieel
Van den Boogaart Personeelszaken	www.vandenboogaart.nl	P&O
Van der Velde werving en selectie	www.velde.nl	Sales
Yacht	www.yacht.nl	Algemeen
YER Executive Recruitment	www.yer.nl	Algemeen

Figuur 7.6 Werving en selectiebureaus

Voor een overzicht van Belgische en Nederlandse werving en selectie bureaus verwijzen we je naar:
www.vacatures.startpagina.be
www.werving-selectie.startpagina.nl

Hoe werkt een werving en selectie bureau?

Alle bureaus hebben hun eigen aanpak bij het zoeken naar potentiële kandidaten voor een opdracht. Daarbij valt – naast uiteraard het bekijken van de eigen database – te denken aan adverteren op de eigen website, op vacaturesites, in kranten en weekbladen en zoeken in de databases van vacaturesites. Het doel van de bureaus is om via een aantal verschillende kanalen de kans om potentiële kandidaten te bereiken te optimaliseren.

Hoe kom je aan tafel bij het bureau?

Als je een advertentie van een werving en selectie bureau gezien hebt, kun je het volgende doen. Lees de advertentie goed: spreken de functie en de organisatie je aan? Voldoe je op het eerste gezicht aan de (belangrijkste) functie-eisen? Bel dan voor meer informatie (dit komt uitgebreid aan de orde in hoofdstuk 8, *Een goed begin is het halve werk: de voorbereiding*). Belangrijk om te weten, is dat een werving en selectie bureau vaak een informatiepakket beschikbaar heeft met aanvullende informatie over de organisatie en een uitgebreid functie- en competentieprofiel. Vraag hier naar want het geeft je een completer beeld en het kan je helpen bij het schrijven van je sollicitatiebrief en het aanpassen van je cv.

Maak gebruik van hun expertise

In een gesprek met een werving en selectie bureau kun je veel vragen stellen, ook vragen die je misschien niet zo snel in een eerste gesprek met een organisatie stelt. Bijvoorbeeld vragen over wat er allemaal speelt binnen de organisatie, de kwaliteiten van medewerkers en leidinggevende, het ontstaan van de vacature, etc. Vraag de consultant bij de terugkoppeling die je naar aanleiding van het gesprek krijgt om feedback.

Mocht je in aanmerking komen voor een vervolggesprek – vaak een gesprek met de betreffende organisatie – vraag dan aan het bureau of er nog specifieke dingen zijn waar je op moet letten. Mocht je (uiteindelijk) worden afgewezen, vraag dan of je opgenomen kunt worden in de database van het betreffende bureau, zodat ze jou bij toekomstige functies kunnen benaderen. Vraag bij een afwijzing om tips en adviezen.

Opname in de files: een vorm van netwerken

Je kunt werving en selectie bureaus dus ook benaderen met de vraag of je in hun database kan worden opgenomen, los van een concrete

137

vacature. Op de site van het werving en selectie bureau staat vaak beschreven in welke functies of sectoren het bureau is gespecialiseerd. Ook de advertenties die er staan, kunnen hier een indruk van geven.

Een goede manier om het bureau te benaderen, is de persoon te bellen die de vacature(s) bemiddelt waar jouw interesse naar uit gaat. Je kunt er vanuit gaan dat de consultant die deze vacatures bemiddelt, vaker voor dit soort functies bemiddelt en veel weet over dit soort vacatures. Bereid dit gesprek goed voor, want ook dit is feitelijk een open sollicitatie. Zorg dat je een zogenaamde *elevator speech* hebt (zie hieronder) waarin je jezelf even neerzet, zodat de recruiter snel weet wie jij bent, wat je kunt en wat je wilt. Ga niet je hele cv opsommen vanaf de middelbare school; een consultant krijgt veel telefoontjes, verwacht niet dat hij of zij je uitgebreid te woord kan staan. Denk dus van te voren na over praktische zaken als reisafstand, salarisindicatie, etc. De consultant heeft dan een beeld van wat je wilt en kan aangeven of zijn bureau wel of niet in jouw soort functies bemiddelt.

Elevator speech

De *elevator speech* is komen overwaaien uit de Verenigde Staten en kent zijn oorsprong in de *sales* en marketing. Het betreft een korte presentatie over wat je te bieden hebt. Niet alleen in de *sales* en de marketing, ook in de verschillende fasen van het sollicitatieproces komt de *elevator speech* van pas. Niet letterlijk, je presenteert jezelf niet als je voorafgaand aan een sollicitatiegesprek in de lift staat, maar je bent in staat jezelf in korte tijd neer te zetten. Een *elevator speech* kan je op vele manieren van pas komen: bij het inwinnen van informatie over een vacature, als introductie bij een netwerkgesprek, bij het informeren of het zinvol is je bij een bepaald werving en selectie bureau in te schrijven of tijdens een sollicitatiegesprek.

Bereid je speech goed voor en oefen zo nodig met iemand uit je directe omgeving. Het doel van de *elevator speech* is dat je een compleet beeld van jezelf geeft, je hoeft je daarbij niet te beperken tot je werkervaring, je kunt ook iets vertellen over bijvoorbeeld je gezinssituatie of een passie als diepzeeduiken. In het volgende kader staat een voorbeeld van een *elevator speech* van iemand met relatief weinig werkervaring, vandaar dat hij uitgebreid ingaat op zijn opleiding, hobby's en nevenactiviteiten. Een *elevator speech* moet sowieso altijd maatwerk zijn en moet er bij een informele ontmoeting dus heel anders uitzien dan bij een formeel sollicitatiegesprek.

Laurens

Laurens ging op sollicitatiegesprek bij een groot belastingadvieskantoor. Aan het begin van het gesprek werd hem gevraagd iets over zichzelf te vertellen en zijn cv door te nemen. Laurens stak van wal met zijn *elevator speech*.

Ik ben Laurens, geboren en getogen in Alphen aan den Rijn. Ik heb daar op de lagere en middelbare school gezeten. Het vwo heb ik in 6 jaar afgerond, ik vond dat een leuke tijd; ik heb in de leerlingenraad gezeten en ik werd gekozen in de medezeggenschapsraad. Naast school tenniste en voetbalde ik. Ik was keeper en heb in alle eerste jeugdelftallen gezeten. We zijn zelfs een keer tot de landelijke finales doorge-

139

vervolg

drongen, maar die hebben we – helaas maar terecht – verloren. Ik heb rechten gestudeerd in Utrecht en ben daar lid geworden van een studentenvereniging en weer gaan voetballen. Het was geen prestatievoetbal meer, we waren fanatiek maar we speelden niet hoog. Ik ben actief geweest bij mijn studentenvereniging; ik heb in diverse besturen gezeten, ik ben bijvoorbeeld voorzitter van de introductiecommissie geweest. Deze commissie bestond uit vijf personen en als voorzitter was het mijn taak om ervoor te zorgen dat iedereen zijn afspraken nakwam en deed wat hij moest doen. Daarnaast was ik verantwoordelijk voor de externe contacten met de media en de buurt. Zorgen dat we als team ons doel zouden halen, was erg leuk en leerzaam. De reden dat ik een jaartje langer over mijn studie heb gedaan, is dus dat ik veel naast mijn studie deed. Van de universiteit heb ik daar trouwens een halfjaar verlenging van mijn studieduur voor gekregen.

Mijn stage en afstuderen heb ik gecombineerd. Mijn scriptie ging over de gevolgen van de nieuwe wetgeving voor het MKB. Naast een literatuuronderzoek heb ik bedrijven ondervraagd over de nieuwe wetgeving, op basis daarvan heb ik verschillende adviezen geformuleerd. Die adviezen werden positief ontvangen door de bedrijven en mijn scriptiebegeleider; ik heb een acht voor mijn scriptie gekregen.

Na mijn studie ben ik gaan samenwonen met mijn vriendin. Ik wilde graag bij een klein kantoor beginnen om het vak te leren. Ik heb me georiënteerd en verschillende kantoren aangeschreven. Een maand voor mijn afstuderen werd ik aangenomen bij het kantoor waar ik nu zit, ik werk er inmiddels twee jaar. Omdat het een klein kantoor is, moest ik al snel zelfstandig aan de slag waardoor ik veel heb geleerd. Omdat mijn collega lang ziek is geweest, heb ik ook een deel van zijn klanten gekregen. Dat was een goede keuze, die verantwoordelijkheid was natuurlijk erg leuk. Mijn collega is nu weer terug en hij krijgt zijn klanten weer terug. Logisch misschien, maar ik wil geen stap terug doen. Vandaar dat ik solliciteer bij uw kantoor; ik ben toe aan een functie met zelfstandigheid en klantencontacten.

Andere kanalen

Een alternatief voor een vaste baan is werken op interimbasis of detachering. Dit kan als freelancer of door in dienst te treden bij een interim- of detacheringsbureau. Een groot voordeel is dat je op deze manier veel organisaties van binnen ziet zodat je een duidelijk beeld krijgt welk soort werk en organisatie het best bij jou passen.

Werken als interimmer of gedetacheerde vergt wel iets van je omdat je in dienst bent van een andere organisatie dan die waar je dagelijks werkt. Je kunt daardoor te maken krijgen met dubbele loyaliteit. Dat hoeft natuurlijk geen probleem te zijn, maar je moet het je wel realiseren.

Interimmanagement

Als je als interimmanager wilt werken, kun je als zelfstandige aan de slag of je inschrijven bij een bureau (zie figuur 7.7). Als je na je analyse een aantal bureaus gevonden hebt die bemiddelen in interimopdrachten waar jij interesse in hebt, kun je die gaan benaderen. Als je niet eerder als interimmanager hebt gewerkt, moet uit je cv duidelijk blijken dat je al vaker projectmatig hebt gewerkt.

Het besluit om als zelfstandige aan de slag te gaan, is een heftige beslissing (zie hoofdstuk 15). Zoiets vraagt een grondige voorbereiding en dit boek biedt niet de ruimte om hier verder op in te gaan. Voor informatie kun je onder meer terecht bij de Kamer van Koophandel (www.kvk.nl of www.cci.be).

Interimbureau	Site	Specialisme
Atos Interim Management	www.atosinterimmanagement.nl	Finance
Berenschot Interim Management	www.berenschot.nl	Algemeen
Brederijn	www.brederijn.nl	Gezondheidszorg
Capgemini Interim Management	www.nl.capgemini.com	Algemeen
FunktieMediair	www.funktiemediair.nl	Algemeen
GITP Interim Management	www.gitp.nl	Algemeen
Het Management Centrum	www.hetmanagementcentrum.nl	Publieke sector
Corgwell Interim Management	www.corgwell.nl	Algemeen
K+V interimmanagement	www.kv.nl	Algemeen
Resources Global Professionals	www.resourcesglobal.com	Algemeen
Rijnconsult Interim Management	www.rijnconsult.nl	Algemeen
TMOP	www.tmop.nl	Publieke sector
Twynstra Gudde Interim Management	www.tg.nl	Algemeen
UJG	www.ujg.nl	Juridisch
Yacht	www.yacht.nl	Algemeen
Zorg Consult Nederland	www.zorgconsult.nl	Gezondheidszorg

Figuur 7.7 Interimbureaus

> *Voor een overzicht van Belgische interimbureaus verwijzen we je naar:*
> www.federgon.be

Detacheringsbureaus

Werken voor een detacheringsbureau betekent dat je in dienst bent van een bureau dat werk voor jou zoekt; je wordt uitgezonden voor opdrachten bij andere organisaties. Deze vorm van werken is erg in opkomst – met name in de ICT – omdat bedrijven het werk dat niet tot hun *corebusiness* behoort, uitbesteden.

Het detacheringsbureau moet dus werk voor je zoeken. Als er geen werk is, zit je op de zogenaamde bank. Voordeel is dat je dan wordt doorbetaald. Als je op de bank zit, word je vaak op opleiding gestuurd om je kennis op peil te houden. Mocht het langer duren, dan kan het detacheringsbureau je ook werk geven dat anders is dan oorspronkelijk afgesproken. Veelal is dat dan werk onder je niveau of werk op een locatie verder dan anderhalf uur reizen van huis.

Als je bij een detacheringsbureau werkt, wordt er een beroep gedaan op je flexibiliteit; je moet geen bezwaar hebben tegen wisselende werkplekken, lange reistijden, verplichte opleidingen en werken onder je niveau. Er is een groot aantal detacheringsbureaus. Kijk voor een uitgebreid overzicht op www.detachering.pagina.nl of www.federgon.be.

Laat je zien! Banenmarkt en bedrijvendagen

Op banenmarkten en bedrijvendagen presenteren organisaties zich aan mogelijke nieuwe medewerkers. Het is een nuttige manier om met organisaties in contact te komen – te netwerken dus –, een indruk te krijgen van een organisatie en informatie te verzamelen. Als je weet dat een organisatie waar jij graag wilt werken op zo'n dag aanwezig is, dan moet je zeker gaan. Realiseer je echter wel dat het niet de meest effectieve manier is om direct aan een baan te komen.

Ga op banenmarkten in gesprek en neem deze gesprekken zeer serieus – bereid je goed voor en zorg dat je een *elevator speech* hebt. Vaak zijn de mensen waar je mee praat degenen die de rekrutering voor hun rekening nemen. Zij zullen bepalen of je binnen de organisatie past en zij weten of er vacatures zijn. Soms kun je op een banenmarkt zelfs direct een sollicitatiegesprek voeren. Neem verder een aantal cv's en visitekaartjes mee die je uit kunt delen. Vergeet in verband met de *follow-up* nooit de naam en functie op te schrijven van de persoon die je gesproken hebt – vraag eventueel om een visitekaartje.

Headhunters/Executive Search Bureaus

Headhunters zijn bureaus die door organisaties worden ingeschakeld voor het invullen van een vacature. Dit soort bureaus komen aan hun kandidaten door de markt intensief in kaart te brengen: wie zit op welke positie bij welke organisatie? Netwerken is voor headhunters erg belangrijk.

Headhunters richten zich in het algemeen op senior managementfuncties met een jaarsalaris van minimaal 150.000 euro. Deze bureaus werven voornamelijk via netwerken en *direct search*, sommige werken echter ook met een database. Je kunt dus wel contact opnemen om te achterhalen of het zinvol is om je cv op te sturen om opgenomen te worden in de database. Als je senior manager bent, beperk je dan niet alleen tot headhunters; er zijn genoeg werving en selectie bureaus die bemiddelen op senior management- en directieniveau.

Ook hier volstaan we voor namen van specifieke bureaus met een verwijzing: www.headhunter.startpagina.nl of www.federgon.be.

Brief en cv

Een goed begin is het halve werk: de voorbereiding

Sommige mensen hebben al vaak een brief en cv geschreven, andere hebben er minder ervaring mee; ze zitten al lang bij hun huidige werkgever, zijn via via ergens terecht gekomen of gevraagd voor hun baan (bijvoorbeeld via een headhunter). Feit blijft dat iedereen, ook de ervaren schrijvers, zich af blijft vragen wat een brief en cv nou goed – lees succesvol – maakt. Hoe kijkt een selecteur naar een brief en cv?

Een tijd was een summiere e-mail met een cv-tje voor de meeste functies voldoende om te worden uitgenodigd voor de eerste gespreksronde. En dat kan nu af en toe weer gebeuren nu de arbeidsmarkt weer een stuk krapper wordt. We kunnen weer spreken van een 'kandidatenmarkt', iets wat gunstig is voor jou als zoeker. Ondanks deze schaarste moet je uiteraard wel serieus zijn bij het solliciteren en ervoor waken je hand niet te overspelen. De krapte op de arbeidsmarkt wordt veroorzaakt door een economische groei van 2,5 %. Het werkloosheidspercentage is gedaald van 6,5 % in 2004 en 2005 naar 4,7 % begin 2007. (Bron: www.cbs.nl.)

> *Een goede voorbereiding is de essentiële eerste zet, maar wat houdt een goede voorbereiding in?*

Hoe zorg je ervoor dat juist jouw brief en cv de interesse wekken? Een goede voorbereiding is de essentiële eerste zet, maar wat houdt een goede voorbereiding in?

Informatie inwinnen

Heb je een (online) advertentie gezien of via je netwerk gehoord dat er ergens een vacature is of komt die je interessant lijkt en die voldoet aan jouw criteria? Dan moet je zo veel mogelijk aanvullende informatie verzamelen over de organisatie en functie. Dit heeft twee doelen: uitzoeken of de organisatie en de functie echt bij je passen en informatie voor je brief en je cv inwinnen.

Aanvullende informatie kun je als volgt verzamelen:

★ Is er in je netwerk of vriendenkring iemand die de organisatie kent?

★ Bezoek de site van de organisatie. Het opvragen van een jaarverslag is meestal niet zo nuttig; de informatie in een jaarverslag is vaak behoorlijk gedateerd.

★ Zoek op internet naar actuele nieuwsberichten die je wellicht kunt gebruiken voor je brief.

★ Vraag om een informatiepakket als het gaat om een advertentie van een werving en selectie bureau.

★ Bel naar aanleiding van de advertentie voor meer informatie.

Bel goed of bel niet!
Voor het telefonisch opvragen van informatie gelden de volgende *do's* en *don'ts*:

★ Bereid een aantal vragen voor en zet ze op papier.

★ Zoek een rustig moment en een rustige plek om te bellen en houd de advertentie bij de hand. Schrijf de antwoorden op.

★ Zorg dat duidelijk is wie je bent en waarvoor je belt.

★ Check of je de juiste persoon aan de lijn hebt en vraag of het schikt. Heeft hij of zij weinig tijd, vraag dan wanneer je terug kunt bellen.

★ Luister goed tijdens het gesprek en stel relevante vervolgvragen zodat blijkt dat je goed hebt geluisterd. Werk geen checklist af want dan is er geen sprake van een gesprek. Denk hier aan LSD: Luisteren, Samenvatten, Doorvragen.

★ Stel niet te weinig maar ook niet te veel vragen. Drie tot vijf vragen —zonder doorvragen – is een goed uitgangspunt.

★ Als je een vraag stelt, geef dan zo nodig de achtergrond van die vraag aan zodat de ander je vraag begrijpt en gemakkelijk mee kan denken.

★ Stel niet alleen vragen, maar geef ook informatie over hoe je de advertentie leest, wat je te bieden hebt en hoe je het belang daarvan voor de functie inschat. Beperk je daarbij wel tot hoofdzaken.

★ Vat regelmatig samen.

★ Geef je eigen conclusies.

★ Vraag of jouw interpretaties, samenvattingen en conclusies kloppen.

★ Probeer, als je dat nog niet weet, te achterhalen welke betrokkenheid de informant bij de functie heeft: is het de recruiter, de scheidende werknemer of is het je toekomstige manager?

★ Vraag zo nodig aan wie je de rest van je vragen kunt stellen.

★ Sluit helder af: dank voor de informatie, geef aan hoe je nu tegen de vacature aankijkt en zeg wat je nu denkt te gaan doen. Als je twijfelt of jouw profiel wel aansluit, vraag dan of het zinvol is om te reageren.

Als er geen contactpersoon wordt genoemd in de advertentie, kun je je het best in verbinding stellen met de afdeling P&O van de organisatie en daar je vragen stellen.

Realiseer je dat een selecteur wil voorkomen een ongeschikte kandidaat uit te nodigen. Het komt vaak voor dat selecteurs iemand niet uitnodigen naar aanleiding van hun brief maar naar aanleiding van een informatief telefoongesprek – het telefoongesprek heeft in zo'n geval dus meer indruk gemaakt dan de brief. Als een kandidaat goede en relevante vragen stelt, goed doorvraagt – dus geen vragenlijst afwerkt – en goed begrijpt wat de essentie van de organisatie, de functie en de context is, dan is de kans groot dat de kandidaat toch wordt uitgenodigd, ook als de brief tegenvalt. Dat geldt zeker bij een krappe arbeidsmarkt.

Figuur 8.1 is een voorbeeld van een advertentie voor een marketingmanager. Naar aanleiding van die advertentie geven we in figuur 8.2 een aantal voorbeeldvragen.

Marketingmanager
die business opportunities
weet te genereren

Het Nationaal Lucht- en Ruimtevaartlaboratorium (NLR) is een organisatie voor toegepast onderzoek voor de lucht- en ruimtevaartsector met circa 700 medewerkers, van wie het grootste deel hooggekwalificeerd. Als een van de grote technologische instituten van Nederland voert het NLR projecten uit voor overheden en bedrijfsleven in binnen- en buitenland. De organisatie is volop in ontwikkeling en zoekt voortdurend naar manieren om in- en extern de slagvaardigheid te verbeteren.
Marketing speelt daarbij een belangrijke rol. NLR telt vijf marketingmanagers, elk met een eigen marktsegment. Samen met de businessmanagers werken zij aan het versterken van de marktpositie van NLR. Deze vacature betreft het marktsegment Civiele Luchtvaart Industrie.

Met de wereld als speelveld, gaat u NLR in uw marktsegment verder positioneren. Daarnaast levert u een belangrijke bijdrage aan de omslag naar een meer klant- en marktgerichte organisatie. U realiseert een optimale en continue relatie met potentiële opdrachtgevers en gedefinieerde stakeholders, denkt op strategisch en tactisch niveau met hen mee en bent daarbij alert op kansen en mogelijkheden. Zet in samenwerking met de business manager marktkansen om in concrete business opportunities voor NLR. U ontwikkelt marketing- en salesplannen, initieert marktonderzoeken begeleidt promotionele activiteiten. U bent een energieke, ondernemende marketeer op wo-niveau, aangevuld met NIMA C of vergelijkbaar en ruime ervaring in een soortgelijke functie, bij voorkeur in de luchtvaartindustrie. U hebt een heldere visie, conceptueel denkvermogen en u communiceert gemakkelijk op alle niveaus.

Uw gemotiveerde sollicitatie met curriculum vitae kunt u binnen twee weken versturen via www.gitp.nl/vacatures. Voor meer informatie kunt u bellen met de heer drs. S. Heinis, adviseur, GITP Amsterdam, telefoon (020) 575 07 30. Een individueel assessment-programma kan deel uitmaken van de selectieprocedure.

Meer info www.gitp.nl/vacatures

Figuur 8.1 Voorbeeld vacature

Telefonische vragen naar aanleiding van de vacature van marketingmanager (figuur 8.1):

★ Wat houdt het genereren van *business opportunities* concreet in?

★ Welke ontwikkelingen spelen er op dit moment bij de omslag naar meer klant- en marktgericht opereren?

★ Welke rol speelt marketing daarbij?

★ Wat wordt hierin van de marketingmanager verwacht wat betreft de samenwerking met bijvoorbeeld de business manager?

★ Kunt u mij iets meer vertellen over het marktsegment Civiele Luchtvaart Industrie? Hoe verhoudt dit segment zich tot de andere vier marktsegmenten?

★ Welke verantwoordelijkheden en bevoegdheden heeft de marketingmanager in de marketing- en salesplannen?

★ U vraagt een ruime ervaring in een soortgelijke functie, aan wat voor functies denkt u dan?

★ Waar gaat u specifiek op letten tijdens de selectie?

★ Is er aanvullende informatie beschikbaar, bijvoorbeeld een informatiepakket en/of tijdsschema?

Figuur 8.2 Telefonische vragen

Noor

Noor solliciteerde naar de functie van projectmanager. Tijdens het gesprek bleek bij het bespreken van haar cv dat zij de opleiding die zij in haar cv uitdrukkelijk suggereerde, hts-e, niet had afgerond. De opleiding en duur (vier jaar) stonden op haar cv in een opsomming met wel behaalde opleidingen. Tussenstand: 0-1.

Verderop in het gesprek bleek ook dat zij niet meer werkzaam was bij haar huidige werkgever, terwijl dit wel op haar cv stond. Zij was er al meer dan drie maanden weg. Genoeg redenen om alles wat deze kandidaat verder nog beweerde – terecht of niet – in twijfel te trekken. Eindstand: 0-2.

Er is natuurlijk een groot aantal tips voor het schrijven van een brief en een cv. Sommige tips lijken open deuren, maar de praktijk leert dat veel mensen zelfs de meest basale zaken fout doen bij het opstellen van een brief en cv. We onderscheiden tips op het gebied van:

★ inhoud

★ vorm, lay-out en stijl

★ versturen

Inhoud

Een cv is elke keer weer maatwerk. Maak een basis-cv en pas de gegevens bij elke sollicitatie aan aan de organisatie en functie waar je naar solliciteert.

Je moet niet bescheiden zijn bij het opstellen van je cv maar lieg nooit – bijvoorbeeld over behaalde diploma's, resultaten en taakinhoud – en realiseer je dat er een verschil is tussen aandikken en liegen. Je loopt bovendien niet alleen de kans gegoogeld te worden, er zijn tegenwoordig ook bureaus die gespecialiseerd zijn in het natrekken van cv's van sollicitanten: zijn diploma's echt behaald en klopt de opgegeven werkervaring?

Functienamen mag je aanpassen, aangezien elke organisatie zijn eigen benamingen heeft: bij de ene organisatie noemt men een functie in de commerciële buitendienst account salesadviseur, bij de andere accountmanager en bij de derde salesmanager – en dat vaak terwijl er in zo'n functie niet daadwerkelijk leiding wordt gegeven. Door een heldere beschrijving van de taakinhoud te geven, kun je verwarring voorkomen.

Mocht je een cv verstuurd hebben waarin bijvoorbeeld staat dat je nog bij je laatste werkgever werkt terwijl je inmiddels uit dienst bent, meld dit dan meteen *zelf* bij het toelichten van je cv. Wacht niet tot de selecteur ernaar vraagt. Door zelf het initiatief te nemen, beperk je de schade en wordt zoiets minder zwaar opgenomen.

Steeds meer organisaties werken tijdens het selectieproces met competenties (zie figuur 8.3). De meningen lopen uiteen of je competenties als onderdeel van je persoonlijk profiel in je cv moet verwerken. In het persoonlijke profiel beschrijf je wie je bent, wat je kunt en wat je wilt.

De ene selecteur is van mening dat hij pas na een gesprek kan beoordelen of iemand over bepaalde competenties beschikt en hecht weinig waarde aan een persoonlijk profiel. Een persoonlijk profiel is bovendien vaak een herhaling van zaken die al in de brief staan. De andere selecteur vindt het juist prettig om in ieder geval te weten hoe iemand zichzelf ziet.

De beslissing om wel of geen persoonlijk profiel en competenties op te nemen is een persoonlijke afweging. Het is het handigst om de competenties op te nemen in je brief; je kunt ze dan toelichten met concrete voorbeelden om te bewijzen dat je ook daadwerkelijk over deze competenties beschikt. Dit komt sterker over dan de competenties die in de advertentie genoemd worden overtypen op je cv.

In figuur 8.3 worden verklaringen gegeven van een aantal veel gevraagde competenties (bron: GITP ©).

Taco

Voor de functie van accountmanager zocht een organisatie iemand met minimaal vijf jaar werkervaring in de *business to business*. Naar aanleiding van de advertentie in *De Telegraaf* belde Taco op. Hij stelde een paar zeer relevante vragen over de organisatie, de ontwikkelingen in de specifieke markt en de marktbewerking. Uit deze vragen bleek niet alleen dat hij de advertentie goed had gelezen en begrepen, maar ook dat hij duidelijk wist waar het in deze functie om ging. Hij maakte makkelijk contact en wist snel een prettige sfeer te creëren. Hij luisterde goed naar de antwoorden en vroeg gericht door. Vervolgens vertelde hij iets over z'n eigen profiel; hij gaf aan dat hij niet voldeed aan de eis van vijf jaar ervaring. Wel bleken de drie jaar ervaring die hij had, behoorlijk zwaar. Hij had bewezen succesvol te zijn en was gevraagd een nieuwe vestiging commercieel op de kaart te zetten. Dat was hem in ruim anderhalf jaar gelukt.

Taco maakte indruk tijdens het telefoongesprek en ondanks het feit dat hij niet geheel voldeed aan de eisen, werd hij toch uitgenodigd voor een gesprek. Als hij niet had gebeld, had hij zeker een afwijzing gekregen. Tijdens de gesprekken bleek hij inderdaad minder zwaar te zijn qua ervaring, maar hij compenseerde dit met andere kwaliteiten, waaronder gedrevenheid. Uiteindelijk kreeg Taco de baan. Kortom: bellen werkt!

Een competentie is het vermogen om effectief te presteren in een bepaald type taaksituatie of in een bepaald type probleemsituatie.

Initiatief

Kansen zoeken en daarop actie nemen. Liever op eigen initiatief handelen dan passief afwachten.

Ondernemerschap

Signaleren van *businessmoge-lijkheden*, deze zelf actief beïnvloeden en daarbij verantwoorde risico's durven te nemen.

Overtuigingskracht

Ideeën, standpunten en plannen zó overtuigend bij anderen naar voren brengen dat zij, ook na aanvankelijke twijfels, daarmee instemmen.

Sociabiliteit

Vlot en effectief leggen en onderhouden van contacten met anderen ten dienste van het werk; zich gemakkelijk in allerlei gezelschap begeven.

Contracteren

In commercieel kansrijke situaties systematisch toewerken naar het daadwerkelijk afsluiten van contracten; steeds gericht zijn op het sluiten van bindende overeenkomsten.

Organiseren

De voor een plan benodigde mensen en middelen identificeren en verwerven; deze zodanig inzetten dat beoogde resultaten effectief worden bereikt.

Voortgang bewaken

Effectief bewaken en controleren van de voortgang in eigen werk en dat van anderen, met de beschikbare tijd en middelen; actief instellen en hanteren van daarop gerichte procedures en anticiperen op toekomstige ontwikkelingen.

Besluitvaardigheid

Beslissingen nemen, door acties te gelasten of meningen uit te spreken, ook wanneer zaken onzeker zijn of risico's inhouden.

Coachen

Anderen helpen hun ontwikkelingsmogelijkheden te zien en te specificeren; hen helpen bij het optimaal benutten en versterken van hun competenties, zowel in de functie als in de loopbaan.

Resultaatgerichtheid

Handelingen en besluiten richten op het daadwerkelijk realiseren van beoogde resultaten.

Kwaliteitsgerichtheid

Hoge eisen stellen aan de kwaliteit van eigen werk en aan dat van anderen; voortdurend verbeteringen nastreven.

Klantgerichtheid

Onderzoeken van de wensen en behoeften van de klant en laten zien vanuit dat perspectief te denken en handelen.

Onderhandelen

De belangen van de eigen eenheid of organisatie in directe contacten met gesprekspartners behartigen, zodanig dat met behoud van wederzijds respect gunstige resultaten voor de eigen eenheid of organisatie worden behaald.

Probleemanalyse

Een probleem ontleden in componenten; de herkomst ervan en de interne samenhang beschrijven. Opsporen van mogelijke oorzaken, verzamelen van relevante gegevens.

Visie ontwikkelen

In hoofdlijnen de richting aangeven waarin de organisatie en haar omgeving zich bewegen; de doelstellingen voor het langetermijnbeleid formuleren.

Figuur 8.3 Voorbeelden competenties

151

Gat in je cv? Wat doe je ermee?

Als je een gat in je cv hebt (zie figuur 8.4), is er een aantal dingen dat je kunt doen. De vraag is natuurlijk: waar wordt het gat door veroorzaakt? Is het een echt gat of heb je een periode iets anders gedaan? Als je bijvoorbeeld een tijd gereisd of gestudeerd hebt, dan kun je dat gewoon in je cv vermelden. Zorg dan wel dat het er duidelijk staat, zodat de selecteur niet op zoek moet naar de oorzaak van het gat. Een wereldreis is legitiem zolang het ook echt een wereldreis is – voer dus geen lange vakantie in Griekenland op als wereldreis als je eigenlijk gewoon werkloos was.

Met name ten tijde van hoge werkloosheid zijn selecteurs er op gespitst gaten in cv's te ontdekken, maar ook bij een krappe arbeidsmarkt is het belangrijk om een goed sluitend verhaal te hebben. Een periode waarin je werkzoekend was een sabbatical noemen, is weinig zinvol. Een selecteur prikt daar direct doorheen. Een talencursus van twee maanden in Spanje is weer wel legitiem. Mocht je een tijdje actief vrijwilligerswerk gedaan hebben dan kun je het gat daarmee opvullen. Geef wel aan dat het geen betaalde baan betrof.

Probeer in ieder geval de kennis en ervaring die je in zo'n periode hebt opgedaan te vertalen zodat deze nuttig is voor de functie waarop je solliciteert. De uit dienst datum bij je laatste werkgever kun je minder gedetailleerd maken door alleen een jaartal te noemen in plaats van een complete datum. Wees daar in een eventueel gesprek wel meteen duidelijk over.

Burn-out

Burn-out is – net als een gebroken arm of been – een ziekte. Helaas heeft het een negatieve klank gekregen. Als je een burn-out hebt gehad, moet je aangeven dat je wegens ziekte een bepaalde periode (precieze periode aangeven) niet hebt kunnen werken, maar dat je inmiddels weer geheel hersteld bent en volledig inzetbaar voor alle werkzaamheden. Zorg dat je helder kunt verwoorden wat je van deze periode hebt geleerd – wat het je opgeleverd heeft – en geef aan dat je weet hoe je een burn-out in de toekomst kunt voorkomen.

Ontslag wegens disfunctioneren

Disfunctioneren komt er op neer dat je in de ogen van de werkgever je functie niet op een goede manier vervult. Of jij het hier mee eens bent, doet meestal niet ter zake omdat het de mening van de werkgever is.

Het beste is om het kort aan te stippen en er niet te veel aandacht aan te besteden. Je motivatie voor de functie waarop je schrijft is veel belangrijker. Bij ontslag wegens disfunctioneren in een directie- of managementfunctie, kun je aangeven dat er een verschil van inzicht is geweest over de te voeren strategie, missie of visie. Ook kun je aangeven dat je toe bent aan een nieuwe uitdaging omdat je huidige functie en organisatie je niet gebracht hebben wat je had verwacht. Licht zaken kort en helder toe, zonder rancuneus te zijn.

Ontslag bij reorganisatie

Als je het slachtoffer bent geweest van een reorganisatie, moet je dat ook zo aangeven. Noem daarbij wel de reden van de reorganisatie, bijvoorbeeld: 'Mijn vorige werkgever heeft gezien de slechte economische situatie (uitbesteding, offshoring, een fusie) moeten besluiten tot een reorganisatie. Helaas is mijn functie daarbij komen te vervallen.'

Vertrek uit eigen beweging

Bij vertrek uit eigen beweging *moet* je aangeven dat men (zeer) tevreden over je was en dat je had kunnen blijven maar dat je er nadrukkelijk *zelf* voor kiest om weg te gaan: 'Ook al wil mijn huidige werkgever graag dat ik blijf, ik heb er toch voor gekozen om op zoek te gaan naar een nieuwe functie bij een andere organisatie.' Of: 'Na een aantal jaar naar ieders tevredenheid werkzaam te zijn in mijn huidige functie, ben ik toe aan een nieuwe uitdaging/een verandering van werkomgeving.'

Voor al deze punten geldt natuurlijk dat wat je schrijft, *waar moet zijn*. Mocht men contact opnemen met je oude werkgever dan moet er inderdaad sprake zijn geweest van 'een verschil van inzicht' of moet je ook echt uit eigen beweging zijn weggegaan – en niet bijvoorbeeld ontslagen wegens fraude.

Figuur 8.4 Gat in je cv

Als je een hele lange periode – meer dan tien jaar – bij een werkgever hebt gewerkt, is het belangrijk om aan te geven dat je je hebt ontwikkeld; zo voorkom je dat je een vastgeroeste indruk maakt. Waarschijnlijk heb je in die tijd wel verschillende functies of rollen vervuld; onderscheid en omschrijf deze duidelijk.

Heb je juist veel verschillende werkgevers gehad en bestaat het risico dat je overkomt als een jobhopper, dan is het verstandig om werkgevers of functies uit het verdere verleden te bundelen.

Vorm, lay-out en stijl
Maak *ALTIJD* gebruik van de spellingcontrole – dit lijkt vanzelfsprekend maar niet iedereen blijkt deze even zorgvuldig en consequent toe te passen; wees dus zorgvuldig! Als je gaat *copy pasten*, controleer dan altijd of er geen oude organisatienamen in de brief staan.

Laat een brief en cv altijd door een derde lezen, zo kun je onduidelijkheden en stijlfouten voorkomen. Controleer de persoons- en adresgegevens van de ontvanger zeer zorgvuldig, als hier een fout in zit – wat vaak gebeurt! –, maak je direct een ongeïnteresseerde en slordige indruk. Je brief en cv moeten getypt zijn. Het sturen van een handgeschreven cv en brief is niet van deze tijd.

Steeds meer mensen nemen een foto op in hun cv; het geeft een persoonlijke *touch* en de selecteur kan je na een gesprek makkelijk herinneren. Het is een persoonlijke keuze. Als je een foto opneemt, kies dan een foto die een zakelijke en professionele uitstraling heeft. Geen vakantiekiekje dus!

Realiseer je dat een foto, net als een eerste indruk, behoorlijk bepalend kan zijn voor het beeld dat de selecteur van je krijgt. Denk dus na of een foto in jouw geval in je voordeel kan werken. Het sturen van een sollicitatiefilmpje raden wij, tenzij het een echt creatieve functie betreft, sterk af.

Als een advertentie in het Engels is opgesteld, dan stuur je een Engelstalige brief en cv. Bij een Nederlandse advertentie stuur je geen Engelstalige brief en/of cv – een sollicitatie is per slot van rekening maatwerk. Bij een open sollicitatie dient de taal in overeenstemming te zijn met de voertaal van de organisatie.

Kies in je brief en cv voor heldere en concrete taal en wees bondig. Hanteer een zakelijke en professionele stijl, maar houd het wel persoonlijk zodat je tekst niet saai of stijf wordt. Vermijd het gebruik van jargon. Geef je cv een eenduidige opbouw, zodat de selecteur het makkelijk kan beoordelen. Stel je brief en cv altijd op in de eerste persoon enkelvoud.

Versturen
Wij raden je sterk aan om je brief en cv *of* per e-mail *of* per post te sturen; doe het nooit allebei – het levert de ontvanger alleen maar extra werk op. Tegenwoordig geniet bij de meeste selecteurs een digitale sollicitatie de voorkeur – het duurt niet lang meer of dan valt het sturen van je sollicitatie per post in dezelfde categorie als de handgeschreven brief. Solliciteer je per e-mail, stuur je brief en cv dan mee in een bijgevoegd Word-document. De e-mail blijft beperkt tot een correcte aanhef, een refe-

rentie naar de functie en de organisatie, een verwijzing naar het bijgesloten document en een afsluiting met jouw naam.

Faxen is een derde alternatief, maar we raden het af omdat je de kwaliteit van de afdruk niet in eigen hand hebt; de kans is groot dat een fax slecht leesbaar is. Bovendien weet je met een fax nooit precies waar hij terecht komt. Gewoon niet doen dus!

Lengte

Je brief en cv moeten niet te lang zijn. Stelregel is dat de brief één A-viertje beslaat en het cv maximaal twee. Als je meer stuurt, demotiveert dat een selecteur; die zit niet te wachten op het doorspitten van een stapel A-viertjes om jouw relevante kennis en ervaring te vinden. De kans bestaat dat de selecteur je sollicitatie alleen maar vluchtig scant en weer doorgaat naar een volgende kandidaat. Daarnaast geef je de indruk dat je niet kort en bondig bent en niet kunt beslissen wat relevant is voor deze sollicitatie.

Stuur geen complete functieomschrijvingen, kopieën van diploma's, getuigschriften en andere bijlagen mee tenzij daar nadrukkelijk naar gevraagd wordt.

Stap voor stap naar een kwaliteitsproduct: opbouw brief en cv

Je sollicitatiebrief *en* cv moeten elke keer toegespitst zijn op de functie en de organisatie – maatwerk dus. Veel mensen variëren de brief en laten het cv onveranderd. Dat is erg onverstandig; een ervaren selecteur bekijkt namelijk eerst het cv en als dat voldoende aansluit pas de brief. Als jouw cv onvoldoende aansluit – grote kans als het een standaard cv is – dan bestaat de kans dat je brief helemaal niet wordt gelezen!

Zowel de brief als het cv moeten een 'vertaling' van de advertentie zijn. Jij moet overkomen als die ideale kandidaat waar men naar op zoek is. Let erop dat je brief een toelichting is op je cv en *geen* herhaling ervan!

We geven in figuur 8.5 een stramien dat je kunt gebruiken bij het opstellen van sollicitatiebrieven. We hebben ervoor gekozen geen voorbeeldbrief op te nemen; je moet bij het opstellen van brieven je eigen woorden kiezen, elke brief is maatwerk.

Naam van de organisatie
t.a.v. de heer/mevrouw…
Adres

Eigen naam en adres

Plaats, datum

Betreft: sollicitatie (functienaam toevoegen)

Geachte heer/mevrouw…,

Opening
Geef aan naar welke functie je solliciteert, meld bron en datum van de advertentie en laat zien dat je
je goed hebt voorbereid door te refereren aan het gevoerde telefoongesprek, de site van de organisatie of een actueel nieuwsbericht.

Motivatie
Waarom solliciteer je? Wat zijn de aantrekkelijke kanten van deze baan? Wat is je motivatie voor de
organisatie en de functie? Maak hierbij gebruik van de informatie uit de advertentie, het telefoongesprek en andere bronnen.
Wat is de aanleiding om te solliciteren? Dit is optioneel, maar als je nu geen baan hebt, is het wel
verstandig iets te melden over je laatste werkgever, of over je studie als je nog studeert.

Geschiktheid
Waarom denk je geschikt te zijn voor deze baan? Vat kort je meest relevante kennis en ervaring samen aan de hand van de functie-eisen. Geef concrete voorbeelden bij de gevraagde competenties.

Toelichten eventuele onduidelijkheden cv
Licht mogelijke onduidelijkheden in je cv toe: geef een reden voor je vertrek bij je huidige werkgever, noem de aanleiding van je oriëntatie op de arbeidsmarkt of leg uit waarom je een overstap wilt
maken van bijvoorbeeld een interimcarrière naar een vaste functie of van profit naar non-profit.

Afsluiting
Formuleer een krachtige afsluiting die gericht is op een vervolgstap.

Hoogachtend of met vriendelijke groet
Als in de aanhef 'Geachte' staat, dan sluit je in de regel af met 'Hoogachtend', in andere gevallen
met 'Met vriendelijke groet'.

Handtekening
Sluit af met je handtekening gevolgd door eventueel je titel en door je voornaam en achternaam.

Bijlage: curriculum vitae

Figuur 8.5 Stramien voor sollicatiebrief

Bij je brief stuur je uiteraard je cv mee. In figuur 8.6 vind je een stramien voor je cv. Bij het versturen van een sollicitatiebrief en cv is het nog niet noodzakelijk om concrete referenties te noemen, dat komt pas aan de orde na een gesprek.

Mocht je je brief per e-mail versturen, neem dan de volgende tips ter harte:

★ Gebruik, indien mogelijk, je e-mailadres thuis. Check dit adres dan wel dagelijks!

★ Zorg voor een zakelijk, logisch ogend en klinkend e-mailadres dat van jou is.

★ Mail naar de juiste persoon.

★ Vermeld in de onderwerpregel om welke vacature het gaat.

★ Gebruik voor de opmaak van je e-mail standaardinstellingen. Ga je niet te buiten aan exotische lettertypes, wilde kleuren of smileys. Van een papieren sollicitatie maak je immers ook geen kleurig geheel. Bovendien kan jouw opmaak – afhankelijk van de software van de ontvanger – niet goed overkomen.

★ Vermijd joviaal of informeel taalgebruik. Hoewel e-mail vaak voor informele communicatie wordt gebruikt, is het verstandig om bij sollicitaties formeel en beleefd te blijven.

★ Houd je e-mail kort. De mail is niet meer dan een verwijzing naar de bijlage waarin je de brief en het cv stuurt. Dus geen uitweidingen of toelichtingen op je motivatie!

★ Verstuur je gegevens bij voorkeur in Word; dit is de meest gebruikte software. Voeg je brief en cv samen in een document en geef dit document een duidelijke naam, bijvoorbeeld *Sollicitatie P. Jansen*.

★ Zorg voor een goed antivirusprogramma zodat je geen virussen meestuurt.

★ Voordat je op *send* klikt: check of je de brief en het cv als attachment hebt toegevoegd.

Anoniem solliciteren?

Er is tegenwoordig veel aandacht voor anoniem of onder een andere naam solliciteren vanwege discriminatie op ras, leeftijd of geslacht. Discriminatie kan natuurlijk niet maar wij zien in anoniem of onder een andere naam solliciteren geen oplossing; in een vervolgfase komt alles toch boven tafel en vooroordelen voorkom je er niet mee. En niet onbelangrijk – wil je überhaupt wel werken bij een organisatie die discrimineert?! Anderzijds is er de constatering dat veel organisaties actief bezig zijn met het ontwikkelen van diversiteitbeleid. Meer hierover in hoofdstuk 17.

Curriculum vitae

Personalia
Volledige naam
Adres
Telefoonnummer
Mobiel nummer *(belangrijk vanwege bereikbaarheid)*
E-mailadres
Geslacht *(als je voornaam geen duidelijkheid geeft)*
Geboortedatum*
Geboorteplaats
Nationaliteit
Burgerlijke staat
Rijbewijs

* Soms wordt er geadviseerd om geen geboortedatum of leeftijd te vermelden, mocht je te oud zijn voor de functie. In de praktijk is dat echter weinig zinvol; een selecteur zal er bij het ontbreken van een geboortedatum van uitgaan dat de sollicitant op leeftijd is. De leeftijd is bovendien makkelijk uit te rekenen aan de hand van andere gegevens op het cv, zoals opleiding en werkervaring.

Persoonlijk profiel (optioneel)
Wie ben je? Wat kun je? Wat wil je?

Opleidingen

Naam opleiding	Naam instituut	Periode	Diploma

Diploma
Bij diploma geef je met 'ja' of 'nee' aan of je de opleiding succesvol hebt afgerond. Licht indien nodig je opleiding toe. Als je nog weinig werkervaring hebt, kun je relevante vakken en stages noemen.

Trainingen en cursussen

Naam training/cursus	Naam instituut	Periode

Loopbaan

Functienaam	Organisatie	Periode

Functie-inhoud
Resultaten
Het is tegenwoordig gebruikelijk je cv in omgekeerde chronologische volgorde op te stellen. Je begint dus bij je huidige baan en werkt terug naar het verleden. Dit pas je in je hele cv toe.

Nevenactiviteiten/Bestuursfuncties

Overige
Talenkennis
pc-vaardigheden
Hobby's

Figuur 8.6 Stramien voor cv

Aandachtspunten voor brief en cv gericht aan werving en selectie bureaus

Als je een brief en cv naar werving en selectie bureaus stuurt om te worden opgenomen in hun database, gelden de volgende aandachtspunten:

★ Maak je cv 'breed' en niet al te specifiek zodat je – anders dan bij een gerichte sollicitatie – meerdere opties openlaat.

★ Het opnemen van een persoonlijk profiel – Wie ben ik? Wat kan ik? Wat wil ik? – is gebruikelijk en nuttig.

★ Gebruik de juiste trefwoorden in je cv; werving en selectie bureaus gebruiken vaak trefwoorden om in hun database te zoeken.

★ Vermeld in welke regio je wilt werken of hoe lang je maximaal wilt reizen.

★ Geef aan in welke functies en/of branches je geïnteresseerd bent.

★ Neem een salarisindicatie op en geef je wensen aan op het gebied van arbeidsvoorwaarden.

★ Vermeld je voorkeur voor fulltime of parttime werk en voor een vaste baan of baan op contractbasis. Vermeld de opzegtermijn van je huidige baan.

Welke trefwoorden je in je cv wilt opnemen, is afhankelijk van je ervaring en het soort baan dat je ambieert. Figuur 8.7 geeft een aantal voorbeelden.

Marketing
– Marketingplan
– *Businessplan*
– SWOT
– *Business to business* (BTB)
– *Business to consumer* (BTC)
– Productintroductie
– Reclamecampagne
– Imago-onderzoek
– *Benchmarking*
– Marktonderzoek
– Namen van relevante opleidingen, trainingen en cursussen

Figuur 8.7 Trefwoorden voor in je cv

Sales
- *New business*
- Acquisitie
- Accountbeheer
- Accountmanagement
- Relatiebeheer
- *Target*
- *Businessplan*
- Accountplan
- Namen van diensten of producten en relevante opleidingen, trainingen en cursussen

P&O-functie
- Competentiemanagement
- Functionerings- en beoordelingsgesprekken
- P&O-cyclus
- MD-programma
- Integraal management
- POP-gesprek
- Cao
- Beloningsbeleid
- Ziekteverzuim
- Arbo
- OR
- HR/HRM
- Opleidingsbeleid
- Zakelijke dienstverlening
- Productie-omgeving
- Namen van relevante opleidingen, trainingen en cursussen

Managementfunctie
- Missie, visie, strategie
- Coachen
- Ontwikkeling
- POP-gesprekken
- Functionerings- en beoordelingsgesprekken
- Leidinggeven
- Management
- Manager
- Specifiek werkgebied
- Specifieke vaardigheden of ervaringen: bouwen, verbeteren, professionaliseren
- Namen van relevante opleidingen, trainingen en cursussen
- Integraal management

Aandachtspunten voor brief en cv bij een open sollicitatie

Voor een open sollicitatie kun je ook gebruikmaken van figuren 8.5 en 8.6. Daarnaast gelden de volgende aandachtspunten:

★ Zoek goed uit aan wie je de sollicitatie moet sturen en noem je bron; een informant, voorlichting door de organisatie of een telefoontje. Je brief moet gaan naar degene die beslist, als je die niet kunt achterhalen, probeer dan de naam en functietitel te krijgen van de persoon die de vacatures behandelt. Je brief alleen aan personeelszaken richten, is te onpersoonlijk.

★ Maak je brief en cv 'breed' zodat je in aanmerking kan komen voor meerdere functies. Zorg voor een uitgebreid cv en licht de aspecten van je opleiding en werkervaring toe die aansluiten bij de eventuele functie. Op deze manier profileer je je en spring je er wellicht uit.

★ De motivatie is altijd belangrijk maar bij een open sollicitatie is die *cruciaal*. Je moet de aandacht krijgen zodat men blijft lezen. Geef dus een duidelijke en zorgvuldig onderbouwde motivatie voor *deze* organisatie. Refereer aan het jaarverslag, de website en recente ontwikkelingen bij de organisatie en vertel waarom je in deze branche of sector juist deze organisatie interessant vindt. Geef aan waarom je hier solliciteert en niet bij de concurrent. Geef je visie op het werken bij deze organisatie – ga daarbij bijvoorbeeld in op het recente samengaan van deze organisatie met een andere organisatie. De lezer moet het idee krijgen dat je de organisatie 'kent': je weet wat voor soort organisatie het is en waar ze voor gaan. Je mag ervan uitgaan dat de lezer trots is op zijn organisatie, daar mag je best aan appelleren – zonder te overdrijven. Als je niet naar een concrete functie solliciteert, omschrijf dan wat voor soort functie je zoekt.

★ Motiveer zo specifiek mogelijk waarom jij geschikt denkt te zijn. Ga hierbij al in op de functie-eisen die hoogstwaarschijnlijk gesteld zullen worden en geef aan waarom jij interessant bent voor deze organisatie; vertel wat je te bieden hebt. Het is *niet* zinvol om aan te geven dat je bij deze organisatie veel kunt leren en dat je je wilt ontwikkelen – het is logisch dat je dat wilt. Een organisatie wil weten wat *jij* de organisatie te bieden hebt en wat de organisatie aan *jou* heeft. Bewijs dat je voldoet aan de functie-eisen door concrete voorbeelden te geven. Als je niet naar een concrete functie solliciteert, moet je bewijzen waarom jij een toegevoegde waarde bent voor de organisatie.

Als je niet veel concrete werkervaring hebt, kun je ook refereren aan ervaringen buiten je werk of studie; als de lezer maar een link ziet tussen jou en zijn organisatie.

★ Vraag om een oriënterend gesprek.

★ Zorg voor de AIDA-elementen: A (*Attention*: de lezer wordt 'getriggerd' door je kennis en kunde), I (*Interest*: de lezer raakt geïnteresseerd door wat je hebt opgeschreven), D (*Desire*: de lezer wil het gesprek met je aangaan) en A (*Action*: de lezer wil je uitnodigen op basis van wat hij heeft gelezen).

★ Omdat je ongevraagd solliciteert, kun je in de afsluiting al namen noemen van referenten die interessant kunnen zijn voor deze organisatie. Het kan een extra reden zijn om de lezer tot *action* over te laten gaan.

★ Formuleer een krachtige *en* proactieve laatste zin die zinspeelt op een mogelijke vervolgstap, bijvoorbeeld: 'Graag licht ik mijn brief nader toe in een gesprek. Hiervoor bel ik u volgende week op.'

Het sollicitatieformulier

Sommige organisaties willen geen brieven ontvangen maar hanteren een standaardformulier waarop je vragen moet beantwoorden. Hiervoor geven we de volgende aandachtspunten:

★ Maak een kopie van het formulier, zodat je het eerst in klad kunt invullen. Op een sollicitatieformulier is de ruimte vaak beperkt en je kunt geen formulier inleveren met tipex of tekst buiten de kaders.

★ Laat je kladversie door iemand anders lezen om spelfouten te voorkomen.

★ Zorg dat je antwoord geeft op de gestelde vragen.

★ Schrijf duidelijk en leesbaar.

★ Stuur alleen zaken mee waar om gevraagd wordt.

Cv op internet plaatsen?

Het plaatsen van je cv op internet kun je vergelijken met een open sollicitatie of het inschrijven bij een werving en selectie bureau; er gelden dus dezelfde aandachtspunten. Vergeet niet je cv op internet met regelmaat te verversen – minimaal eens in de veertien dagen – anders is de kans klein dat potentiële werkgevers jouw profiel meenemen in een selectie van mogelijke kandidaten. Gebruik je internet-cv niet voor gerichte sollicitaties via de betreffende site, met een maatwerk-cv heb je meer kans.

9

Je hebt je brief gestuurd, en dan?

Wachten

Nadat je brief verstuurd is, gaat het selectieproces van start. Realiseer je dat je nog een behoorlijk aantal stappen moet doorlopen voordat je een nieuwe baan hebt. De selectie varieert per organisatie en is afhankelijk van de zwaarte van de functie.

Een organisatie kan een aantal selectiemiddelen inzetten en selecteert op verschillende criteria, vaak wordt een aantal van deze methoden en criteria gecombineerd. In figuur 9.1 is te zien dat het gemiddelde belang (de 'voorspellende waarde') dat eraan gehecht kan worden, varieert.

Methode	Selectie-middel
Arbeidsproef	0.54
Intelligentietests	0.51
Gestructureerd interview	0.51
Peer rating (360°)	0.49
Job knowledge tests	0.48
Proefperiode	0.44
Integriteittests	0.41
Ongestructureerd interview	0.38
Praktijksimulaties	0.37
Consciëntieusheidtests	0.31
Grafologie	0.02

Bron: Schmidt & Hunter, 1998

Figuur 9.1 Belang selectiemiddelen

In de volgende paragrafen komen de gebruikelijke vervolgstappen na het versturen van je brief aan bod.

Bevestiging

Het is gebruikelijk dat je een bevestiging krijgt dat je sollicitatie is ontvangen. Mocht je na een week nog niets hebben gehoord, dan is het verstandig om te informeren of je sollicitatie wel is aangekomen. Vraag dan direct hoe de procedure er verder uitziet – met name het tijdspad. Realiseer je dat de selecteur je brief en cv meestal nog niet beoordeeld heeft als de reactietermijn nog niet is verstreken.

Helaas moeten we u berichten dat...

Een afwijzing is altijd een teleurstelling. Het is belangrijk om te achterhalen wat de reden is. Realiseer je dat in een ruime arbeidsmarkt de kans dat je niet wordt uitgenodigd groter is dan de kans dat je wel wordt uitgenodigd, maar ook op een krappe arbeidsmarkt is er natuurlijk een kans dat je niet wordt uitgenodigd. Trek het je dus niet persoonlijk aan en probeer ervan te leren.

In de regel is de afwijzing een standaardbrief waarin niet specifiek wordt toegelicht waarom jij niet voldoet aan het profiel. Ga niet direct bellen, maar kijk eerst kritisch naar de sollicitatie die je gestuurd hebt. Loop opnieuw hoofdstuk 8 door om te kijken of je kunt achterhalen waarom je een afwijzing hebt gekregen: misschien vonden ze jouw ervaring als projectleider toch niet voldoende voor een managementfunctie?

Bel na je eigen analyse de selecteur om te vragen wat de redenen van de afwijzing zijn. Het doel is niet om alsnog uitgenodigd te worden. Een selecteur zal een genomen besluit, net als een scheidsrechter, niet terugdraaien. De insteek is dat je moet leren van eventuele fouten zodat je ze bij een toekomstige sollicitatie kunt voorkomen.

Stel open vragen om de motivatie te achterhalen en om te kijken of jouw analyse correct is. Vraag dus niet 'Ben ik afgewezen omdat ik alleen maar projectmatig leiding heb gegeven?' maar vraag wat de redenen zijn geweest om jou af te wijzen voor deze functie. Ga bij het antwoord niet in de verdediging maar luister goed. Vraag door wat er exact bedoeld wordt en vat de antwoorden samen: 'Dus als ik het goed begrijp is de belangrijkste reden dat u mij heeft afgewezen ...?'

Vraag welke specifieke ervaring gezocht wordt als jouw ervaring als projectleider niet voldoende was voor de functie van manager. Wat verstaat men dan onder leidinggevende ervaring? Antwoorden op dit soort vragen kunnen je duidelijkheid geven of je bij een volgende vergelijkbare vacature weer moet solliciteren *en* of je andere vragen moet stellen bij het inwinnen van informatie – bijvoorbeeld wat precies wordt verstaan onder leidinggevende ervaring. Je kunt dit gewoon aan de selecteur vragen.

Misschien blijkt dat je iets vergeten bent in je brief of cv; vraag je bij elke sollicitatie af of je de relevante zaken duidelijk naar voren hebt laten komen. Een bepaalde nevenfunctie kan bij de ene sollicitatie niet relevant zijn en bij de andere wel – we blijven het herhalen: elke sollicitatie is maatwerk.

Bungelen ofwel in de vlees noch vis categorie

Gelukkig, geen afwijzing! Je zit nog in de race, maar je zit op de reservebank. Het is natuurlijk jammer dat je in eerste instantie niet wordt uitgenodigd voor een gesprek. Ook in dit geval is het belangrijk om te achterhalen waarom de selecteur de voorkeur heeft gegeven aan andere sollicitanten – volg hierbij dezelfde werkwijze als bij een afwijzing. Zorg ervoor dat je achterhaalt hoe het selectietraject er verder uitziet. Wanneer komt er meer duidelijkheid over jouw kandidatuur? Vraag een datum, zodat je na het verstrijken van deze datum kunt bellen. De kans bestaat, zeker in een krappe arbeidsmarkt, dat ze er met de eerste selectie niet uitkomen en dan alsnog de reservekandidaten uitnodigen.

Je wordt uitgenodigd!

Gefeliciteerd! Je behoort tot het selecte gezelschap dat wordt uitgenodigd voor een eerste gesprek. Hoe ga je deze selectieronde overleven?

De voorbereiding op het gesprek

Informatie verzamelen

De eerste zet is het verzamelen van informatie. Een deel van dit werk had je natuurlijk al gedaan voordat je de sollicitatie verstuurde. Nu is het zaak je geheugen op te frissen *en* je kennis uit te diepen. Raadpleeg opnieuw de website van de organisatie en oriënteer je op ontwikkelingen in de betreffende branche of sector.

Als je nog niet hebt gevraagd of er een informatiepakket beschikbaar is, dan moet je dat nu zeker doen. Je kunt jezelf positief onderscheiden door je op de hoogte te stellen van de actualiteit rond de organisatie, bijvoorbeeld door een krantenarchief op internet te raadplegen.

Ken je cv

Ken je cv goed. Het komt niet overtuigend en bovendien onprofessioneel over als je tijdens een gesprek nog in je cv moet kijken. Neem het voor de zekerheid wel mee, zodat je eventueel kunt meelezen met de selecteur(s). Het is trouwens verstandig een aantal extra exemplaren mee te nemen, misschien zit er iemand bij het gesprek die je brief en cv niet heeft.

Referenties

Als je op gesprek gaat, is het handig als je concrete referenties kunt overhandigen of mensen kunt noemen die informatie over je functioneren en je competenties kunnen geven – een oud-collega, een leverancier met wie je gewerkt hebt, een voormalig werkgever, iemand met wie je samenwerkte in een nevenfunctie. Als je net bent afgestudeerd en weinig of geen relevante werkervaring hebt, kun je natuurlijk je stage- of afstudeerbegeleider opgeven.

Voor referenties geldt het volgende:

★ Een referentie moet relevant zijn voor de functie waarop je solliciteert.

★ De referentie moet recent zijn; de referent moet je functioneren nog voor ogen hebben.

★ Heb alle gegevens (naam, functie, organisatie, telefoonnummer) van de referent beschikbaar.

★ Vraag de referent altijd om toestemming!

★ Geef alleen referenten op die een eerlijk maar positief beeld schetsen.

★ In deze fase is het niet opportuun je huidige werkgever als referent op te geven wanneer deze niet op de hoogte is van je sollicitatie.

Wat wil jij weten?

Je bereidt je natuurlijk voor op de vragen die aan jou gesteld kunnen worden, maar daarnaast is het belangrijk om zelf vragen voor te bereiden. (Zie figuur 9.2 voor voorbeelden en tips.) Ten eerste laat je daarmee zien dat je het gesprek goed hebt voorbereid. Door de juiste vragen te stellen, laat je zien dat je kennis van zaken hebt en een goed beeld hebt van de func-

Tips	Vragen die je kunt stellen tijdens een sollicitatiegesprek
★ Pas je vragen aan aan de persoon met wie je het gesprek hebt; aan de directeur stel je andere vragen dan aan de P&O-adviseur.	★ Hoe speelt uw organisatie in op de recente nieuwkomers in de markt?
★ Vraag door naar aanleiding van de antwoorden om te voorkomen dat je de vragen 'afvinkt' en niet geïnteresseerd overkomt. (LSD: Luisteren, Samenvatten, Doorvragen)	★ Welke invloed heeft de recente fusie op de rol die de afdeling nu speelt?
	★ In hoeverre kan ik in deze functie deelnemen aan afdelingsoverstijgende projecten? (Dit bijvoorbeeld in het kader van je ambities om meer projectmatig te werken in een multidisciplinaire omgeving.)
★ Let op de tijd; je hebt niet de ruimte om een hele waslijst met vragen te stellen. Gebruik als stelregel dat je vijf vragen kunt stellen, exclusief het doorvragen.	★ Kunt u iets vertellen over de samenstelling van het team of de afdeling waar ik kom te werken?
★ Vraag *nooit* uitsluitend naar de vervolgprocedure of het salaris!	★ Wat is de kracht van de afdeling en wat moet er verbeterd worden?
	★ In hoeverre is integraal management bij uw organisatie ingevoerd?
	★ Wat is binnen de organisatie het imago van de afdeling?
	★ Welke veranderingen staan op deze afdeling of organisatiebreed op korte termijn gepland?
	★ Waarom is deze vacature ontstaan?

Figuur 9.2 Vragen die jij kunt stellen

tie en de context. Ten tweede kun je met vragen bepalen of deze functie bij je past en voldoet aan *jouw* criteria en ten derde is uit onderzoek gebleken dat werkgevers niet positief zijn over kandidaten die geen vragen stellen of alleen naar het salaris of de procedure vragen.

Als je wordt uitgenodigd voor een gesprek, is het handig een inventarisatie te maken van je huidige en gewenste arbeidsvoorwaarden. Denk na over:
★ vakantiegeld
★ vakantiedagen
★ atv/adv
★ dertiende maand
★ winstuitkering
★ bonus of gratificatie
★ vaste netto onkostenvergoeding
★ reiskosten
★ lease-auto (met of zonder eigen bijdrage)
★ tegemoetkoming ziektekostenverzekering
★ opleidingsvergoedingen (inclusief terugbetaalregeling)
★ pensioenregeling (eigen bijdrage of premievrij)
★ telefoonkosten
★ laptop of werkplek thuis
★ fulltime of parttime werken
★ bijdrage werkgever levensloopregeling
★ verhuisvergoeding

Naast deze 'harde' arbeidsvoorwaarden spelen factoren als de inhoud van de baan, de aantrekkingskracht van de sector, de werksfeer of cultuur en de balans tussen werk en privé natuurlijk ook een rol. Bij dat laatste punt is de reistijd vaak van belang: wat is een halfuur meer of minder reistijd jou echt waard?

Realiseer je bij het opgeven van een salarisindicatie en bij salarisonderhandelingen dat je inkomen meer is dan je brutosalaris.

Het is verstandig om vast op te zoeken wat je opzegtermijn is en of er sprake is van een concurrentiebeding – het is zeer waarschijnlijk dat daar in het komende gesprek naar gevraagd wordt.

Anticiperen op vragen
Natuurlijk bereid je je voor op de vragen die je gaat krijgen. Daarnaast is het verstandig een aantal voorbeelden van je successen te verzamelen en een *elevator speech* paraat te hebben (zie hoofdstuk 7, *Werving en selectie bureaus,* p.138). Figuur 9.3 bevat een overzicht van de meest gestelde vragen tijdens sollicitatiegesprekken.

- Kun je iets vertellen over jezelf (*elevator speech*)?
- Waarom heb je gesolliciteerd (aanleiding en motivatie)?
- Wat weet je over onze onderneming?
- Kun je kort door je cv lopen en je belangrijke keuzes toelichten?
- Waarom wil je weg bij je huidige werkgever?
- Wat hoop je bij ons aan te treffen?
- Waarom wil je voor ons werken?
- Wat kun je ons bieden dat anderen niet hebben?
- Waarom zouden wij jou aannemen?
- Je bent eigenlijk te zwaar voor deze functie, wat vind je daar zelf van?
- Wat vind je de belangrijkste eigenschappen bij nieuw aan te stellen medewerkers?
- Heb je ooit mensen moeten ontslaan en hoe heb je dat gedaan?
- Welke trends denk je dat het belangrijkst zijn voor een organisatie als de onze?
- Wat vind je aantrekkelijk in deze functie?
- Wat zijn je verwachtingen van deze functie en onze organisatie?
- Wat vond je het leukst en het minst leuk bij je huidige werkgever of in je huidige baan?
- Waarom heb je zo kort of lang bij die werk-gever gewerkt?
- Waarom heb je die opleiding niet afgemaakt?
- Waarom heb je die opleiding gekozen?
- Zou je deze opleiding opnieuw kiezen?
- Wat vind je leuk aan je huidige neven-functies?
- Wat beweegt je in je werk?

- Wat zijn je drie sterkste punten?
- Wat zijn je drie zwakste punten?
- Wat zouden anderen aangeven als jouw sterke en zwakke punten?
- Wat vind je belangrijk in de samenwerking met anderen?
- Waar denk je over vijf jaar te zijn?
- Is dat toekomstbeeld reëel, wat moet je daar nog voor doen?
- Ben je ook nog bij andere bedrijven aan het solliciteren?
- Volg je momenteel nog opleidingen?
- Bent je eventueel bereid een opleiding te volgen?
- Wat is precies je taak in je huidige functie?
- Aan wat voor soort medewerkers heb je moeite om leiding te geven?
- Met wat voor mensen heb je moeite om samen te werken?
- Wat voor manager ben je en wat is je managementstijl? Heb je daar voorbeelden van?
- Hoeveel tijd denk je nodig te hebben om je in te werken in deze functie?
- Op welke resultaten die je bereikt hebt, ben je trots en waarom?
- Kun je iets meer vertellen over je nevenfunc-ties (bestuursfuncties of vrijwilligerswerk)?
- Kun je iets meer vertellen over je hobby's?
- Waarom ben jij de juiste persoon voor deze functie?
- Was je actief in het verenigingsleven op school of tijdens je studie?
- Heb je nog vragen aan ons?

Figuur 9.3 Meest gestelde vragen tijdens een sollicitatiegesprek

Het is natuurlijk afhankelijk van de functie en de organisatie waar je solliciteert, maar in het algemeen zitten de volgende personen bij sollicitatiegesprekken: de manager of direct leidinggevende, een P&O-er, een toekomstige collega en een directeur – ieder met zijn of haar eigen vragen en bedoelingen.

Zorg dat je weet met wie – naam en functie – je in gesprek gaat. Mocht je dit niet weten, schroom dan niet om even te bellen om het na te vragen.

Manager of direct leidinggevende

De direct leidinggevende wil weten of je geschikt bent voor je taak, of je zelfstandig kunt werken en of hij veel tijd in je moet investeren om je in te werken. Bedenk dat je manager wordt aangesproken op het functioneren van zijn afdeling en daar word jij onderdeel van. Hij kan het best inschatten of je past bij de afdeling en bij de rest van het team. Er moet met deze persoon wel een bepaalde klik zijn, jullie zullen immers samen moeten werken.

P&O-er

De P&O-er zal een uitspraak moeten doen over je geschiktheid voor de functie: pas jij in het profiel, beschik je over de juiste competenties en voldoe je aan de harde functie-eisen op het gebied van opleiding, systeemkennis, werkervaring en salarisindicatie? Daarnaast kijkt de P&O-er 'breder' dan de afdeling; pas je binnen de gehele organisatie?

De P&O-er stelt vragen als:
– Wat voor manager ben je?
– Kun je managen onder alle omstandigheden?
– Wat voor soort projecten heb je 'gedaan' en wat was je rol daarin?
– Ben je wel zo flexibel, sensitief, overtuigend en resultaatgericht als je zegt? Heb je concrete en recente voorbeelden?

Collega

Collega's willen weten wat voor persoon je bent: Hoe ben je om mee samen te werken? Heb je voldoende kennis in huis om direct zelfstandig aan de slag te gaan of moet je bij de hand genomen worden? In hoeverre heb je ervaring met de taken die bij de vacante functie horen? Eventueel toekomstige collega's zijn bovendien geïnteresseerd in jou als persoon, je wordt tenslotte onderdeel van hun team.

Directeur

De directeur zal meestal niet bij het eerste gesprek aanwezig zijn, maar pas bij een tweede of derde gesprek. Hij of zij hoeft meestal niet dagelijks met je te werken en gaat ervan uit dat je geschikt bent voor de functie, anders was je niet zo ver gekomen in de sollicitatieprocedure. De directeur zal dus andersoortige vragen stellen dan de anderen en waarschijnlijk veel zelf aan het woord zijn.

Hij wil weten wat je lange termijn visie is op het vakgebied of de branche. Pas hierbij op dat je het beleid van de directeur niet te veel bekritiseert. Dit wil natuurlijk niet zeggen dat je geen kritische blik mag hebben.

Figuur 9.4 Wat wil wie weten?

Het laatste, maar daarom niet minder belangrijke, deel van de voorbereiding betreft je presentatie.

Wat trek ik aan vandaag?

Wij gaan ervan uit dat je dooddoeners als 'draag geen witte sokken of Micky Mouse-stropdas' wel kent. De algemene regel is dat je je aanpast aan de kledingcode van de organisatie. Je kunt bij een sollicitatiegesprek beter wat *overdressed* zijn dan *underdressed* want met je kleding geef je aan hoe serieus jij dit gesprek neemt. Trek iets aan wat bij je past en waar je je lekker en zeker in voelt, dat werkt ook door in je uitstraling. Mocht de kleding die je draagt bij de organisatie passen maar niet bij jou, dan moet je je afvragen of dit wel de juiste werkgever voor je is. Omgekeerd geldt dat natuurlijk ook: als jouw lichaamsversieringen (bijvoorbeeld opvallende tatoeages en piercings) niet bij het bedrijf passen, dan is de kans klein dat jij er wel past.

Je kunt met kleding bepaalde aspecten van je persoon benadrukken. Wees je bewust van de kleuren die je kiest; passen ze bij je? Als je een licht lente-type bent – blond haar, blauwe ogen, lichte huid – staan lichte pastelkleuren je goed. Zwart en grijs maken je vaal en bleek. Een zwarte of grijze outfit kan wel passen bij een serieuze inhoudelijk gerichte onderzoeksbaan met weinig contacten, maar ook in dergelijke banen worden steeds meer communicatieve eigenschappen gevraagd in verband met presentaties en congresbezoeken. Ook daar valt een werkgever dus niet snel meer voor grijze of grauwe types. En wat nog belangrijker is: je zult er zelf waarschijnlijk ook niet blij van worden.

Je kleding en uiterlijk kunnen je stemming versterken. Een donkerblauw (mantel)pak met keurige witte blouse of overhemd geeft je een serieus en degelijk voorkomen – als de rok van een nette lengte is. Dit kan je helpen om je stevig te voelen. Voor bijvoorbeeld de financiële dienstverlening of voor managementposities is dit soort kleding zeer geschikt. Een cyclaamroze jasje of een fleurige das kan een vrolijk en expressief beeld geven en is heel geschikt voor een baan waarin je gevraagd wordt van gebaande paden af te wijken en je op innovatie te richten. Een outfit met een beige gekreukt overhemd, een beige stropdas, een bruine broek en bruine scoutingschoenen klopt qua kleur, maar wekt een flodderige indruk. Als je persoonlijke kracht en enthousiasme wilt uitstralen voor een functie van projectmanager bij een grote ICT-dienstverlener dan helpt een dergelijk pak je niet. Als je dan ook nog je haar tot een piekerig rechtopstaand kapsel *gelt* – waar gebeurd – dan moet je wel heel veel kwaliteit uitstralen om de indruk die je uiterlijk geeft, weg te

---

Top 5 missers

1. Te krappe of te ruime kleding.
2. Gevlekte, gekreukte, oude, versleten of smoezelige kleding.
3. Underdressed of overdressed.
4. Slordig, niet gewassen kapsel.
5. Lichaamsgeur, te zware parfum of onverzorgde nagels.

poetsen. Meestal lukt dat niet.

Kies dus een combinatie waarvan je opknapt qua uiterlijk en stemming en die onderstreept wat je wilt uitstralen. Kijk goed in de spiegel, en laat je adviseren.

Ook als je denkt dat je aan alle kledingvoorschriften hebt voldaan, kan het toch bijna mislopen, zo bewezen Sandra en haar Gucci tasje.

Gucci

Sandra solliciteerde bij een *low budget* vliegtuigmaatschappij naar de functie van junior personeelsadviseur. De baan was haar op het lijf geschreven; ze had recent haar hbo personeel en arbeid succesvol afgerond, twee goede stages gelopen en naast haar studie had ze als grondstewardess gewerkt.

Na telefonisch informatie te hebben ingewonnen en een op maat geschre-

vervolg

ven brief en cv te hebben verstuurd, werd ze uitgenodigd voor een gesprek. Sandra had zich goed voorbereid en de avond voor het gesprek lang voor haar kast gestaan: wat zou ze aantrekken? Ze koos voor haar favoriete outfit; een modern gesneden, licht broekpak met een blauwe blouse en mooie en prettig zittende schoenen. Het gaf haar een zakelijke en professionele maar niet te formele uitstraling. Zij kende een paar mensen bij deze organisatie en haar outfit sloot goed aan bij de heersende *dresscode*. Vanzelfsprekend nam zij de tas mee die zij voor haar afstuderen van haar ouders had gekregen – het nieuwste model van Gucci, ze was er helemaal weg van.

En door Gucci ging het bijna fout. Toen de HR-manager Sandra ophaalde voor het gesprek, viel haar oog op de tas. Het eerste wat ze dacht was: een Gucci tas past niet bij een organisatie als de onze. Past deze dame wel binnen ons bedrijf? Iemand met Gucci bij een *low budget* vliegtuigmaatschappij? De HR-manager twijfelde maar liet andere zaken als opleiding, ervaring en competenties uiteindelijk toch zwaarder wegen dan de Gucci tas. Sandra werd aangenomen maar de eerste indruk had het kunnen verpesten.

Uitstraling

De eerste indruk kan dus bepalend zijn bij een sollicitatie en het is zonde om daar geen gebruik van te maken. Optreden en uitstraling zijn van belang als je jezelf moet presenteren en verkopen als een aantrekkelijke kandidaat.

Natuurlijk zorg je dat je op tijd bent. Je weet hoe je bij de organisatie moet komen en hoeveel tijd dat in beslag zal nemen – bouw voor de zekerheid een ruime marge in. Mocht je te vroeg arriveren, meld je dan pas vijf of tien minuten van tevoren om de selecteurs niet in de verlegenheid te brengen.

Opvallend genoeg vragen veel werkgevers, ook bij functies waar je dat niet zou verwachten, om een stevige presentatie en een dynamische uitstraling. Kijk bijvoorbeeld maar eens naar de profielen in figuur 9.5.

<table>
<tr><td>

Gezocht:

hoofd engineering

bij een grote technische dienstverlenende organisatie

De kandidaat voldoet aan het volgende profiel:
- Technische opleiding op hbo-niveau.
- Aanvullende managementopleiding.
- Minimaal vier jaar ervaring met ontwerpwerkzaamheden.
- Kennis van en ervaring in de utiliteitsbranche.
- Circa acht jaar relevante, praktische bedrijfservaring.
- Uitstekende communicatieve vaardigheden in woord en geschrift.
- Leidinggevende ervaring.

Daarnaast zijn de volgende managementcompetenties van toepassing:
Professionele, persoonlijke presentatie. De kandidaat weet door zijn of haar *uitstraling en manier van optreden* vertrouwen en waardering te bewerkstelligen bij interne en externe relaties.

</td><td>

Gezocht:

servicemedewerker

bij een schadeherstelbedrijf

De kandidaat voldoet aan het volgende profiel:
- Je bent energiek, enthousiast en gedreven.
- Je hebt een technisch gevoel.
- Je bent servicegericht en beschikt over uitstekende communicatieve vaardigheden.
- Je kunt goed omgaan met gestresste mensen.
- Je hebt een *representatieve uitstraling*, want je bent voor de klanten het gezicht van de onderneming.
- Je bent commercieel ingesteld.
- Je bent efficiënt en effectief in de aanpak en organisatie van de eigen werkzaamheden.
- Je kunt zelfstandig werken.
- Je bent flexibel wat betreft werktijden en bent 's nachts inzetbaar.
- Je hebt een groot verantwoordelijkheidsgevoel.
- Je bent bereid om taken van verschillende niveaus te verrichten.

</td></tr>
</table>

Figuur 9.5 Functieprofielen

Wat is uitstraling eigenlijk? Wat is charisma? Kun je het beïnvloeden? We zijn vaak gefocust op de inhoud van onze boodschap en hebben de neiging die te overschatten; we bereiden ons voor op de vragen die we kunnen verwachten en we bedenken de antwoorden die we zullen geven. Dat is goed want het is zaak dat je een helder beeld van jezelf kunt geven en heldere ideeën kunt neerzetten over onderwerpen op je vakgebied. Maar je kunt je flitsende verhaal verpesten met een slechte presentatie en voorkomen; beide spelen een grote rol.

Als je de inhoud van je boodschap goed hebt voorbereid, dan geeft dat je de ruimte om je aandacht en je energie aan het contact en je presentatie te besteden.

Het belang van non-verbale communicatie is groot, volgens de Amerikaanse psycholoog Mehrabian (1972) zouden we ons zelfs voor 93% non-verbaal uiten! Volgens hem bestaat 55% van de communicatie uit lichaamstaal, wordt 38% geuit via de klank van de stem en slechts 7% door middel van woorden – door dat wat je feitelijk zegt dus.

Een eerste indruk wordt razendsnel gevormd, en gedurende een gesprek wordt de indruk eerder op gevoelsmatige gronden dan op rationeel inhoudelijke gronden bijgesteld. Hoe kun je het beeld dat je bij de ander oproept, bewust beïnvloeden?

In zijn algemeenheid geldt dat gedrag, gevoel en gedachten een drie-eenheid zijn en elkaar beïnvloeden. Je kunt je gevoel – en dus ook je zelfvertrouwen en als gevolg daarvan je uitstraling – in positieve zin beïnvloeden door gedrag te vertonen dat

hoort bij zelfvertrouwen. Je moet daarvoor werken aan je houding en ook aan wat je zegt; je kunt zelf accenten verleggen en jezelf oppeppen.

De Amerikaanse emotiepsycholoog Paul Ekman heeft met gedegen onderzoek aangetoond dat je door je gezichtsuitdrukking te veranderen *zelf* het bij die uitdrukking horende gevoel kunt oproepen (Ekman, 2003). Het lijkt de wereld op zijn kop, maar je kunt je dus blij gaan voelen, door blij te kijken. Hetzelfde geldt voor het verwoorden van positieve gevoelens, ook dan kan je gevoel je daden volgen. Probeer het maar eens: 'Ik ben heel blij dat u me heeft uitgenodigd.' Of: 'Ik vind het erg leuk om me bezig te houden met...'

Als je een gesprek spannend vindt, kun je tegen jezelf zeggen: 'Oh jee, ik vind het eng, wat zal hij vragen?' Maar je kunt ook zeggen: 'Ik vind het spannend, en ook leuk. Ik ben benieuwd wie ze zijn en wat ze zullen gaan vragen.' Bereid je op een positieve manier voor door jezelf te 'programmeren' met positieve gedachten en vertrouwen, anders kom je niet authentiek over.

Met je lichaamshouding geef je belangrijke informatie aan je gesprekspartners. Als je zelfvertrouwen wilt uitstralen, is het van belang dat je een houding kiest die daarbij past. Een paar tips:

★ Je zwaartepunt moet zittend en staand in je 'basis' zitten: rond je navel. Vaak zitten we in spannende situaties te hoog met onze energie: in ons hoofd. Je probeert de zaak inhoudelijk onder controle te houden en komt wat onrustig over. Probeer letterlijk meer rust in je kont te krijgen door je gewicht op een zo laag mogelijk punt in je lichaam te brengen. Als je staat, helpt het om afwisselend op je tenen en op platte voeten te gaan staan, hierdoor zakt je gewicht naar beneden. Als je zit, helpt het om je bewust te zijn van het raakvlak tussen je achterste en de stoel. Afwisselend een hand onder iedere bil helpt je om beter op de stoel te gaan zitten. Zet je voeten naast elkaar, plat op de grond. Geen gekruiste benen als je gespannen bent!

★ Een open en uitnodigende houding: laat je schouders hangen en houd je armen ontspannen langs je lichaam, leg ze op tafel of, als je niet achter een tafel zit, op je benen. Houd je armen niet over elkaar voor je, dat maakt een afwerende en gespannen indruk.

★ Neem tijd en ruimte in het contact. Maak je zelf niet kleiner, vouw je niet op en praat niet te snel. Stel je rustig op en zorg voor een wisselwerking door een tegenvraag te stellen. Houd oogcontact en zorg er bij gesprekken met meerdere mensen voor dat je dat met iedereen doet.

★ Tijdens het nadenken, richten veel mensen hun ogen naar buiten, naar boven of naar binnen – in zichzelf. Ze richten zich op hun eigen denken en verliezen oogcontact. Dit gaat ook ten koste van de klank van je stem: die wordt vlakker, zachter en monotoner. Houd dus oogcontact, dat helpt je bij

een levendige presentatie en bij het beïnvloeden van de ander. Als je dit lastig vindt: oefening met een vriendelijke gesprekspartner die je van feedback voorziet, baart kunst.

★ Denk na over je gezichtsuitdrukking. Wees je bewust van wat je kunt uitstralen. Een open en opgewekte blik doet het doorgaans beter dan een serieuze, fronsende blik. Aardig en vriendelijk komt meestal beter over dan streng en bedachtzaam.

Peter

Peter, een accountant bij een accountancy bureau, heeft relatief veel ervaring opgedaan voor zijn leeftijd van 32 jaar. Toch heeft hij steeds moeite om zichzelf naar waarde te presenteren bij nieuwe contacten. Men schat hem vaak te jong in en men kan zich niet voorstellen dat hij zware projecten aankan.

Peter is bewust gaan kijken naar zijn presentatie en zijn uitstraling en heeft feedback gevraagd van een aantal relaties. Er kwam naar voren dat hij zich passend, zakelijk, correct en representatief kleedt. Wat hem echter niet helpt, is dat hij zijn haren recht overeind heeft staan en dat hij erg veel glimlacht. Dit maakt dat hij een jonge, indruk wekt. Hij komt leuk over, maar niet stevig, degelijk of betrouwbaar. Peter heeft zijn presentatie inmiddels aangepast: zijn kapsel zit platter en hij kijkt serieuzer. Zijn persoonlijkheid is niet veranderd, zijn uitstraling wel.

Voor dit soort tips geldt natuurlijk dat ze in het begin onnatuurlijk aanvoelen – je moet erbij nadenken en uit je *comfortzone* komen; je normale doen 'verlaten'. Probeer het eens uit bij je vrienden en kijk naar het effect. Het zal geleidelijk optreden, maar je zult er versteld van staan.

Als afsluiting nog een aantal tips om *the first impression* niet te verknallen.

★ Kijk mensen vriendelijk aan.

★ Geef een stevige (droge!) hand.

★ Neemt een actieve zithouding aan; stop je handen niet onder de tafel.

★ Ga niet met je vingers knakken, trommelen of met een pen spelen.

★ Tutoyeer alleen op initiatief van de selecteurs.

★ Neem alleen het hoogstnoodzakelijke mee – een verzorgde blocnote met eventuele vragen, een pen en je cv.

★ Schiet niet direct in de inhoud, maar maak eerst contact met je gesprekspartner(s). Val hierbij niet terug op clichés over het weer of de file. Probeer origineel te zijn en te zorgen voor een klik.

Het gesprek

Een sollicitatiegesprek bestaat doorgaans uit:

1. Verwelkoming, kennismaking en agenda: 3 minuten.
2. Korte toelichting op de organisatie en de functie: 5 minuten.
3. Doornemen van je cv, opleiding en werkervaring en toelichting van bepaalde (carrière)stappen: 10 minuten.
4. Functiespecifieke vragen of inzoomen op benodigde competenties volgens de competentiegerichte interviewmethode: 30 minuten.
5. Vragen van de sollicitant: 10 minuten.
6. Uitleg vervolgprocedure en afsluiting: 2 minuten.

Een sollicitatietrend is een e-assessment voorafgaand aan het sollicitatiegesprek. Een e-assessment bestaat vaak uit een capaciteitstest – intelligentie – en een persoonlijkheidstest op de computer. De uitslag van de betreffende testen wordt in de regel aan het eind van het sollicitatiegesprek met je besproken.

De STAR-methodiek

De kern van het sollicitatiegesprek is het toetsen van kennis, vaardigheden en competenties – stap drie en vier van de voorgaande opsomming. Hierbij wordt vaak gebruikgemaakt van de STAR-methodiek (GITP ©) die al aan bod kwam in deel 1 (Hoofdstuk 4, *Spiegeltje, spiegeltje aan de wand...*). Als je vragen krijgt als: 'Kun je een voorbeeld geven van ...' of 'Waaruit blijkt dat ...' , dan heb je te maken met de STAR-methodiek.

De selecteur probeert door het stellen van een aantal gerichte vragen een oordeel te vormen over jouw vaardigheden: voldoe je aan de gedragscriteria en beschik je over de gevraagde competenties? Gedragscriteria zijn bijvoorbeeld besluitvaardigheid, initiatief, klantgerichtheid en resultaatgerichtheid. De interviewer wil zo veel mogelijk bewijsmateriaal van de gevraagde gedragsvaardigheden.

Een vaak gebruikt hulpmiddel bij het criteriumgericht interviewen is dus het STAR-model: S (situatie), T (taak), A (actie), R (resultaat). Er wordt gevraagd om voorbeelden van situaties uit het verleden die vergelijkbaar zijn met situaties in de toekomst. Welke *situatie* is vergelijkbaar met het voorbeeld? Welke *taak* – opdracht – had de kandidaat daarbij; wat werd er van hem verwacht of wat moest hij doen? En wat heeft de kandidaat daadwerkelijk gedaan; wat was de *actie*? En wat gebeurde er na de actie; wat was het *resultaat*?

Vooral het resultaat is van belang. Een STAR is pas een STAR als het resultaat van de actie bekend is. Het verkrijgen van een volledig en nauwkeurig plaatje is belangrijk voor een eerlijke beoordeling van het gedrag. De effectiviteit van bepaald gedrag is afhankelijk van de context. Daarom verzamelt een goede interviewer alle noodzakelijke informatie over *alle* componenten van de STAR.

Voor jou als sollicitant is de STAR-methodiek ook prettig, omdat je vragen krijgt over concrete ervaringen die je hebt opgedaan of meegemaakt, dat soort vragen zijn in de regel gemakkelijker te beantwoorden dan hypothetische 'stel dat ...'-vragen.

Figuur 9.6 STAR

Een goede STAR is:
- ★ recent gebeurd
- ★ volledig
- ★ echt gebeurd

Welke vragen kun je verwachten als een selecteur wil weten hoe jij probleemsituaties aanpakt, bijvoorbeeld als hij het gedragscriterium 'probleemanalyse' onderzoekt?

- **Situatie:**
  Kun je me een voorbeeld geven van een situatie waarin je een complex probleem moest oplossen?

- **Taak:**
  Wat was de opdracht die je daarbij had?

- **Actie:** Wat voor activiteiten ontplooide je in het kader van dit probleem?

- **Resultaat:**
  Wat was het resultaat van je activiteiten?

Voor je voorbereiding behandelen we in figuur 9.7 nogmaals enkele competenties met gerichte vragen (bron: GITP). Bedenk aan de hand van de advertentie en je telefonisch ingewonnen informatie een aantal competenties die voor de functie waarop je solliciteert van belang zijn. Bedenk daarbij een aantal concrete situaties – succesverhalen – zodat je de competentiegerichte vragen adequaat kunt beantwoorden. Als je weinig sollicitatie-ervaring hebt, onzeker of zenuwachtig bent, is het raadzaam de vragen en antwoorden met iemand te oefenen.

Coachen

Anderen helpen hun ontwikkelingsmogelijkheden te zien en te specificeren; hen helpen bij het optimaal benutten en versterken van hun competenties, zowel in de functie als in de loopbaan.

- Hoeveel tijd besteed je aan de ontwikkeling van je medewerkers? Kun je een voorbeeld geven van je tijdsbesteding in deze?
- Kun je een voorbeeld geven van een medewerker die minder goed gefunctioneerd heeft? Wat heb je precies gedaan om dit aan te pakken?
- Heb je wel eens een individueel ontwikkelingsplan opgesteld? Hoe deed je dat?
- Heb je wel eens te maken gehad met een ambitieuze medewerker? Wat heb je gedaan om hem tevreden te stellen?
- Ben je wel eens als mentor/coach opgetreden? Vertel eens wat je toen deed.
- Heb je wel eens te maken gehad met een collega aan wie je iets moest leren? Hoe pakte je dat aan?
- Kun je een voorbeeld geven waarin er sprake was van *training on the job* onder jouw verantwoordelijkheid?

Ondernemerschap

Signaleren van businessmogelijkheden, *deze zelf actief beïnvloeden en daarbij verantwoorde risico's durven te nemen.*

- Heb je aan je management wel eens voorstellen gedaan voor ontwikkeling van nieuwe producten? Welke voorstellen waren dat?
- Heb je wel eens nieuwe markten voor bestaande producten voorgesteld? Welke markten en pro-

Figuur 9.7 Vragen bij competenties

ducten waren dat? Waarom heb je dat voorgesteld? Hoe heb je anderen hiervan kunnen overtuigen?

- Heb je wel eens een nieuw product op de markt gebracht (ook als het oorspronkelijke idee voor het product niet van jou was)? Welke rol speelde je hierbij?
- Welke ontwikkelingen in de branche en in de markt van je organisatie zijn je opgevallen? Hoe heb je hier gebruik van gemaakt?
- Wat heb je gedaan om je onderneming of afdeling winstgevender te maken?
- Heb je wel eens een riskante zakelijke beslissing moeten nemen? Waarom was dat? Waar zat het risico?
- Wat heb je gedaan om nieuwe markten voor je producten te creëren?

Resultaatgerichtheid

Handelingen en besluiten richten op het daadwerkelijk realiseren van beoogde resultaten.

- Kun je een situatie beschrijven waarin je prioriteiten hebt gesteld aan de resultaten boven alle andere doelen?
- Kun je een voorbeeld noemen van een situatie waarin je een effectieve aanpak hebt bedacht toen het resultaat in gevaar kwam?
- Kun je wat informatie geven over een van je stappenplannen?
- Heb je wel eens een medewerker of collega aangesproken op het niet behalen van resultaten?
- Op welke wijze heb je medewerkers of collega's gesteund opdat zij hun resultaten zouden behalen?
- Noem eens een tegenvallend resultaat en om-

schrijf de wijze waarop je daarop hebt gereageerd.

Initiatief

Kansen zoeken en daarop actie nemen. Liever op eigen initiatief handelen dan passief afwachten.

- Kun je een project noemen dat je zelf in gang heb gezet? Waarom heb je dit project in gang gezet?
- Heb je in het afgelopen halfjaar je manager een nieuw voorstel gedaan? Waarom?
- Heb je in je vrije tijd ooit op eigen initiatief iets georganiseerd voor een club of een vereniging?
- Heb je ooit een manier gevonden om je werk gemakkelijker te maken? Zou je die willen omschrijven?
- Hoe heb je je baan makkelijker kunnen maken of hoe heb je ervoor gezorgd dat die meer voldoening schenkt? Voor welke projecten heb je dit jaar zelf het initiatief genomen? Beschrijf er daar eens een van.
- Wat beschouw je als je beste prestatie? Hoe heb je die bereikt? Welke nieuwe ideeën of suggesties heb je het afgelopen halfjaar met je chef besproken? Zijn er daar enkele van uitgevoerd? Ben je er nog eens op teruggekomen? Geef daar eens een voorbeeld van.

Klantgerichtheid

Onderzoeken van de wensen en behoeften van de klant en laten zien vanuit dat perspectief te denken en handelen.

- Vertel eens iets over een lastige klant waar je onlangs mee te maken had. Waarom was hij las-

(vervolg op pagina 182)

tig? Wat deed je toen?

– Vroeg of laat hebben we allemaal wel eens te maken met klanten die onredelijke eisen stellen. Wanneer is dit je voor het laatst overkomen? Wat deed je toen?

– Heb je je wel eens extra moeten inspannen om een klant tevreden te stellen?

– Welke eigenschappen zijn belangrijk om goed met klanten om te kunnen gaan? Geef eens een voorbeeld van een situatie waarin je deze eigenschappen heb gebruikt.

– Kun je situaties vergelijken waarin je meer en minder effectief met klanten bent omgegaan? Wat deed je anders in deze situaties?

– Welke lessen heb je zelf geleerd in verband met het tevreden houden van klanten? Wanneer heb je dat geleerd? Kun je een voorbeeld geven van een situatie waarin je het geleerde heb toegepast?

– Welke stappen onderneem je om er zeker van te zijn dat je klant tevreden is? Kun je een voorbeeld geven?

– Wanneer heeft je baas voor het laatst kritiek geuit op de manier waarop je met klanten omgaat? Waarom kreeg je deze kritiek?

– Hoe weet je dat je klanten tevreden zijn? Geef eens een voorbeeld.

– Kun je een situatie beschrijven waarin je de hulp van anderen moest inroepen om een probleem van een klant op te lossen?

– Kun je een situatie beschrijven waarin je vragen moest stellen aan en nauwkeurig moest luisteren naar de klant, om het probleem van de klant helder te krijgen?

Visie ontwikkelen

In hoofdlijnen de richting aangeven waarin de organisatie en haar omgeving zich bewegen; de doelstellingen voor het langetermijnbeleid formuleren.

– We maken allemaal wel eens een situatie mee waarin we dachten het probleem opgelost te hebben om er vervolgens achter te komen dat we alleen maar het symptoom van een veel groter probleem hebben opgelost. Kun je een situatie herinneren waarbij je dit overkomen is?

– Kun je beschrijven hoe je je budget of begroting voorbereidt? Waar houd je nu rekening mee bij het vaststellen van je budget of begroting?

– Wat zijn de lastigste beslissingen die je het afgelopen jaar heb moeten nemen? Met welke factoren heb je rekening gehouden? Kun je een voorbeeld geven van een beslissing die je moest nemen, die een direct effect had op het bedrijfsbeleid? Was het een goede beslissing?

– Welke gebeurtenissen, die plaatsvinden buiten je onderneming of afdeling, zullen je onderneming of afdeling het komende jaar beïnvloeden? De komende vijf jaar? Hoe bereid je je voor op deze veranderingen?

– Hoe wordt je functie of functioneren beïnvloed door factoren buiten je invloedssfeer? Kun je een voorbeeld geven? Welke belangrijke veranderingen hebben er de afgelopen jaren binnen je afdeling plaatsgevonden? En binnen de totale organisatie? Hoe ben je daarmee omgegaan?

– Maak je een langetermijnplanning? Kun je een voorbeeld geven?

Vervolg figuur 9.7

Beoordelingsfouten

Een gewaarschuwd mens telt voor twee, daarom zullen we ingaan op beoordelingsfouten; fouten die de selecteur en jij kunnen maken.

Iedereen bekijkt de wereld met zijn eigen ogen en beoordeelt wat hij ziet op zijn eigen wijze. Dat geldt ook voor degene die een sollicitatiegesprek leidt en op grond van een korte ontmoeting iemand moet beoordelen. Er is heel wat zelfkennis nodig om te beseffen dat een oordeel subjectief is, en heel wat zelfbeheersing om niet over te gaan tot een subjectieve beoordeling.

We noemen een aantal factoren die een zuivere beoordeling in de weg staan en die zich regelmatig voordoen. Zowel de interviewer als de kandidaat laat zich beïnvloeden door dit soort factoren. Wees je als sollicitant in ieder geval bewust van deze beoordelingsfouten. Je kunt ze niet voorkomen, maar het is handig je ervan bewust te zijn dat ze gemaakt worden zodat je er op in kunt spelen.

Vooroordelen en stereotypen

Vooroordelen zijn zo sterk beladen met sentiment, dat controle door het gezond verstand meestal niet mogelijk is. De kijk op de werkelijkheid wordt door een vooroordeel verengd tot één punt waarop men zich blind staart of tot één interpretatie die alle andere uitsluit. We vellen bijvoorbeeld veel vooroordelen op basis van uiterlijkheden en algemeenheden:

★ Dunne smalle lippen? Eerzuchtig en gierig.
★ Rood haar? Lastig!
★ Lang haar? Niet zakelijk.
★ Afkomstig uit het noorden: stug.
★ Gereformeerd? Behoudend.

★ Vrouw? Weinig overwicht.
★ Vrouw? Zal de organisatie snel verlaten.
★ Slappe hand? Onzeker!

Iedereen, personeelsadviseur, recruiter, manager, moet zijn eigen vooroordelen opsporen en zelfkritiek uitoefenen om ze te weerleggen en er niet naar te handelen. Een goede beoordelaar herkent zijn vooroordeel en laat zijn totale oordeel er niet door beïnvloeden.

Halo- en horn-effect

Bij het halo- of horn-effect bepaalt en overheerst een eigenschap of indruk het totale plaatje. Iemand die in één opzicht positief of negatief overkomt, wordt op basis daarvan over de hele linie – ten onrechte – respectievelijk positief of negatief beoordeeld. Er wordt over het geheel dus een oordeel gevormd op basis van een onderdeel ervan.

Beoordelingen waarbij dit effect een rol speelt, zijn weinig genuanceerd; mensen met een vriendelijke stem hoeven niet aardig te zijn en professoren zijn niet op ieder gebied intelligent.

De ideale sollicitant en een beperkte blik

Beoordelaars weten – meestal onuitgesproken en onbewust – vaak al bij voorbaat hoe de ideale sollicitant er uitziet, letterlijk en figuurlijk! Sollicitanten die veel weg hebben van dit beeld beoordelen zij positief, de andere negatief. Dit mechanisme speelt met name bij persoonseigenschappen een rol.

Als sollicitanten, in welk opzicht dan ook, nogal verschillen van de beoordelaar, is het extra moeilijk een oordeel te geven.

Een paar voorbeelden:

★ **Intelligentie:**

een academicus die denkt dat alle arbeiders een lage intelligentie hebben.

★ **Karakter:**

een interviewer die zelf stug en formeel is, zal met zijn subjectieve blik een vlotte sollicitant snel zien als een type met bravoure. Een gelijk geaarde die hij positief beoordeelt, zal volgens zijn collega's misschien een stijve hark zijn.

★ **Sociale afstand:**

het is moeilijk om een juist oordeel te geven over mensen uit een andere maatschappelijke kring. Mensen buiten de eigen kring worden bijvoorbeeld gauw bestempeld als onbehouwen of aanstellerig en deftig. Het gaat echter om het oordeel dat de afdeling over de betrokkene zal vellen; de personeelsadviseur moet geen persoonlijke vriendenkring selecteren maar medewerkers voor de organisatie.

De eerste indruk en kritisch luisteren

Aan de neiging om op een eerste indruk af te gaan, kan vrijwel niemand ontkomen. De ene beoordelaar zal een zwijgzame sollicitant als dom of verlegen kwalificeren, de ander ziet dezelfde persoon misschien als kritisch of betrouwbaar. Het is niet verstandig om conclusies te trekken als niet meerdere verschijnselen en symptomen in dezelfde richting wijzen. Uit onderzoek blijkt dat het oordeel vaak al in de eerste vijf minuten van het gesprek wordt gevormd, daarna wordt eigenlijk alleen nog

gezocht naar bevestigingen van dat oordeel.

Een sollicitant is meestal wel in staat om aan te voelen wat de interviewer graag hoort. Als de interviewer suggestieve vragen stelt, loopt hij de kans te horen te krijgen wat hij wil horen – en niet wat hij zou moeten horen. Vermakelijk is de vicieuze cirkel die dan kan ontstaan:

'U voelt dus meer voor overleg dan voor de zweep erover?'

'Ja, inderdaad, ik ben meer van het overleggen.'

De interviewer denkt: zie je wel, ik wist wel dat ik het goed had.

De belangrijkste activiteit van de interviewer is kritisch luisteren naar de sollicitant. Kritisch luisteren vereist het vermogen om zich in te leven in de gevoels- en denkwereld van een ander. Dat vergt emotionele betrokkenheid die gepaard moet blijven gaan met het besef dat men bezig is iemand te beoordelen. Er zijn altijd mensen bij wie het de interviewer niet lukt om zich in te leven.

De interviewer en de sollicitant zitten tijdens het gesprek ieder in een eigen 'rol'. De sollicitant zal de houding aannemen die past bij zijn rol en die een reactie is op de gedragingen van de vragensteller. De interviewer dient over de nodige ervaring en zelfkennis te beschikken, wil hij 'doorhebben' wat bij de ander echt is en wat hoort bij de rol die hij speelt.

Projectie, generaliseren en onbewuste drijfveren

Projectie wil zeggen dat je eigen verlangens, motieven en eigenschappen toeschrijft aan een ander – als een beoordelaar dit doet, leert hij onbedoeld zichzelf kennen in plaats van de sollicitant. Is de beoordelaar bijvoorbeeld een vrouw en zou ze er zelf voor terugdeinzen een leidinggevende rol te vervullen in een mannenwereld, dan kan ze geneigd zijn andere vrouwelijke sollicitanten dezelfde gevoelens toe te dichten. Ze staat dan onvoldoende open voor het feit dat er ook vrouwen zijn die heel anders met deze materie omgaan.

Generaliseren is een fout waarbij mensen vergeleken worden met anderen. Een vlinderdasje, een tic, een stopwoordje of een bepaalde houding kunnen gemakkelijk leiden tot gedachten als: daar heb je weer zo'n Jansen, of: dat deed Pietersen ook en die hebben we moeten overplaatsen.

Geen rekening houden met onbewuste, zeer moeilijk te achterhalen drijfveren van de sollicitant kan tot grote vergissingen en teleurstellingen leiden voor de werkgever en de werknemer. De interviewer moet zien te achterhalen wat de drijfveren van de kandidaat zijn: Wil hij een commerciële functie omdat hij er *feeling* voor heeft of wil hij van zijn verlegenheid af? Wil iemand graag met mensen omgaan omdat hem dat goed afgaat, of is hij op zoek naar contact?

Veel van de genoemde mechanismen werken nog sterker als het gaat om het selecteren van vrouwelijke kandidaten. Met name voor managementfuncties is het beeld van de ideale sollicitant voor veel beoordelaars − bewust of onbewust − nog mannelijk.

De genoemde fouten die de beoordeling kunnen vertroebelen, komen dagelijks voor. Het voorkomen van deze fouten is uiter-aard geen kwestie van even weten en dan even afleren. Een selecteur moet voortdurend bedacht zijn op de addertjes onder het gras en zich bescheiden, leergierig en open opstellen. Wees je als sollicitant bewust van de addertjes en probeer er op in te spelen.

Do's en don'ts voor het sollicitatiegesprek

Nog een aantal tips die kunnen zorgen dat je in de *driver's seat* zit tijdens een gesprek:

★ Straal enthousiasme en gedrevenheid uit: die baan is voor jou.

★ Blijf rustig.

★ Let op een actieve en open zithouding.

★ Formuleer helder, duidelijk, kort en bondig. Wees zo concreet mogelijk, verval niet in een woordenbrij en weid niet te veel uit.

★ Zorg dat je voldoende STAR-voorbeelden paraat hebt.

★ Houd oogcontact met alle gesprekspartners.

★ Let op de lijn van je verhaal.

★ Gebruik de kracht van stiltes om je punt te maken.

★ Blijf niet praten, geef je gesprekspartner(s) de ruimte.

★ Probeer aan te voelen wanneer het gesprek een volgende fase ingaat.

★ Hanteer de 80-20 regel: jij bent 80% van de tijd aan het woord, de selecteur 20%. Deze regel gaat minder op naarmate je hoger in een organisatie terecht komt. Een directeur of eigenaar zal zelf graag aan het woord zijn en meer afgaan op zijn gevoel; is er een klik?

★ Een beetje gespannen zijn is helemaal niet erg, het zet je juist op scherp. Een selecteur realiseert zich ook dat een sollicitatiegesprek spanning met zich meebrengt.

★ Controleer af en toe of je met je antwoorden voldoende ingaat op de gestelde vragen – je mag hier concreet naar vragen, je voorkomt daarmee de kritiek dat je niet luistert en geen antwoord geeft op de vraag.

★ Het is niet erg om stil te zijn om na te denken als er een moeilijke vraag wordt gesteld – het is zelfs beter dan de vraag al beantwoorden terwijl je nog aan het nadenken bent.

★ Als een vraag onduidelijk is, moet je om verdere uitleg vragen. Ga geen vragen beantwoorden als je niet weet wat er precies gevraagd is.

★ Als je wilt, mag je dingen noteren, bijvoorbeeld iets waar je nog op terug wilt komen.

★ Het moet een *gesprek* zijn, geen vraag- en antwoordspel.

★ Solliciteren is kopen en verkopen; er zijn twee partijen voor nodig en het vraagt om een balans. In een ruime arbeidsmarkt wil een werkgever nog wel eens op zoek gaan naar het schaap met de vijf poten, en in een krappe arbeidsmarkt wil een sollicitant nog wel eens een onrealistisch wensenpakket hebben.

Liegen ja of nee?

Nee, niet doen – zelfs geen leugentje om bestwil. Als je tijdens het gesprek door de mand valt, is je geloofwaardigheid verdwenen; ook voor alles waar je de waarheid over hebt gesproken en waarin je misschien wel heel goed scoorde. Je kansen op de baan zijn direct verkeken en het uitbouwen van je netwerk via dit contact kun je wel vergeten. Een leugen(tje) kan je zelfs nog lang achtervolgen.

Dit betekent echter niet dat je jezelf tekort moet doen. Neem dus wel het initiatief om kennis, ervaring en vaardigheden of competenties die in het belang van de functie zijn, duidelijk naar voren te brengen. Solliciteren is verkopen – wees geen slechte verkoper die lucht verkoopt, maar schets een positief en reëel beeld van jezelf.

Realiseer je dat je jezelf in de vingers snijdt als je wordt aangenomen in een functie waarvoor je onvoldoende gekwalificeerd bent. Je moet op je tenen gaan lopen en de kans dat je alsnog door de mand valt of opbrandt is reëel, met alle gevolgen van dien: voor je het weet, zit je weer met dit boek op schoot.

Vervolg van de sollicitatieprocedure

De uitslag na het eerste gesprek

Na het gesprek kun je een afwijzing krijgen of op de reservebank belanden. Handel dan net als bij een afwijzing of reserveplek naar aanleiding van een brief.

Het kan ook dat je na een gesprek besluit om je terug te trekken uit de procedure. Daar kunnen verschillende redenen voor zijn. De meest waarschijnlijke is dat de functie of de organisatie niet voldoet aan je criteria op het gebied van functie-inhoud, doorgroeimogelijkheden, cultuur of iets dergelijks. Ook kan het dat je de manier waarop de organisatie met je omging onfatsoenlijk vond: ze hebben je een uur laten wachten, het gesprek was niet serieus voorbereid, je bent vijandig of agressief benaderd. Ook kan het zijn dat het niet klikte tussen jou en je toekomstige leidinggevende, collega's of medewerkers. Het klikken speelt een minder grote rol als je een gesprek had met een P&O-er of recruiter die je nauwelijks of niet zal zien tijdens je dagelijkse werkzaamheden.

Als je je terug wilt trekken, is het belangrijk zelf het initiatief te nemen. Wacht niet tot je benaderd wordt voor de uitslag. Mocht je afgewezen zijn, dan komt het nogal kinderachtig en rancuneus over als je zegt dat je toch al van plan was om je terug te trekken. Door zelf het initiatief te nemen en aan te geven waarom je je terugtrekt – altijd positief formuleren – laat je een positief beeld achter bij de betreffende organisatie en je weet maar nooit wat daar weer uit voortkomt...

Het vervolggesprek

Gefeliciteerd! Je bent weer een stapje dichterbij een nieuw baan! Vervolggesprekken zijn vaak bedoeld als nadere kennismaking, bijvoorbeeld met je toekomstige collega's of met de directeur. Ook worden vervolggesprekken gebruikt om eventuele onduidelijkheden of twijfels te toetsen.

Voor jou is dit het gesprek waarin je nog helderder moet krijgen of deze baan en organisatie bij jou passen. Is dit echt wat je wilt? Voldoet het aan jouw criteria? Past het bij je? Dit kan je laatste kans zijn voor je een beslissing moet nemen; zaken kunnen vanaf dit moment in een stroomversnelling raken.

Bij steeds meer sollicitaties is een assessment een gebruikelijke stap alvorens het afrondende arbeidsvoorwaardengesprek plaatsvindt.

Het assessment

Een assessment of psychologisch onderzoek is geen examen maar een selectiemiddel om te bepalen of het voor de organisatie *en* voor jou verstandig is om een langdurige verbintenis aan te gaan. Zet dus je beste beentje voor, maar wel je *eigen* beentje – wees jezelf. Zie een assessment ook als een kans om in een objectieve spiegel te kijken; waar ligt je kracht en waarin kun je jezelf nog verbeteren? In figuur 9.8 staan aanwijzingen om je te helpen een assessmentdag succesvol te doorstaan.

Assessments of psychologische onderzoeken zijn er in verschillende varianten. Meestal bestaan ze uit testen (schriftelijk en op de computer), een of meer rollenspellen (simulatieoefeningen) en een gesprek met een adviseur, vaak een psycho-

loog. De precieze inhoud van een assessment is afhankelijk van de gevraagde competenties. Er zijn individuele assessments en groepsassessments.

Als de nieuwe functie behoorlijk verschilt van de oude, is het voorspellen van iemands toekomstige functioneren een hachelijke zaak; een goede verkoper hoeft helemaal geen goede verkoopleider te zijn! Een assessment kan in zo'n geval uitkomst bieden.

Tijdens een assessment wordt op systematische wijze – met (groeps-)oefeningen, simulaties en tests – vastgesteld of een kandidaat beschikt over de essentiële kwaliteiten. Tijdens een assessment zijn er meerdere beoordelaars: psychologen van het bedrijf dat het assessment afneemt en in sommige gevallen ook medewerkers en managers van de betreffende organisatie.

Met een assessment is het mogelijk om functiegedrag te voorspellen en persoonlijke groei- en ontwikkelingsmogelijkheden in kaart te brengen. Bovendien kan aan het licht komen welke eigenschappen nog ontwikkeld moeten worden voor een eventueel te vervullen functie.

Tijdens een assessment worden praktijksituaties nagebootst, de kandidaat en de organisatie krijgen daardoor inzicht of de functie past. Je krijgt als kandidaat een beeld van wat er van je verwacht wordt en je kunt beoordelen of je aan die verwachtingen kunt voldoen. Bezwaar van een assessment is dat je als sollicitant het gevoel kunt krijgen dat je individuele capaciteiten onderbelicht blijven.

Na afloop van een assessment wordt er een rapport gemaakt dat met de sollicitant

Instructies zijn erg belangrijk!

Voorafgaand aan elke test krijg je schriftelijke of mondelinge instructies. Mochten de instructies niet geheel duidelijk zijn, vraag dan om extra uitleg.

Hoe presteer je het beste?

Je moet de hele dag scherp zijn en je van je beste kant laten zien, zorg dus dat je uitgerust bent. Stel je open en onbevangen op en vermijd een krampachtig gevoel; bereid je niet *te veel* voor. Kom op tijd – een inkopper maar de praktijk blijft bewijzen dat het nodig is om mensen hierop te wijzen – zodat je niet gestrest begint en ga tussen de middag even een rondje lopen om op te frissen. Trek iets aan waarin je je op je gemak voelt maar houd er rekening mee dat dit wel een onderdeel is van de sollicitatieprocedure.

Waarom intelligentietests? Ik heb toch diploma's!

Je hebt inderdaad diploma's maar het gaat er niet alleen om hoe slim je bent, maar ook *hoe* je slim bent. Intelligentietests zijn bedoeld om te achterhalen wat de sterkste punten zijn van jouw aanleg: Ben je theoretisch of praktisch? Denk je logisch of intuïtief? Ben je verbaal sterk of exact ingesteld? Hoe creatief en

origineel zijn de oplossingen die jij aandraagt?

Ben ik te veel aan het woord? Of juist niet?

Degene die het assessment afneemt, wil veel informatie. Het is dus niet erg als je veel aan het woord bent. Uiteraard moet je wel antwoord geven op de vragen en niet te veel uitweiden – begin voor je motivatie voor de functie niet bij de basisschool. Speel in op wat de ander wil weten en wees *to the point*.

De gegevens in de oefeningen zijn ver van mijn bed.

Tijdens een assessment kun je oefeningen krijgen die buiten je vakgebied liggen – je werkt bijvoorbeeld bij een bank en je krijgt een oefening waarin je technische spullen moet verkopen – maar dit hoeft geen problemen te geven. Je wordt bij zo'n oefening niet beoordeeld op vakkennis maar op commerciële competenties als overtuigingskracht, klantgerichtheid en optreden. Specifieke kennis over een branche is dus niet vereist.

Bereid je goed voor, maar overdrijf niet!

Zorg dat je weet wat je kunt verwachten van het assessment, bij-

voorbeeld welke verschillende onderdelen er zijn. Oefen een paar tests zodat je gewend bent aan de werkwijze (uit een boekje of via internet, verderop geven we specifieke informatie) en bedenk wat je sterke en zwakke punten zijn. Op deze manier bereid je je goed voor en kun je met een gerust hart naar het assessment toe.

Dezelfde testen voor een andere functie.

Tijdens je assessment kun je dezelfde testen krijgen als iemand die voor een hele andere functie wordt getest. Elke assessmentoefening kent verschillende varianten. De zwaarte van de oefening kan worden aangepast aan het niveau en er kan nadruk gelegd worden op bepaalde competenties. Dezelfde oefeningen worden dus voor meerdere, vooraf bepaalde doelen gebruikt.

Waarom toch altijd die rekensommetjes?

Omdat we tegenwoordig zo veel gebruikmaken van de rekenmachine, kunnen we nauwelijks meer hoofdrekenen. Numerieke testen meten getalbegrip, een belangrijk onderdeel van de intellectuele capaciteit. De opgaven kunnen zonder rekenmachine

---

ur 9.8 Hoe doorsta ik succesvol een assessmentdag?

(vervolg op pagina 190)

gemaakt worden en bij de verwerking van de resultaten wordt rekening gehouden met het feit dat iedereen tegenwoordig machinaal rekent.

Laat je niet gek maken door de tijdsdruk.

Probeer bij een test met tijdsdruk zo ver mogelijk te komen maar ga de test niet afraffelen – laat je door de tijdsdruk niet van de wijs brengen. Door te oefenen weet je hoe het is om onder tijdsdruk een test te maken.

Gebruik het assessment als een leermoment!

Degene die je assessment heeft afgenomen en een rapport over je schrijft, heeft zich nauwkeurig in je verdiept. Stel je open en probeer te leren van het beeld dat hij of zij van je heeft. Vraag wat je zwakke punten zijn en hoe je die kunt verbeteren. Vraag ook hoe je beter gebruik kunt maken van je sterke punten.

Persoonlijkheidstesten: ga op je eerste indruk af.

Denk bij persoonlijkheidstesten niet te lang na, je eerste indruk is meestal de beste. Ga niet op zoek naar logica in de vragen en verspil geen tijd door te streven naar consistente antwoorden.

Wees eerlijk!

Geef geen sociaal wenselijke antwoorden maar wees eerlijk. Het gaat om jou en hoe jij in een bepaalde situatie functioneert, met eerlijke antwoorden kom je het verst. Klop jezelf niet te veel op zoals je misschien tijdens een sollicitatiegesprek zou doen.

Haal eruit wat er voor jou in zit en maak gebruik van de terugkoppeling.

Pak je kansen en haal eruit wat erin zit, een assessment kan je inzicht in je eigen mogelijkheden en onmogelijkheden vergroten. Vraag de adviseur tijdens de terugkoppeling om een toelichting; vraag naar zijn inzichten, adviezen en bevindingen, ze kunnen je helpen in je ontwikkeling.

Vier jaar nazorg.

Een assessmentrapport wordt vier jaar bewaard. De waarde vermindert weliswaar, maar je kunt altijd nog een beroep doen op de adviseur als dat nodig is.

Heb je slecht gepresteerd op een onderdeel? Geen probleem!

Het gaat om het geheel. Je krijgt geen negatief eindadvies omdat je een onderdeel minder goed hebt gemaakt.

Maak gebruik van oefeningen in boeken en op sites.

Oefen assessments op internet of in boeken zodat je vertrouwd raakt met de verschillende soorten tests en ze al kent voor je begint. Goed voor je zelfvertrouwen! Heb niet de illusie dat je er intelligenter van wordt, maar overweeg de volgende boeken en sites te raadplegen:

- Wim Bloemers, *Het psychologisch onderzoek, een oefenboek,* Ambo, Amsterdam 2001.
- Wim Bloemers, *De kleine assessmentgids*, Ambo, Amsterdam 2001.
- Jack van Minden, *Alles over managementtests*, Veen, Amsterdam 1997.
- Jack van Minden, *Alles over psychologische tests*, Contact, Amsterdam 2002.
- www.monsterboard.nl of www.monster.be
- www.intermediair.nl
- www.jobnews.nl
- www.stepstone.nl of www.stepstone.be
- www.gitp.nl/assessment of www.gitp.be
- www.test.pagina.nl
- www.carriaretijger.nl
- www.123test.nl
- http://testlab.volkskrant.nl
- www.vclab.be

Vervolg figuur 9.8

besproken wordt. Een assessmentrapport geeft een oordeel over de geschiktheid van de kandidaat voor een functie; er moet een duidelijk advies in staan. Het rapport wordt pas nadat jij toestemming hebt gegeven, doorgestuurd naar de organisatie waar je solliciteert. Realiseer je dat organisaties meestal een punt zetten achter de sollicitatieprocedure als een sollicitant geen toestemming geeft om het assessmentrapport door te sturen.

Alle betrokkenen, de mensen van het assessmentbureau en van de organisatie waar je solliciteert, moeten uiterst zorgvuldig omgaan met de gegevens uit psychologische rapporten van sollicitanten. Psychologen die assessmentonderzoeken doen, moeten zich in Nederland houden aan de gedragscodes van het Nederlands Instituut van Psychologen (Deze codes worden besproken in Soudijn, 2003 en zijn te vinden op www.psynip.nl).

Er zijn verschillende redenen voor een organisatie om voor een assessment te kiezen:

★ Als een toekomstig werknemer een functie gaat vervullen met een hoog afbreukrisico.

★ Als pas na een lange inwerktijd beoordeeld kan worden of de kandidaat geschikt is of niet.

★ Als beoordeeld moet worden of een kandidaat in staat is zich te ontwikkelen in een functie – het gaat er dus niet zozeer om of de kandidaat op het moment van de selectie al geschikt is.

★ Als ingeschat moet worden of iemand doorgroeipotentie heeft.

Meestal maakt een psychologische test onderdeel uit van een assessment. Een psychologische test is een systematisch onderzoek naar een gedeelte van het gedrag. Aan de hand van vragen en opgaven probeert men inzicht te krijgen in bepaalde eigenschappen van de kandidaat, zodat hij vergeleken kan worden met andere kandidaten. Er zijn grofweg drie soorten psychologische tests te onderscheiden die vaak in combinatie worden gebruikt (figuur 9.9).

1. **Vaardigheidstests**
   Deze tests meten geleerde bekwaamheden, bijvoorbeeld administratieve vaardigheden.

2. **Capaciteitentests**
   Capaciteitentests meten niet-aangeleerde vaardigheden als intelligentie of geheugen.

3. **Persoonlijkheidstests**
   Deze hebben betrekking op persoonlijke interesse en attitude. Meestal zijn dit vragenlijsten.

Figuur 9.9 Soorten psychologische tests

Tot slot nog een paar opmerkingen over assessments:

★ Er wordt nogal eens gezegd dat een assessment een momentopname is, maar dat is niet waar; de uitslagen van betrouwbare en valide test variëren nauwelijks door iemands gemoedstoestand.

★ Een slechte lichamelijke conditie door ziekte of slaapgebrek kan een nadelige invloed hebben op de resultaten van een psychologisch onderzoek maar die invloed is meestal niet zo groot als kandidaten denken. Uiteraard is het wel verstandig om op de dag van het onderzoek te zorgen voor een optimale conditie en ben je ziek dan maak je een nieuwe afspraak.

★ Nervositeit kan een nadelige uitwerking hebben maar de psycholoog kan het effect van nervositeit binnen beperkte grenzen incalculeren. Verder is het afhankelijk van de vacante functie in hoeverre nervositeit acceptabel is; ben je kandidaat-boekhouder of kandidaat-vertegenwoordiger?

De laatste hobbels

In de afronding van de procedure kunnen er nog een paar hobbels te nemen zijn. Een van de meest voorkomende is het inwinnen van referenties (zie pagina 167). Voor sommige functies wordt een antecedentenonderzoek gedaan, en in uitzonderlijke gevallen moet je een medische keuring (ook wel aanstellingskeuring genoemd) ondergaan – meer informatie daarover is te vinden op www.aanstellingskeuringen.nl. In deze fase is het ook niet ongebruikelijk dat er gevraagd wordt naar originele diploma's en getuigschriften – als het goed is, zou dat geen hobbel voor jou moeten zijn.

De puntjes op de i! Het afrondende arbeidsvoorwaardengesprek

Gefeliciteerd! Je hebt de laatste hobbel met succes genomen, nu alleen nog het arbeidsvoorwaardengesprek. Als het goed is, is in een eerder stadium al geïnventariseerd of jouw wensen wat betreft arbeidsvoorwaarden inpasbaar zijn. Nu worden de arbeidsvoorwaarden verder uitgewerkt en jouw wensen en de mogelijkheden van de organisatie worden op elkaar afgestemd.

Een aantal tips:

★ Accepteer niet het eerste aanbod dat je wordt gedaan. Een organisatie biedt vrijwel nooit direct het maximale.

★ Laat je niet te snel afschepen met 'zo werkt dat nu eenmaal bij ons'.

★ Houd er rekening mee dat de organisatie gebonden is aan salarisschalen binnen een bestaand salarisgebouw. Vraag eventueel om een arbeidsmarkttoeslag om toch boven de bestaande schaal beloond te kunnen worden.

★ Vraag als dat van toepassing is naar de mogelijkheden voor overname van opleidingskosten en/of een bestaande lease-auto.

★ Denk mee en kom met oplossingen; ruil bijvoorbeeld de ene arbeidsvoorwaarde in voor een ander.

★ Blijf reëel en overspeel je kaarten niet. Houd de sfeer en relatie goed, als je nu direct een minder goede kant van jezelf laat zien, kan het alsnog stuklopen.

★ Zorg dat de tegenpartij een eerste aanbod doet.

★ Ook in deze fase geldt dat je niet moet liegen, er kan naar een salarisstrook gevraagd worden.

★ Doe jezelf niet tekort: neem in je huidige salaris een dertiende maand mee, een (vaste) winstuitkering of bonus en reken terug van een 36-urige werkweek naar een 40-urige. Zorg dat je alles goed kunt uitleggen. Denk ook aan vrije dagen, leasebijdrage, onkostenvergoeding en pensioenbijdrage. Je kunt het allemaal omrekenen in een bepaald bedrag en inwisselen voor andere bijdrages. (Zie het overzicht op pagina 169).

★ Voor verschillende cao´s kun je je huidige bruto- of nettosalaris vergelijken met de aanbieding die je hebt gekregen op www.adp.nl of www.raet.nl. Voor salarisvergelijking in België kun je terecht op www.loonwijzer.be.

★ Neem zaken in overweging en zeg niet direct toe.

★ Als dit jouw wereldbaan is, moet je ook bereid zijn om water bij de wijn te doen.

★ Neem initiatief door te vragen waar nog ruimte zit en gebruik de kracht van een stilte.

★ Dreig niet te snel dat je wilt afzien van de baan maar blijf in dialoog.

★ Wees niet bang zaken bespreekbaar te maken en kom met alternatieven of een tegenvoorstel.

★ Bij salesfuncties is het verstandig om de garantiebonus schriftelijk vast te leggen, aangezien het niet waarschijnlijk is dat je het eerste jaar meteen 100% van je *target* haalt en daarmee je bonus.

★ Let op! Als je zelf je baan opzegt, heb je geen recht op een WW-uitkering. Wacht dus altijd met opzeggen totdat je je nieuwe contract getekend in huis hebt (zie www.werk.nl, informatie over de situatie in België is te vinden op www.vdab.be).

★ Als je een horizontale stap maakt of zelfs een stapje terug, probeer dan een toekomstige salarisverhoging af te spreken voor het behalen van bepaalde resultaten. Leg dit schriftelijk vast om misverstanden te voorkomen.

★ In een andere branche of sector kan dezelfde functie anders worden beloond, dat wil dus niet zeggen dat je onderbetaald wordt; cao's verschillen nu eenmaal.

★ De overstap naar een andere functie heeft vaak consequenties voor je arbeidsvoorwaarden.

★ Als je niet weet wat een reëel salaris is,

De voorwaarden waaraan een arbeidscontract minimaal dient te voldoen wat betreft proeftijd, duur van de overeenkomst, loon en opzegtermijn kun je vinden op:

www.szw.nl

www.cnv.nl

www.fnv.nl

www.vno-ncw.nl

www.kvk.nl

www.cci.be

www.vlaanderen.be/werk

www.vacature.com

www.abvv.be

www.aclvb.be

www.acv-online.be

---

kun je gebruikmaken van salariskompassen op internet, maar je hebt er meer aan om rond te vragen in je netwerk.

★ Algemene stelregel is dat je er bij een nieuwe functie gemiddeld 5 à 10% op vooruit gaat.

★ Wees kritisch bij een concurrentie- of relatiebeding. Mochten er zaken in staan die het vervolg van je carrière ernstig kunnen belemmeren, probeer die dan af te zwakken. Dit soort onderwerpen zijn extra gevoelig omdat je aan het onderhandelen bent over je vertrek voordat je begonnen bent.

★ Als je bij je huidige werkgever een opleidingsovereenkomst hebt, moet je voorstellen dat je nieuwe werkgever deze kosten overneemt. In de regel zal dit geen probleem opleveren.

Het contract

Er zijn twee soorten contracten; contracten voor bepaalde tijd – vaak voor een jaar – en contracten voor onbepaalde tijd. Veel organisaties bieden in eerste instantie een contract voor bepaalde tijd aan dat bij goed functioneren automatisch wordt omgezet in een contract voor onbepaalde tijd. Een contract voor bepaalde tijd zegt niets over de verwachtingen die men heeft over jouw toekomstig functioneren, het is algemeen beleid.

In sommige gevallen valt er wel te onderhandelen over bepaalde of onbepaalde tijd. Het is afhankelijk van jouw persoonlijke omstandigheden of dit een breekpunt is. Als dit de baan van je leven is en je bent ervan overtuigd dat jij de man of vrouw voor deze baan bent, dan is het toch wel de moeite waard om het risico van een jaarcontract te nemen? Bedenk dat een contract voor onbepaalde tijd ook geen volledige zekerheid biedt. Het voordeel van een jaarcontract is dat de arbeidsvoorwaarden bij het omzetten in een vast contract alweer bespreekbaar zijn.

10

Zorgvuldig afhechten

Afscheid nemen van je oude werkgever

Als je weggaat bij een werkgever, krijg je te maken met je opzegtermijn. Die is meestal tussen de een en drie maanden. Vaak wil een nieuwe werkgever dat je zo snel mogelijk begint. Ga dus in overleg met je oude werkgever om te kijken wat de mogelijkheden zijn, bijvoorbeeld met je vakantiedagen. Zeg pas op als je het contract van je nieuwe werkgever getekend in bezit hebt.

Maak met je oude werkgever goede afspraken over de overdracht van je werkzaamheden. Stel je professioneel op, ook als de werkgever dit niet doet.

Het opzeggen van je baan doe je in eerste instantie mondeling bij je direct leidinggevende zodat je zaken meteen kunt toelichten. Stuur daarna een schriftelijke opzegging en vraag hierbij om een getuigschrift. Je werkgever kan nu jouw concurrentie- of relatiebeding en opleidingsovereenkomsten bespreekbaar gaan maken, wees hier dus op voorbereid.

Voor de financiële en praktische afhandeling van je uit dienst treding moet je stil staan bij zaken als uitbetaling van vakantiegeld, vakantiedagen, bonusregeling en winstuitkering, de overdracht van pensioenrechten en het inleveren van je lease-auto, mobiele telefoon en laptop.

Afscheid nemen met een buiging

Het is van belang om op een goede manier afscheid te nemen van je huidige werkgever en collega's; je kunt mensen altijd weer tegen komen en ze maken deel uit van je netwerk. Bovendien heb je waarschijnlijk gewoon lang en met veel plezier samengewerkt, sluit zo'n periode dus goed af zodat je met plezier kunt terugkijken.

Een nieuw fenomeen is 'boemerang recruitment'. Hierbij benadert je oude werkgever je met de vraag of je terug wilt komen in een nieuwe functie. Dit gebeurt natuurlijk alleen als je op een prettige manier bent weggegaan.

Bij sommige organisaties vinden zogenaamde exitgesprekken plaats. Mocht dit niet gebruikelijk zijn, vraag dan zelf zo'n gesprek aan. Met een exitgesprek wil de organisatie leren van jouw ervaringen. Bovendien biedt het jou de kans om jouw ervaringen te delen. Tijdens zo'n gesprek kun je je veel onafhankelijker opstellen dan voorheen. Zorg er wel voor dat je niet gaat natrappen. Geef opbouwende kritiek die van nut kan zijn voor de organisatie zodat jullie positief uit elkaar gaan.

Mentaal schakelen

We raden je aan om tussen je laatste dag bij je oude werkgever en de eerste dag in je nieuwe baan een vakantie te plannen. Je moet de tijd nemen om mentaal afscheid te nemen van je oude werkgever en energie op te doen voor de nieuwe uitdaging; starten in een nieuwe baan is behoorlijk intensief en de mogelijkheid om na je start op korte termijn op vakantie te gaan is klein.

Opstarten in je nieuwe baan

Proeftijd

Elk contract heeft een proeftijd. Tijdens de proeftijd kan de arbeidsovereenkomst door werkgever en werknemer zonder opgaaf van redenen opgezegd worden. Daarom is het belangrijk om de verwachtingen over je functioneren af te stemmen. Vraag om feedback en evalueer zaken tijdig. Zet je beste beentje voor, want als je ondermaats presteert, kan de werkgever besluiten het contract op te zeggen.

Let ook op de gedragscodes, bijvoorbeeld met betrekking tot internet en e-mail – je oude werkgever was wellicht veel vrijer dan je nieuwe. Vraag dus na wat de gedragscode is om (pijnlijke) misverstanden te voorkomen.

Sommige organisaties hebben een uitgebreid introductieprogramma, andere leggen het initiatief bij jou. Belangrijk is in ieder geval dat je goed wordt ingewerkt. Als je het gevoel hebt dat jouw introductie niet gaat zoals gepland of als je er niet tevreden over bent, trek dan aan de bel.

Tijdens een introductieprogramma maak je bijvoorbeeld kennis met de belangrijkste klanten, de leidinggevenden en je afdeling. Een introductieprogramma is in jouw belang en in het belang van de organisatie; de organisatie straalt interesse uit en als nieuwe medewerker heb je het gevoel welkom te zijn en gewaardeerd te worden.

De organisatie geeft aan dat zij het goed functioneren van haar medewerkers belangrijk vindt. Door een goed introductieprogramma
zijn nieuwe medewerkers doorgaans snel inzetbaar.

Een effectief introductieprogramma kent drie fasen:

Eerste fase: oriëntatie op de organisatie

Eerste werkdag: een bloemetje, een gesprek met je direct leidinggevende en eventuele mentor, een introductie bij je directe
collega's. In het gesprek zal worden aangegeven hoe het introductieprogramma verloopt en bij wie je met vragen terecht kunt
als er geen mentor is. Aan bod komen verder: computer, visitekaartjes, ziekte, vakanties, pauzes, parkeren, overlegvormen, lijst
met namen en telefoonnummers. Als het goed is, wordt de belangrijkste informatie uit het arbeidsvoorwaardengesprek her-
haald om misverstanden te voorkomen.

Een aantal dagen later: een tweede gesprek waarin je informatie
krijgt over de functionerings- en beoordelingsgesprekken en
over de structuur, historie, doelstellingen, procedures en gebruiken van de organisatie, de werkzaamheden van andere afdelin-
gen en de onderlinge contacten.

Tweede fase: nadere kennismaking

In deze fase (binnen drie maanden na je indiensttreding) wordt
er aandacht besteed aan de normen en waarden en de cultuur
van de organisatie. Er wordt aangegeven wat als gewenst gedrag
wordt beschouwd en de *best practices* van de organisatie worden
besproken.

Mocht je bemiddeld zijn door een werving en selectie bureau,
dan is de kans groot dat het bureau je kosteloos een aantal
coachingsessies aanbiedt. Maak hier zeker gebruik van; het spar-
ren met een onafhankelijke derde bij aanvang van een nieuwe
baan kan je helpen om snel *up and running* te raken. De aandachtspunten van een eventueel assessment zijn vaak aankno-
pingspunten voor zo'n coachingstraject.

Derde fase: follow-up

Ongeveer twee maanden na afloop van je proeftijd wordt in een
gesprek het introductieprogramma afgesloten. Daarbij komen de
volgende zaken aan bod:

★ Hoe is je persoonlijk functioneren?

★ Is alles duidelijk (procedures en overlegvormen)?
★ Hoe is je relatie met je collega's?
★ Hoe zie jij als nieuwkomer je toekomst binnen de organisatie?
★ Zijn de wederzijdse verwachtingen uitgekomen?
★ Welke opleidingsbehoefte heb je?
★ Wat is je als nieuwe medewerker opgevallen?
★ Evaluatie van het introductieprogramma.

Als je het introductieprogramma van je nieuwe baan succesvol en naar eigen tevredenheid hebt afgerond, ben je geslaagd in je opZ: het doen van een nieuwe stap in je carrière. Gefeliciteerd!

3

Dilemma's van de eigentijdse werknemer

We besteden aandacht aan een aantal dilemma's waar je mee geconfronteerd kunt worden in je werkende leven.

Het zijn dilemma's omdat je meerdere wegen kunt bewandelen en waarbij het maken van een keuze meestal het afsnijden van andere mogelijkheden betekent. We reiken handvatten aan en geven nieuwe invalshoeken en verwijzingen die je kunnen helpen om keuzes te maken.

11

Werk en privé

Hoezo balans werk en privé?

Het valt niet altijd mee om een evenwicht te vinden tussen je privé-leven en je werk. Opvattingen hierover zijn bovendien afhankelijk van de staat van de economie; in tijden van welvaart komt dit thema nadrukkelijker naar voren dan in tijden van recessie. Je kunt het als een luxe beschouwen als je je bezig kunt houden met de vraag of je niet te veel werkt – de meeste mensen in de wereld zijn niet in staat om ervoor te kiezen om minder te gaan werken.

Toch is het niet *alleen* een kwestie van luxe. Onze behoefte aan vrije tijd neemt om een aantal redenen toe. Een daarvan is dat wij ons werk steeds meer als belastend ervaren. Naar onze manier van werken en de invloed van ons werk op ons welzijn is veel onderzoek verricht.

Door de toenemende techniek neemt het tempo van ons werk toe en is de mate van versnippering van het werk vergroot. Tijdens de uitvoering van een activiteit word je vaak meerdere malen gestoord. Daarnaast is er weinig rust- en bedenktijd en verwacht men vaak een directe reactie op een bericht of vraag. Collega's werken op grote afstand van elkaar en zitten in digitale teams, waardoor informeel overleg minder gemakkelijk is. Als je je collega's alleen maar van de telefoon, *conference call* of webcam kent, maakt dat het samenwerken ingewikkelder. Bovendien is er geen strikte grens tussen werk en privé te trekken nu de telefonische en digitale bereikbaarheid via de computer optimaal is. Het is tegenwoordig heel gewoon als je 's avonds, in het weekend of op je vrije dag gebeld – gestoord – wordt door je werk of een klant. De voortschrijdende techniek heeft veel voordelen maar zorgt ook voor zogenaamde *technostress* (Legierse, 2003).

Naast de *technostress* is de permanente stroom van veranderingen en reorganisaties voor veel mensen een belasting; de stressbestendigheid, flexibiliteit en het verandervermogen van werknemers wordt in toenemende mate op de proef gesteld.

Daarnaast is de veranderde gezinsstructuur een reden om te worstelen met de balans tussen het werk en het privéleven. Steeds vaker werken beide ouders en wordt de zorg voor de kinderen verdeeld. Hierdoor neemt de drukte toe en moeten er keuzes gemaakt worden. Maar wat moet je kiezen? Er is geen maatschappelijk aanvaarde norm meer die voorschrijft wie welke verantwoordelijkheden op zich neemt en het is onduidelijk wie hoeveel aan het huishouden bij moet dragen: we kunnen ons leven op iedere gewenste manier invullen. Dit geeft veel vrijheid maar zorgt ook voor de nodige spanningen. Partners onderhandelen steeds meer en dat kan het gevoel van druk verhogen.

Daarnaast gaan we onszelf onder druk van de welvaart steeds hogere eisen stellen. Ons leven is niet compleet zonder *en* een goede baan *en* een vruchtbare relatie *en* kinderen *en* een sociaal, sportief en cultureel leven. Tel daarbij op dat de kinderen zelf ook zo'n leven moeten leiden – in het kader van hun ontwikkeling – en na schooltijd dus van het ene feestje naar het andere clubje worden gebracht: zoiets leidt aan alle kanten tot overbezetting. Toch houden we onze activiteiten maar zelden kritisch tegen het licht. De angst dat we de boot missen als we niet meedoen, houdt ons in de greep. Het is niet alleen een wedloop met vrienden, collega's en familie maar vooral met onszelf: de drukke twintiger, de kersverse vader of de werkende moeder.

De balans vinden

Denk na het bovenstaande eens na over jouw positie:
★ Welke rollen vervul jij in je leven? Medewerker? Partner? Moeder? Spil van je vriendenkring? Bestuurslid van de voetbalclub?
★ Wat wil je in ieder van deze rollen bereiken?
★ Past dat wel in de tijd die je hebt? Waar wringt het?
★ Wat vind je werkelijk van belang? Waar kies je voor?
★ Ben je ook gelukkig als je niet alles perfect voor elkaar hebt?

Als je op een minder dwingende wijze tegen de zaken aankijkt, zet je jezelf minder onder druk. Mensen die veel van zichzelf 'moeten', zijn dikwijls star, angstig of agressief, hebben zelfmedelijden, voelen zich depressief of haten zichzelf.

Je kunt de druk proberen tegen te gaan door te luisteren naar je innerlijke stem. Hoor je die stem 'moeten' zeggen? Stel jezelf dan elke keer de vragen 'Waarom moet ik dat?', 'Van wie moet ik dat?', 'Ben ik zonder dit alles minder gelukkig?' (Ellis, 1991). Als het je lukt de druk te verminderen, kun je ook beter 'nee' zeggen en priori-teiten stellen. Het kan bovendien nooit kwaad om stil te staan bij wat je *echt* belangrijk vindt in het leven.

Dual career with kids

Steeds vaker zijn in een relatie beide partners werkzaam; grofweg 65% van de vrouwen werkt tegenwoordig in loondienst. Daarbij gaat het vooral om parttime dienstverbanden, want vrouwen werken ge-middeld twaalf uur per week. Mannen werken gemiddeld 30 uur per week.

Vrouwen hebben een hoop gewonnen sinds zij op grotere schaal aan het arbeidsproces zijn gaan deelnemen – denk aan de vrijheid die een eigen inkomen biedt en aan de ontwikkeling en ontplooiing door het werken. Maar er is natuurlijk ook een keerzijde; naast hun werk buitenshuis zijn veel vrouwen nog steeds verantwoordelijk voor het huishouden en de zorg voor de kinderen. Het perspectief van mannen was en is voor het grootste deel op de buitenwereld gericht.

Zoals in figuur 11.1 te zien is, zijn mannen de afgelopen 25 jaar meer tijd aan hun betaalde baan gaan besteden en slechts margi-naal meer tijd aan taken rond het gezin (onbetaalde arbeid).

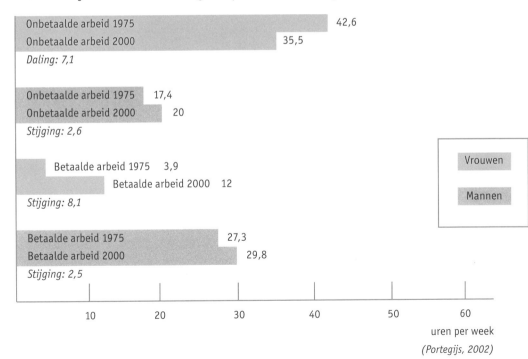

Figuur 11.1 *Mannen en vrouwen, werken en zorgen*

De daling van de huishoudwerkzaamheden (onbetaalde arbeid) door vrouwen is gedeeltelijk terug te voeren op de komst van meer huishoudelijke apparaten – vaatwasmachine, wasmachine, droger. Slechts een klein percentage van de gezinnen besteedt het huishoudelijk werk uit aan een huishoudelijke hulp.

'Ik zie het om me heen gebeuren', zei de jonge vrouw op het terras tegen haar vriendin. 'Vrouwen die twee jaar geleden nog werk maakten van hun uiterlijk en die nu hun haar kort laten knippen, want dat is zo lekker praktisch, en die alleen nog maar platte schoenen dragen, want van hakken word je zo moe. En dat komt alleen maar omdat ze een kind hebben.'

Ze nam een slokje van haar witte wijn.

'Ach joh', zei haar vriendin.

'Als ik dat zie, word ik zo ontzettend somber. Dan zeggen ze wel dat je werk en carrière en kinderen moet combineren en dat hij ook een zorgtaak heeft, maar toch veranderen die vrouwen meteen, echt ongelofelijk.'

'De mannen blijven gewoon dezelfde eikels', merkte de vriendin op.

'Nou ja, op zaterdag mag zij uitslapen en zie je hem met zo'n draagzak lopen. Maar op zondag gaat-ie alweer met z'n vrienden naar het voetbal, en maandag lekker naar de zaak.'

'Maar eerst brengt-ie de kleine nog even naar de crèche.'

'Ooh ja, dat doet-ie nog, maar daarna is het zorgen voorbij. Nou ja, groot gelijk natuurlijk.'

(Martin Bril, de Volkskrant, 13-04-2004)

De verschillende scenario's

Het komt er op neer dat de carrière van de man vaak leidend is, terwijl de vrouw haar eigen carrière of baan naast het gezin heeft – slechts incidenteel is de vrouw kostwinner. Parttime werken behoort voor mannen meestal nog steeds niet tot de opties als zij hun carrière serieus nemen; parttime werken betekent in veel organisaties nog steeds dat je afziet van doorgroeimogelijkheden. Werkgevers zien het als een teken van onvoldoende *commitment* aan de organisatie. Toch zijn er tekenen dat onze cultuur langzaam begint te veranderen – denk aan vaders die vergaderingen verlaten om hun kinderen uit het kinderdagverblijf te halen – dit is niet langer vreemd maar modern, zelfbewust en stoer. Ook zijn de parttime werkende vaders in opmars. Die gaan trouwens veel strikter om met hun parttime dag dan vrouwen: de telefoon gaat uit en de mail wordt een keer gecheckt, aan het eind van de dag. Waar vrouwen zich vaak in allerlei bochten wringen om toch maar vooral bereikbaar te zijn, nemen mannen hun parttime dag meestal veel serieuzer.

Toch kiest de meerderheid nog voor een taakverdeling waarbij mannen net iets meer voor het inkomen zorgen en vrouwen net iets meer voor de gang van zaken thuis. Echt klagen doen we er niet meer over, er is wettelijk recht op werken in deeltijd, de overheid draagt bij in de kosten van de kinderopvang en wat je doet of laat, is voornamelijk je eigen keus. Bovendien blijken vrouwen als er eenmaal kinderen zijn toch veel waarde te hechten aan het opvoeden en zorgen.

Zorgen delen

Het verdelen van de zorgtaken brengt een hoop gedoe met zich mee. De wederzijdse afhankelijkheid neemt toe omdat de vrijheid van de een gekoppeld is aan beperkingen voor de ander. Afspraken moeten altijd worden kortgesloten en je moet volledig van elkaar op aan kunnen; het vergt veel overleg en onderhandeling. Een netwerk om op terug te vallen is van onschatbare waarde. Grootouders, oppassen, au pairs, kinderdagverblijven, peuterspeelzalen, buren: je kunt er niet genoeg van hebben. En dan nog is je hummel net ziek op de dag dat je een belangrijke presentatie moet houden – relativeringsvermogen en flexibiliteit komen in dit soort situaties goed van pas.

Een ouder thuis

Een andere mogelijkheid is tijdelijk stoppen met werken om voor de kinderen te zorgen, een mogelijkheid waar vooral vrouwen gebruik van maken. Dit wordt hoe langer hoe meer als een teken van emancipatie gezien; gewoon genieten van het thuis zijn, tijd en aandacht hebben voor de kinderen en voor huiselijke (zorg)taken – en voor jezelf natuurlijk! Er hoeft dan niet langer zoveel georganiseerd te worden en de flexibiliteit is groter. De taakverdeling is helder en geeft minder aanleiding tot geharrewar.

Het lijkt een plezierige oplossing, maar op termijn blijken veel vrouwen zich niet prettig te voelen in het kleine wereldje waar zij dan in belanden.

Minder werken

Een derde optie is minder werken door een van de ouders – simpel gezegd maar soms lastig te verwezenlijken. Een parttime baan tot 28 uur per week vinden, is niet zo gemakkelijk. Meestal is het het gemakkelijkst om minder te gaan werken bij je huidige werkgever. Werken als freelancer is een andere optie (zie hoofdstuk 15).

Je kunt natuurlijk ook gedeeltelijk thuis gaan werken. Het uitwerken van verslagen en rapporten, het onderhouden van telefonisch contact en het ontwikkelen van nieuwe ideeën kan prima thuis gebeuren als er genoeg rust is – *als* er genoeg rust is; heb niet de illusie dat dat zo is met een kind van tien maanden in de wieg. Gezinnen varen vaak wel bij thuiswerken maar de thuiswerker niet altijd, je komt vaak helemaal niet meer aan jezelf toe.

Irene

Irene werkt 32 uur per week als personeelsmanager bij een elektronicaconcern. Ze is een gescheiden moeder van een kind van ruim drie en een kind van bijna twee. Ze werkt drie dagen op kantoor en een dag thuis. De dagen op kantoor zijn altijd propvol gepland, de dag thuis is ze telefonisch bereikbaar maar aan werken komt ze dan nauwelijks toe. Ze werkt in de avonduren – vier à vijf avonden van half negen tot half elf – als de kinderen in bed liggen. Een prima constructie voor haar kinderen en voor haar werkgever maar Irene zelf komt nauwelijks meer aan leuke dingen toe en ze is doodop.

Na gesprekken met vrienden besluit ze om haar kinderen meer buitenshuis op te laten vangen door anderen. Hiervoor laat ze haar ideaalbeeld van de altijd beschikbare moeder los maar dat is beter voor haarzelf en dus ook voor haar kinderen.

Kinderen? Laat perfectionisme los!

Werkende vaders en moeders moeten zich realiseren dat perfectionisme een eigenschap is die moeilijk samengaat met een drukke baan en een druk gezinsleven. Als je iets wilt bereiken in je werk en dat wilt combineren met een actieve rol in je gezin, dan is het zaak dat je leert te slonzen en leert dat je niet op alle fronten steeds de beste prestaties kunt leveren.

Onderhandelen

De ideale oplossing is niet voorhanden, dus het is zaak een oplossing te kiezen waarbij beide partners zich prettig voelen – kiezen komt trouwens neer op onderhandelen aan de keukentafel. Voor een succesvolle onderhandeling die niet uitmondt in een slaande ruzie, is het volgende nodig:

★ Spreek door waar jullie beider belangen liggen.
★ Bedenk wat voor jou de minimum- en de maximumvariant is: geef vervolgens niet te veel weg, maar overvraag ook niet.
★ Luister naar elkaar en vraag door zonder meteen een oordeel te geven.
★ Bedenk verschillende oplossingen zonder meteen te kiezen.
★ Maak een keuze waar je allebei wat aan hebt.

Als je dit zo leest, klinkt het eigenlijk heel makkelijk! Wat van belang is, is dat je niet uit het oog verliest hoe belangrijk jullie voor elkaar zijn – al was het maar omdat het zonder elkaar nog moeilijker is...

Als je je erbij neerlegt dat de periode met jonge kinderen uiterst turbulent is, ben je het best opgewassen tegen de veranderingen in je leven.

En ik?

Als je het lastig vindt om te bepalen of je je wilt focussen op je werk of op je privéleven of een combinatie van beiden, denk dan na over de vragen in het onderstaande kader en kijk welke aspecten uit de opsomming in de figuur 11.2 voor jou belangrijk zijn.

> **Hoe is jouw balans? Heb je het gevoel dat je toekomt aan de dingen die voor jou belangrijk zijn?**
>
> **Zo ja:**
> **Hoe doe je dat? Waar let je op? Wat werkt voor jou?**
>
> **Zo nee:**
> **Wat heb je nog niet goed geregeld? Wat zou je anders willen? Welke mogelijkheden zie je daarvoor? Welke stappen zou je willen zetten? Wat houdt je daar in tegen? Wie kun je hierover aanspreken? Zijn de mogelijkheden voor verandering reëel?**

Geld	Belangrijk	-	Onbelangrijk
Status	Belangrijk	-	Onbelangrijk
Je vak	Belangrijk	-	Onbelangrijk
Groeien in je vak	Belangrijk	-	Onbelangrijk
Autonomie	Belangrijk	-	Onbelangrijk
Privécontacten	Belangrijk	-	Onbelangrijk
Tijd voor jezelf	Belangrijk	-	Onbelangrijk
Beschikbaar zijn voor je kind	Belangrijk	-	Onbelangrijk
Alles meemaken van je kind	Belangrijk	-	Onbelangrijk
Sport, cultuur	Belangrijk	-	Onbelangrijk

Figuur 11.2 Wat vind jij belangrijk?

Zoals je kunt zien, hangen de eerste vijf aspecten samen met werken, de andere vijf met de zorg voor het gezin en voor jezelf. Als de verdeling niet gelijk is, betekent dat dat je voorkeur naar een van beiden uitgaat.

Levensloopregeling

De levensloop van werknemers is de laatste decennia sterk veranderd door de combinatie van zorgen voor de kinderen en werken. Als het eerste kind wordt geboren, is er vaak behoefte aan meer financiële armslag en tegelijkertijd behoefte aan deeltijdarbeid – kinderen zijn geld- en tijdrovertjes.

Een levensloopbewust beleid dat de mogelijkheid biedt om werk en andere zaken beter te combineren, zou in deze dubbele behoefte kunnen voorzien. Het zou natuurlijk ideaal zijn als zo'n beleid daarnaast vroegtijdig stoppen met werken en een sabbatical mogelijk zou maken.

Sinds 1 januari 2001 is er in Nederland wel een nieuwe regeling van kracht voor verlofsparen die wellicht deel gaat uitmaken van een eventuele levensloopregeling. De werknemer mag in een jaar maximaal 10% van zijn loon of daarmee overeenkomende verlofuren sparen en dus voor een later tijdstip bewaren. Het totaal opgebouwde verlof mag niet langer zijn dan een jaar en het mag voor verschillende doeleinden worden gebruikt: calamiteitenverlof, zorgverlof of langdurig verlof (zoals een sabbatical). Deze fiscale regeling is onderdeel van de Wet op de Loonbelasting. Loon en vakantiedagen worden daarbij voor belastingheffing naar de toekomst overgeheveld en bijdragen van werknemers worden op het brutoloon in mindering gebracht. Deze regeling kan soelaas bieden als je plannen hebt voor een sabbatical; even sparen en dan kun je er rustig een jaar tussenuit!

Sabbatical: nog wel iets van deze tijd?

Al jaren maken mensen van de gelegenheid gebruik om een langdurig – veelal onbetaald – verlof op te nemen om zich te heroriënteren, een boek te schrijven of een lange reis te maken.

In economisch goede tijden zijn werkgevers soms bereid om hier een financieel steentje aan bij te dragen. Zij onderkennen de meerwaarde die een sabbatical voor de organisatie kan hebben; werknemers laden zich helemaal op en komen vaak met frisse ideeën terug. In economisch slechte tijden zijn de mogelijkheden veel beperkter. Een sabbatical komt dan vaak neer op het nemen van onbetaald verlof of ontslag.

Als je je baan opgezegd hebt, heb je na terugkeer al snel een praktisch probleem; je financiële reserves slinken en moeten aangevuld. Als de arbeidsmarkt niet zo meezit, is dit geen makkelijke periode en kan de terugkeer zwaarder zijn dan verwacht. Al met al is het goed om je dit *voor* je verlof te realiseren, dat maakt de terugkeer gemakkelijker.

Ronald en Inge

Ronald en Inge hadden al jaren een droom; het maken van een zeilreis op de Cariben. Zij wilden onbetaald verlof nemen, maar Ronalds werkgever voelde daar niet voor. Ronald nam ontslag en ging ervan uit dat hij als ICT-er na terugkomst weer snel aan de bak zou komen. Ze verkochten hun huis en hun droom werd werkelijkheid. Het reizen beviel zo goed dat ze bijna anderhalf jaar wegbleven.

Eenmaal terug bleek de ICT-markt ingezakt en Ronald kon alleen een baan vinden die ver onder zijn niveau lag. Inge werkt inmiddels weer bij haar oude werkgever in de zorg, maar hun financiële situatie ligt ver onder hun oude niveau.

De rek eruit: toe aan iets nieuws of toe aan rust?

Er zijn verschillende redenen voor een langdurig verlof. Het kan zijn dat de rek eruit is na een aantal jaren werken; je hebt het gevoel dat je het allemaal al eens meegemaakt hebt en dat er weinig nieuws onder de zon is, of je hebt behoefte aan nieuwe impulsen, indrukken of kennis. Een langdurige verlofperiode kan in zulke gevallen uitkomst bieden. Vaak gaan mensen langere tijd weg als ze op het punt staan om af te branden. Ze hebben nog net het besef dat ze hun dagelijks leven tijdelijk de rug toe moeten keren om zich te bezinnen op de toekomst.

Arthur

Arthur (52) was marketing-directeur bij een grote financiële instelling. Hij was gezien en succesvol en deed zijn werk jarenlang met groot plezier. Op een bepaald moment merkte hij dat zijn aanpak sleets werd. Hij teerde te veel op oude successen en zijn creativiteit liep terug. Bovendien was hij al maanden intens vermoeid. Medische onderzoeken leverden niets op, dus het moest een psychische kwestie zijn. In overleg met zijn werkgever besloot hij een wereldreis te gaan maken.

Samen met zijn vrouw trok hij voor negen maanden naar het verre oosten. Na enkele maanden voelde hij langzaam de rust terugkeren. Hij leerde weer bij het moment leven en kon genieten van kleine dingen. Hij realiseerde zich dat hij de afgelopen jaren eigenlijk ronduit ongelukkig was geweest in zijn baan en gaandeweg besloot hij zijn carrière een andere wending te geven.

Na zijn reis gooide Arthur het roer om. Hij begon een eigen bureau en kreeg ter overbrugging een halfjaar werk mee. Nu pakt hij vooral klussen aan waar hij veel plezier in heeft en hij voelt zich energieker en creatiever dan ooit.

Herbezinning is tijdens een sabbatical nagenoeg onvermijdelijk. Ook als je 'alleen maar' je droomreis wilt maken, komt er een moment waarop je nadenkt over het leven dat je leidde. Je blikt terug, vergelijkt de wijze waarop je je voelt en voelde en zoekt ongetwijfeld naar mogelijkheden om *best of both worlds* vast te houden.

Maar het kan veel verder gaan dan dat. Je kunt ook tot de conclusie komen dat je fundamenteel verkeerde keuzes gemaakt hebt in je leven en dat je het roer om wilt gooien. Misschien wil je meer tijd gaan besteden aan het leven zelf in plaats van aan je werk of carrière, of werk zoeken dat beter bij je past. Het is goed om je voordat je vertrekt te realiseren dat je tot nieuwe inzichten kan komen – houd er rekening mee dat je alles anders wilt als je terugkomt. Bovendien zal de wereld ook niet meer hetzelfde zijn; niet alleen jij verandert, ook je omgeving doet dat.

Oeps: weer terug!

De terugkeer van een sabbatical is niet altijd makkelijk. Als je terug kunt keren in je oude baan, is het de vraag of deze 'jas' jou nog wel past. Je moet weer in het gareel en er wordt van je verwacht dat je je weer op dezelfde wijze als eerst inzet. Weer strak in het pak, weer in de file: niet altijd iets om vrolijk van te worden.

Sommige organisaties zijn gespitst op de frisse ideeën die sabbatical-gangers kunnen hebben bij terugkeer. Soms wordt er een mentor aangewezen die de verlofganger 'bijpraat' en hem de gelegenheid biedt zijn frisse ideeën te spuien. Helaas gaat het lang niet altijd zo. Soms wordt er verwacht dat je meteen de draad weer oppakt, alsof je drie weken naar Italië bent geweest.

12

Ben jij nog wel cool en relaxed?
Over perfectionisme, faalangst, overspannenheid en burn-out

Stress

Trends

Jaren geleden hoorde je veel over whiplashes en migraine, tegenwoordig is het hebben van een psycholoog of *personal coach* noodzakelijk om burn-out te voorkomen of te verhelpen. Er zijn kortom trends op het gebied van kwalen en ziektes.

Kwalen en diagnoses van kwalen zijn deels het gevolg van veel voorkomende omstandigheden in een bepaalde tijdsperiode en deels 'modeverschijnsel'. 'Modeverschijnsel' of niet, een burn-out is absoluut geen grapje.

Het is niet voor niets dat veel mensen langdurig ziek zijn en in de WAO belanden vanwege psychische klachten (ongeveer een derde van het totaal). Het geeft aan dat het hard nodig kan zijn om de zaken eens op een rij te zetten, keuzes te maken en oude, achterhaalde patronen achter je te laten. En dat heeft tijd nodig. Het ziekteverzuim in Nederland loopt overigens terug in tijden van recessie, evenals de uitstroom naar de WAO. Zijn er onder druk misschien minder keuzes te maken en neemt de druk daardoor af?

Zowel een te laag als een te hoog spanningsniveau kunnen tot klachten leiden. Bij stress denken we vaak aan overbelasting, maar ook een te lage (mentale) belasting kan stress geven. Over onderbelasting merken we hier alleen op dat het nemen van een te 'simpele' baan je gevoel van eigenwaarde geen goed doet en je te veel tijd geeft om te piekeren.

Stress treedt vooral op als je het gevoel hebt de controle te verliezen; je ervaart een situatie als bedreigend en je reageert hierop met negatieve emoties. Stressgevoeligheid verschilt uiteraard per persoon. Daarnaast zijn er omstandigheden en rollen die in meerdere of mindere mate stress veroorzaken. In figuur 12.1 vind je een typering van persoonskenmerken en omstandigheden die in meerdere en mindere mate aan stress kunnen bijdragen.

Gevoelig voor stress		Minder gevoelig voor stress	
Persoonskenmerken	**Omstandigheden**	**Persoonskenmerken**	**Omstandigheden**
Ambitieus/gedreven	Hoge eisen op meerdere fronten: thuis, gezin, familie, werk	Tolerant en geduldig	Rust op meerdere fronten
Geldingsdrang: verlangen naar macht en prestaties		Relativerend	
	Weinig steun en feedback van collega's	Optimistische instelling	Contacten en bezigheden buiten werk en gezin
Perfectionistisch			
	Leidinggevende rollen	Gevoel voor humor	Steun en feedback van collega's
Zorgelijk: behoefte aan controle	Contactuele beroepen	Positieve faalangst	
			Goede samenwerking
Negatieve faalangst	Tegenstrijdige eisen: een complex speelveld	Gevoel genoeg speelruimte en invloed te hebben op je situatie: interne *locus of control*	Heldere taken en verantwoordelijkheden
Gevoel weinig speelruimte en invloed op je situatie te hebben: externe *locus of control*	Onderlinge competitie		
			Goed voorbereid en getraind voor de functie
	Weinig training en voorbereiding		
			Goede werksfeer

Figuur 12.1 Gevoelig voor stress?

De werkdruk in ons land is hoog en er is sprake van een hoge prestatiegerichtheid. Mensen moeten van alles van zichzelf en van hun omgeving. De mogelijkheden zijn grenzeloos en de ambities vaak ook; je hebt maar een leven, en dat moet op alle fronten goed zijn.

Perfectionisme

Mensen kunnen veel, maar niet alles en ze kunnen veel goed, maar niet alles perfect. En soms willen ze zo veel zo goed, en zijn ze zo perfectionistisch, dat het hen heel veel stress geeft. Mensen die zichzelf hoge eisen stellen, zijn vaak bang om het niet goed te doen, om te falen. Ze ervaren fouten en mislukkingen als persoonlijk falen en gaan hard werken om dat vervelende faal-gevoel te vermijden. Gaandeweg wordt dat krampachtig: ze zijn niet meer cool en relaxed, maar druk bezig met voldoen aan de hoge eisen die de omgeving en zijzelf stellen. Want als je eenmaal succesvol bent en goed presteert, creëert dat hoge verwachtingen in je omgeving.

Veel mensen willen op werk- en privégebied van alles; op jonge leeftijd een stevige, verantwoordelijke baan met arbeidsvoorwaarden die daarbij passen. Een lease-auto, een laptop, een mobiele telefoon en een creditcard van de zaak zijn geen uitzondering. Hele prettige verworvenheden maar ze leggen ook druk op – je moet je waarmaken.

Draagkracht verschilt per persoon, voor de een is een bepaalde druk al belastend die voor de ander juist stimulerend is. Stress en de beleving van de druk zijn heel persoonlijk en niet objectief te meten. Bovendien kun je iets op het ene moment als bijzonder belastend ervaren en op een ander moment als een leuke uitdaging (zie hoofdstuk 5, *Een 8 is goed genoeg!*).

De eerste symptomen van stress zijn spanningen en vermoeidheid – ieder mens heeft tijd nodig om te ontspannen en te herstellen van een topprestatie. Voor het herstellen van een werkdag heb je ongeveer twee à drie uur nodig om het adrenalinegehalte weer op het normale niveau te krijgen. Als je 's avonds doorwerkt, is je adrenalinepeil nog verhoogd als je gaat slapen. Je slaapt daardoor lastiger in, en je herstelt 's nachts minder. Als je dit langere tijd doet, ontstaat een gevoel van vermoeidheid dat niet snel overgaat. Het duurt steeds langer voor je stresshormoonspiegels in een ruststand komen en daardoor kom je in een neerwaartse spiraal terecht van te veel inspanning, te weinig ontspanning en te weinig rust.

Als je maar weinig plezier hebt in je werk, en het eerder als een last dan als een lust ervaart, wordt het tijd om eens na te denken.

Rob

Rob is gepromoveerd chemicus, hij werkt bij een groot internationaal bedrijf. Hij is zijn loopbaan gestart bij *research en development* en heeft anderhalf jaar geleden de overstap gemaakt naar de functie van productmanager. Rob is gericht op het leveren van kwaliteit en is zeer servicegericht. Hij is gemakkelijk in het contact en presenteert zich zelfverzekerd en vlot. Eigenschappen die goed passen in een commerciële rol. Toch voelt hij zich niet gelukkig, en hij vraagt zich af of hij op de goeie plaats zit. Hij heeft constant het gevoel in een spagaat te zitten tussen zijn klanten en *research en development*. Hij vindt de werkdruk hoog, slaapt regelmatig slecht, en kan voor zijn gevoel niet zowel *research en development* als zijn klanten tevreden stellen.

In gesprekken met een coach blijkt dat Rob geneigd is erg veel verantwoordelijkheid naar zich toe te trekken. Hij doet meer dan van hem verwacht wordt en anderen vragen hem daarom gemakkelijk om nog meer te doen. Rob leert gaandeweg zijn grenzen te stellen en zijn eigen en andermans verwachtingen beter te managen. De werkdruk wordt behapbaar, enkele pieken uitgezonderd. Toch blijft het knagen; het regelen en coördineren en het relatiebeheer geven hem onvoldoende bevrediging en zijn behoefte aan inhoudelijke verdieping en analyse wordt niet bevredigd. Uiteindelijk kiest hij voor een andere functie en wordt hij marketing-specialist bij hetzelfde bedrijf.

En jij?

Waaraan denk jij als je 's morgens opstaat? Denk je nergens aan en ben je druk met douchen en met aankleden? Denk je aan de problemen op je werk? Of denk je aan de leuke ontmoetingen die je zult hebben? Als je 's ochtends vaak al loopt te tobben, dan is er iets aan de hand. Realiseer je dat onvrede over de werksituatie oorzaak nummer een is van langdurige vermoeidheid – een combinatie van niet meer kunnen en niet meer willen. Het lichaam geeft 'onvredesignalen' af en hoe langer die genegeerd worden, hoe ernstiger de situatie wordt.

Burn-out

Wanneer je vermoeidheid niet overgaat van een weekend goed uit-rusten, dan is dat een signaal dat je energiebalans verstoord is. Heb je niet langer het gevoel dat je zelf aan het stuur zit? Heb je het ge-voel dat de omstandigheden sturen en dat je wordt meegesleurd in een stroom van activiteiten en zelf te weinig invloed hebt?

Als tijdelijke overbelasting lang duurt en niet vanzelf overgaat, spreken we van overspannenheid. Meestal is er daarbij sprake van een serieuze, directe aanleiding, deze kan ook in de privésfeer lig-gen. Figuur 12.2 geeft een overzicht van de 'zwaarte' van gebeurte-nissen die aanleiding zijn voor psychologische stress.

Dood partner	86
Echtscheiding	75
Veroordeling	75
Dood gezinslid	69
Ontslag	68
Ontrouw partner	68
Inkomensverslechtering	62
Eigen ontrouw partner	61
Pensioen	54
Huwelijk	50
Gewenste zwangerschap	49
Nieuwe functie	46
Inkomensverbetering	35
Andere werktijden of -condities	31
Verhuizing	20
Kerstmis	12
100 = totale persoonlijke ontwrichting	

Bron: Holmes & Rahe, 1967

Figuur 12.2 Aanleidingen voor stress

Er valt onderscheid te maken tussen overbelasting, overspannenheid en burn-out.

Overbelasting:
★ Je ervaart de druk als hoog.
★ Je herstelt niet snel als je vermoeid raakt.
★ Je hebt minder plezier in je werk.
★ Je hebt niet zo'n zin in bezoekjes, hobby's, sport en andere activiteiten.

Overspannenheid:
★ Er is een directe aanleiding voor overspannenheid: een verhuizing, een verandering van functie, een verbroken relatie, een dierbare die ziek is, een sterfgeval.
★ Je bent labiel en hebt last van sterke stemmingswisselingen.
★ Je bent onrustig en je voelt je opgejaagd.

Burn-out:
★ Je voelt je uitgeput: je bent helemaal leeg.
★ Je bent neerslachtig.
★ Je wordt onpasselijk als je denkt aan je werk.
★ Je wilt niets meer met je collega's te maken hebben.
★ Je kunt je niet concentreren.
★ Je bent vergeetachtig.
★ Je kunt geen nieuwe informatie opnemen.
★ Dingen die normaal geen moeite kosten – bijvoorbeeld de krant lezen – zijn lastig of gaan überhaupt niet.

Figuur 12.3 Overbelast of meer aan de hand?

Bij burn-out raakt je hormoonhuishouding verstoord. Elk mens maakt adrenaline aan, een stresshormoon dat zorgt dat je in actie komt, bijvoorbeeld om te vechten of vluchten. Je kunt verslaafd raken aan het actieve 'controle'-gevoel dat deze stof je geeft. Als je te vaak adrenaline aanmaakt en daarvan te weinig herstelt, kan er een verstoring optreden van je adrenaline- en cortisolproductie (cortisol is een hormoon dat een remmende werking heeft op het immuunsysteem en op adrenaline). Bij een langdurige verstoring van de balans wordt de cortisolspiegel verlaagd waardoor het niet meer lukt om energie te mobiliseren. Het stressmechanisme is in zo'n geval ontregeld.

Figuur 12.4 geeft het alertheidsniveau weer als functie van werken en rusten. De doorlopende lijn staat voor de 'gewone', ideale situatie waarbij je na het werk tot rust komt; het alertheidsniveau daalt tot de horizontale gestreepte lijn. Soms hebben we er moeite mee om ons na het werk te ontspannen; het alertheidsniveau bereikt niet het ideaal van de gestreepte horizontale lijn. Als we in ons werk continu een te hoog alertheidsniveau hebben − de golvende gestippelde lijn − bereikt het alertheidsniveau na het werk niet het ideale lage alertheidsniveau.

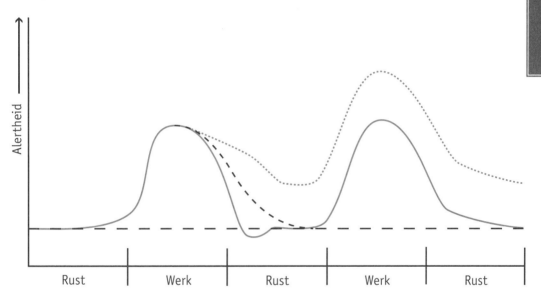

Figuur 12.4 Werken en rusten

Nu even niet!

Het schoolvoorbeeld van overbelasting was lange tijd de drukke manager die rond zijn veertigste of vijftigste overspannen raakte. De laatste jaren is hier echter verandering in gekomen want tegenwoordig komt overspannenheid of burn-out ook veel voor bij jonge ambitieuze dertigers die veel verantwoordelijkheid dragen. Het gaat daarbij beduidend vaker om vrouwen dan om mannen. Dit heeft − anders dan vaak gedacht wordt − niet zozeer met de dubbele belasting door werk en kinderen te maken: meestal gaat het namelijk om vrouwen zonder kinderen. Wat een grote rol lijkt te spelen, is de werkhouding, vrouwen stellen hoge eisen aan zichzelf en relativeren minder dan mannen.

Josien

Josien is 38 en werkt als staf-directeur bij een groot bedrijf. Ze stuurt 3 specialistische afdelin-gen aan, en maakt deel uit van het directie-team. Ze werkt hard, en voelt zich sterk verantwoordelijk voor alle producten en diensten die haar medewerkers leveren en er-vaart daarnaast de zorg voor haar zieke moeder als een stevige be-lasting. Gaandeweg loopt ze vast in haar werk. Ze kan zich niet meer concentreren, onthoudt dingen slecht, en heeft om onverklaar-bare redenen huilbuien. Zich ziek melden wordt, ondanks dat ze dat absoluut niet wil, onvermijdelijk: er komt niets meer uit haar han-den, ze slaapt slecht, en ze heeft allerlei fysieke klachten. Gaande-weg, na een langere periode dan haar lief is, komt ze tot rust, en leert ze weer genieten van kleine dingen. Duidelijk is dat ze op een andere manier moet gaan werken dan ze dat tot nu toe deed. Stapje voor stapje oefent ze met duide-lijker en directer communiceren, meer delegeren, eerder grenzen stellen, en zowel thuis als op haar werk meer rust inbouwen. Haar moeder moet wat inleveren aan vanzelfsprekende zorg, en ze haalt de contacten met haar vriendin-nen aan.

Lange tijd zag men rust als beste medicijn bij burn-out maar tegenwoordig heerst het idee dat herbezinning en snelle reïntegratie – hetzij in de eigen baan, hetzij in een andere functie – herstellend werken. Het is het best om snel weer actief te worden en licht werk te doen en het is een valkuil om te denken dat je herstelt van bedrust en niets doen. Dit neemt niet weg dat herstellen van burn-out toch vaak tijd vraagt, juist bij diegenen die zich schuldig voelen en die moeite hebben te accepteren dat ze even niet sterk zijn maar kwetsbaar.

Het is bij burn-out belangrijk om je fysieke conditie op peil te brengen door stapje voor stapje aan je conditie te werken met lichte lichamelijke activiteiten in de buitenlucht. Wandelen en fietsen zijn in eerste instantie prima, evenals zwemmen.

Voor het veranderen van oude patronen is het zaak dat je situaties eerst thuis 'oefent', daarna kun je ze op je werk in praktijk brengen. Veranderingen bereik je niet door ziek thuis te blijven; het is beter om contact met anderen te hebben en onder relatief gecontroleerde omstandigheden te experimenteren met ander, nieuw gedrag.

Reïntegreren

Bij burn-out kan een coachings- en reïntegratietraject helpen bij het herstel. In zo'n traject wordt onder andere aandacht besteed aan:

★ Het analyseren en aanpakken van ingesleten denkpatronen en handelswijzen die geleid hebben tot burn-out.

★ Het analyseren en aanpakken van de omstandigheden die een rol hebben gespeeld in de overbelasting.

★ Het zich bezinnen op de toekomst: wat wil je, en wat wil je niet (meer)?

★ Het maken van realistische keuzes op werk- en privégebied.

★ Het maken van een plan om stap voor stap terug te keren naar het werk – ofwel in de huidige functie ofwel in een functie die beter past.

Overbelasting tegengaan

Tips

Natuurlijk is het zaak het niet zover te laten komen. Daarom een aantal tips die overbelasting kunnen voorkomen. Ze liggen voor de hand, maar zijn niet voor iedereen gemakkelijk na te leven.

★ Luister naar je lichaam, dat geeft je in een vroeg stadium signalen – hoofd-pijn, rugpijn, eczeem. Leer jouw signa-len kennen en beschouw ze als serieuze waarschuwingen.

★ Neem het serieus als je ergens geen zin in hebt of als je weerstand ervaart.

★ Neem tijdig rust en neem de tijd voor ontspanning.

★ Zeg eens 'nee' en voel je niet steeds verantwoordelijk.

★ Wees niet te idealistisch.

★ Stel realistische kwaliteitseisen: goed is heel vaak goed genoeg.

★ Spiegel je niet aan anderen en vergelijk jezelf niet met anderen.

★ Accepteer jezelf onvoorwaardelijk; met je goede *en* je slechte eigenschappen.

★ Doe het werk dat bij je echte ambitie past.

★ Zoek uit wat je energie kost en wat je energie oplevert; schrap de minder be-langrijke zaken en de energievreters.

★ Doe niet te veel tegelijk.

★ Neem jezelf niet al te serieus.

★ Zoek mensen op waarmee je af en toe kunt lachen.

★ Besteed aandacht aan de goede mo-menten en vind daarin de sleutel tot verbetering.

★ Ga naar buiten.

★ Werk aan je conditie, niet ineens na-tuurlijk, maar stap voor stap.

★ Laat je niet 'overprikkelen' door televi-sie, radio, etc.

Figuur 12.5 Tips tegen overbelasting

Als je meer informatie wilt,
kun je terecht op de volgende
sites:
www.burnin.nl of
www.burnin.be
www.stressophetwerk.nl
www.stress.pagina.nl
www.burnout.pagina.nl
www.werkdruk.pagina.nl

Als je in een dip zit

Als je je oriënteert op een volgende zet in je loopbaan zijn er vast en zeker momenten dat alles tegenzit: het netwerkgesprek waar je je veel van had voorgesteld, levert niets op, je krijgt een afwijzing na een sollicitatiegesprek dat uitstekend verliep, je bent snipverkouden, je beste vriend heeft al drie maanden niets van zich laten horen of je krijgt een bekeuring omdat je door rood bent gereden. Kortom, je voelt je rot en de positivo die normaal met succes contacten legt en uit zou moeten blinken in netwerken en solliciteren is nergens te bekennen.

Het ligt voor de hand om een recept à la Emile Ratelband te geven. Dat zou ongeveer als volgt gaan: Ga voor de spiegel staan, kijk jezelf aan, geef met de vlakke hand een paar klapjes op je wangen en zeg: 'Hi tiger, je bent fantastisch, je kunt het en het gaat je lukken.' Sluit af met: 'Yes, yes, yes!' Als dit werkt, kun je hier ophouden met lezen.

Het recept volstaat dus niet. Misschien helpt het je om te denken dat tegenslagen en teleurstellingen erbij horen. Realiseer je dat het logisch is dat het een tijdje duurt voordat je een passende nieuwe baan of nieuwe activiteiten gevonden hebt. Zelfs de meest succesvolle persoon heeft wel eens tegenvallers en baalt wel eens; je mag je best wel even laten gaan en je zielig voelen. Doe het alleen niet te lang want dat is jammer en het levert niks op – je wordt er vervelend van en je voelt je machteloos. Om de gewone, vaker voorkomende neerslachtigheid te verdrijven, raden we je aan om eens wat vaker aardig voor jezelf te zijn, bijvoorbeeld aan de hand van de volgende tien tips. Als je echt depressief bent, ben je natuurlijk op professionele hulp aangewezen.

Tien tips:

★ Je moet het met jezelf doen – met al je mogelijkheden en met al je beperkingen. Soms zitten dingen tegen, maar dat wil nog niet zeggen dat jij faalt. Morgen is er weer een nieuwe ronde met nieuwe kansen.

★ Haal je voor de geest hoe het eruitziet als het goed met je gaat: Hoe loop je? Hoe kijk je? Wat heb je aan? Doe deze dingen ook als het minder goed gaat en je zult zien; je gevoel volgt bijna vanzelf je gedrag.

★ Ga lekker in bad of doe iets anders waar je van opknapt. Zorg dat je haar goed zit en dat je lekker ruikt. Doe die poezelige grijzemuizentrui uit en trek iets fleurigs aan. En dan: 'Hoog Sammy, kijk omhoog Sammy, want dan word je lekker nat.'

★ Ga lekker naar buiten. Er is niets dat zo relativeert als de frisse lucht, de fluitende vogels, een lief hondje dat je even kunt aaien, een mager zonnetje, of een leuke, spannende man of vrouw.

★ Draai muziek waar je opgewekt van wordt.

★ Pas op met alcohol: een paar glaasjes is prima, maar niet te veel. *The day after* is de prijs hoog, en te veel drinken draagt niet bij aan je zelfrespect. Hetzelfde geldt voor te veel eten.

★ Zoek iemand op waar je goed gestemd van raakt: een collega, een vriend, je buurman.

★ Blijf niet rondhangen maar ga iets doen wat je een prettig gevoel geeft: sporten, wandelen, lezen, naar de sauna. Pas op met winkelen – het geeft slechts korte tijd voldoening – en televisie kijken – het is passief.

★ Probeer een positieve atmosfeer te creëren door aardig te zijn, kom in een 'ja-ritme': 'Fijn dat je er weer bent', 'Leuk om je te zien', 'Lekker kopje koffie hè', 'We gaan straks lekker lunchen'. Je brengt de ander en jezelf in een positieve stemming.

★ Organiseer je eigen complimenten (zie hoofdstuk 4, *Manieren om je eigen complimenten te organiseren*).

227

13

Hoe ga ik om met mijn baas?
Leiden en volgen: een kunst

Zoveel mensen zoveel bazen

Nederlanders zijn gezagsschuw; als ze klachten hebben over hun baas, gaat het vaak over de gezagsrelatie (Drenth, 2004). We willen liever niet te veel gestuurd worden en – als het even kan – een flinke dosis vrijheid. Aangesproken worden op gedrag, functioneren of *output*, beschouwen we niet als plezierig of opbouwend.

Bazen zijn er natuurlijk in alle soorten en maten. Van autocratisch tot dienend, van resultaatgericht tot coachend en van doortastend tot risicomijdend. Een ding hebben ze echter gemeen, ze zijn niet meer te veranderen, en dat is een belangrijk gegeven!

Voeg hieraan toe dat iedere medewerker (en ieder mens) wel een sociale 'allergie' heeft; een gevoeligheid voor gedrag van anderen. Het loont de moeite om te kijken voor welk type gedrag jij allergisch bent, omdat het veel over jou zegt.

★ De meeste mensen zijn allergisch voor gedrag dat doet denken aan de eigen tekortkomingen.

★ Gedrag dat niet strookt met je principes, kan heftige allergische reacties oproepen.

★ Als bepaald gedrag je stoort, kan het ook zijn dat je dat gedrag eigenlijk bewondert – het confronteert je met je eigen tekortkomingen en door je allergie bescherm je je gevoel van eigenwaarde.

Het is onwaarschijnlijk dat je baas zal veranderen als je hem confronteert met jouw allergie. Probeer daarom jouw allergische reactie in perspectief te plaatsen, zodat je er minder last van hebt. Als je je bewust bent van de oorzaak van een bepaalde allergie, kun je de situatie beter relativeren. Bovendien zijn bazen gewone mensen; net als anderen kunnen ze objectief afwijkend gedrag vertonen.

Pont (2004) onderscheidt drie typen neurotische mensen die je ook als baas kunt treffen: de behaagzieke vleier, de vechter en de besluiteloze vermijder. Een korte typering:

★ De vleiers zijn angstig om zaken niet goed te doen en zijn uiterst aardig om anderen niet tegen zich in het harnas te jagen. Als leidinggevende zijn ze te aimabel en besluiteloos; bang om een beslissing te nemen die hen de acceptatie van hun medewerkers kost. In het uiterste geval kunnen zij om toestemming vragen voor lastige beslissingen om de eventuele 'schuld' af te wentelen. Het gevolg kan zijn dat hun medewerkers uiteindelijk medelijden krijgen met hun leidinggevende.

★ Vechters zijn bang niet serieus te worden genomen door anderen en zij compenseren deze angst met een dominante aanwezigheid en controle-behoefte. De wens om een stempel te drukken, betekent bij een vechtende leidinggevende dat hij te vaak het conflict opzoekt en andere invalshoeken en normen niet accepteert. Hij laat medewerkers bijna geen keuze: het is slikken of stikken.

★ De vermijders zijn wantrouwend en bang om teleurgesteld te worden. Zij houden hun angst onder controle door niets van hun omgeving te verwachten, zich solistisch te gedragen en contact met anderen te vermijden. Een vermijder is als leidinggevende niet op zijn plaats omdat hij zich terugtrekt als hij het moeilijk heeft. Daardoor verliest hij al snel het contact met zijn medewerkers. Hij sluit zich af en verliest zich in het maken van analyses, beleid en procedures, zonder de werkelijke vragen op te pakken. Bij een vermijder stapelen de problemen zich op.

Je baas de baas

Een manager is ook maar een mens (overschat zijn mogelijkheden dus niet)

Leidinggevenden blijken over het algemeen veel positiever over zichzelf te denken dan hun medewerkers; ze vinden dat ze (meer dan) genoeg aandacht schenken aan hun mensen, openstaan voor kritiek, sturen *en* coachen en ze vinden dat hun aanwezigheid er echt toe doet. Medewerkers zijn juist vaak van mening dat leidinggevenden slechts in beperkte mate toegevoegde waarde hebben.

Dit verschil in perceptie is redelijk normaal; zelfevaluaties zijn vaak positiever dan evaluaties door anderen. Bovendien *moeten* bazen ervan overtuigd zijn dat de resultaten van hun werk ertoe doen, anders zijn hun inspanningen voor niets en zouden zij moeten concluderen dat zij er zelf niet toe doen – als baas of misschien zelfs als mens.

Een verschil van mening is heel gezond; het scherpt de geest en kan leiden tot een beter alternatief. Toch kunnen inhoudelijke discussies uit de hand lopen, realiseer je daarom het volgende goed en wees in kritische gesprekken met je baas hard op de inhoud maar zacht op de relatie.

De spanning over de inhoud van een discussie kan een negatief effect hebben op de relatie. Er kan een negatieve sfeer ontstaan die noch de resultaten van het gesprek, noch de onderlinge relatie ten goede komt. Het is een kunst om je baas deelgenoot te maken van je mening en je argumenten zonder hem persoonlijk aan te vallen en de sfeer te vergallen. In een goede sfeer neemt de bereidheid om naar elkaar te luisteren toe en is de kans op een effectieve discussie veel groter. Je baas kan er beter mee leven, als hij water in de wijn moet doen – of zelfs bakzeil moet halen – als dat het gevolg is van een prettig gesprek.

Als je je baas wilt zeggen wat er aan hem mankeert, is enige tact dus vereist. Houd je zinderende emoties enigszins in bedwang en leg het probleem bij jezelf: 'Ik merk dat ik moeite heb met het feit dat ik nog steeds onder supervisie moet werken' is beter dan 'Jij betuttelt mij nog steeds'.

Feedbackregels

Blijf dus rustig, vriendelijk en tactvol als je in gesprek gaat met je baas en neem de volgende feedbackregels in acht.

★ Benoem het gedrag en niet de persoon: 'Ik zag dat je de vloer niet hebt geveegd' in plaats van 'Je bent een slons'.

★ Spreek vanuit jezelf: 'Ik merk dat ik last heb van het feit dat jij te laat komt' in plaats van 'Jij komt ook altijd te laat'.

★ Vertel wat bepaald gedrag jou doet: 'Als jij me in de rede valt, krijg ik het gevoel dat ik er niet toe doe'.

★ Houd je aan de feiten en generaliseer niet: 'Tijdens de vergadering viel je me in de rede' in plaats van 'Jij valt mij altijd in de rede'.

★ Luister goed naar de reactie van de ander. Vertel niet alleen wat je dwars zit, maar luister zo goed mogelijk naar de reactie, alleen zo kun je tot goede oplossingen komen.

★ Maak duidelijk welk gedrag jij plezierig vindt en bied zo een alternatief: 'In plaats van mij in de reden te vallen kun je mij ook een seintje geven dat je het woord wilt.'

Je baas zal jouw opmerkingen serieuzer nemen, naarmate hij er meer van overtuigd is dat je het goed met hem voor hebt. Ervaart hij jou als een echte tegenstander of als iemand die aan de poten van zijn stoel zaagt, dan wordt je feedback niet ter harte genomen.

Vertrouwen is het toverwoord. Als je uitstraalt dat je vertrouwen hebt in de intenties en het gedrag van je baas, dan krijg je het veelal ook terug; laat je betrokkenheid zien, geef opbouwende kritiek en zoek samenwerking. Als je je op deze coöperatieve wijze opstelt, kun je doorgaans ook gemakkelijk feedback geven.

Dit wil natuurlijk niet zeggen dat je baas tot dezelfde conclusie komt als jij, er kan sprake zijn van een groot stijlverschil. Bazen hebben wel een spiegel nodig en afhankelijk van hun zelfvertrouwen, zullen zij deze spiegel ook opzoeken. Sommige bespreken hun twijfels alleen met een externe coach, andere leggen hun onzekerheden plenair voor aan de afdeling. Kijk goed hoe jouw baas hiermee omgaat en sluit aan bij zijn voorkeur als je werkelijk invloed wilt uitoefenen op zijn gedrag.

Wees dus open en direct als hij dat ook is, maar wees discreet als hij voorzichtig te werk gaat. Bazen leren veel van hun medewerkers want ze worden door hen geconfronteerd met hun eigen normen, stijl, kracht en beperkingen. Bazen hebben, net als ieder ander, feedback nodig, en ze kunnen groeien in hun rol door jouw bijdrage!

Jij bent aan Z!

Als je baas het in jouw ogen *echt* te bont maakt en – ook na goed of misschien zelfs pittig bedoelde feedback van jouw kant – niet van zins lijkt om zijn gedrag aan te passen, wat kun je dan doen?

Een mogelijkheid is het binnen de organisatie consulteren van de vertrouwenspersoon, het bedrijfsmaatschappelijk werk of de P&O-afdeling. Mocht dit niet baten, dan kun je wellicht terecht bij de baas van jouw baas. Kondig deze stap wel *van tevoren* aan bij je eigen baas want dan ben jij in ieder geval eerlijk en handel je transparant.

Als je je kans van slagen wilt vergroten, kun je anderen erbij betrekken en met een (flinke) delegatie komen of een door jou en je collega's ondertekende brief sturen – reken er overigens wel op dat waarschijnlijk niet het hele team last heeft van je baas. Bedenk wat je wilt bereiken, kom met suggesties en opties die haalbaar zijn – dus niet: hij eruit of ik eruit – en stel je flexibel op.

Een andere optie is het informeren van de OR. In principe is de OR er niet voor individuele zaken, maar als de sfeer of effectiviteit van de hele afdeling eronder lijdt, wordt er wel eens een uitzondering gemaakt. Verwacht niet dat de OR direct een oplossing aandraagt, het gaat erom dat je een signaal geeft. Werpt dit geen vruchten af, dan kun je bij de vakbond terecht – als je daar tenminste lid van bent –, zij kunnen adviseren en juridische hulp geven.

De laatste optie is het graven van een valkuil voor je baas; laat hem publiekelijk afgaan, geef foute informatie door of compromitteer hem. Als je het niet zo nauw neemt met ethische principes, zijn dit ideale methodes, maar je heet dan wel met recht een rat.

Als dit tot niets leidt, rest je nog maar een ding en dat is een andere baan zoeken. Als je tot de conclusie komt dat je leidinggevende in geen 100 jaar zal veranderen en jij daar serieuze problemen mee hebt, kies dan in vredesnaam voor jezelf. Als je met tegenzin naar je werk gaat, verzuur je totdat je (geestelijke) gezondheid er onder gaat lijden (overspannenheid, burn-out). Vermijd dit doodlopende straatje. Je bent regisseur van je eigen loopbaan en je leven, er is altijd een alternatief! Het kan natuurlijk wel zo zijn dat je daarbij iets verliest – je fantastische secundaire arbeidsvoorwaarden, je korte reistijd, je dijk van een salaris – maar onderschat de positieve werking van arbeidsplezier niet. Als je je prettig voelt op je werk dan heeft dat grote consequenties voor de rest van je leven; je energieniveau stijgt, evenals je humeur.

Wat is de grootste deceptie in het leven van een leidinggevende? Jij en je collega's!

Veel leidinggevenden die net beginnen, zijn teleurgesteld over de kortzichtigheid en egocentrische houding van de gemiddelde medewerker: 'Waarom denken ze niet mee?', 'Waarom denken ze alleen aan hun eigen belangetjes?' zijn vragen die vaak gesteld worden door beginnend leidinggevenden. Pas als ze zich erbij neerleggen dat medewerkers *net* mensen zijn met beperkingen, gevoeligheden en tekortkomingen, kunnen ze deze teleurstelling achter zich laten.

14

Reorganisatie en ontslag: einde of begin?

Reorganisatie? Benut je kansen!

Reorganisaties zijn tegenwoordig zo normaal, dat je er in je loopbaan waarschijnlijk meer dan eens mee te maken krijgt. Je kunt je afvragen of directies en besturen nooit reorganisatiemoe worden, maar daar lijkt het vooralsnog niet op. Vaak wordt een reorganisatie ingegeven door de wens (nog) meer winst te behalen en efficiënter of volgens de nieuwste inzichten te werken. Vaak lijkt het er ook op dat een nieuwe directeur of bestuurder duidelijk wil maken dat er sprake is van een nieuw tijdperk nu hij is aangetreden.

Reorganisatieplannen? Onrust!

Meestal gaan reorganisaties gepaard met de afvloeiing van medewerkers, zogenaamde afslanking. Soms worden er niveaus uit de organisatie gehaald, de organisatie wordt dan dus platter. Soms wordt de organisatie volgens een ander organisatorisch principe vormgegeven, de zogenaamde kanteling.

Reorganisatieplannen moeten eerst voorgelegd worden aan de OR of vakbonden, pas nadat zij hebben ingestemd kunnen de plannen uitgevoerd worden. Doorgaans is er een projectteam dat samen met de P&O-afdeling de veranderingen implementeert.

Bij grotere reorganisaties wordt veelal een sociaal plan opgesteld waarin precies staat hoe er met de medewerkers moet worden omgegaan. Er staan bijvoorbeeld criteria in op basis waarvan medewerkers in de nieuwe organisatie worden herplaatst. Veel voorkomende criteria zijn anciënniteit – *last in, first out* – en het afspiegelingsbeginsel. Bij het laatste worden medewerkers herplaatst die gezamenlijk een afspiegeling vormen van de huidige bezetting binnen de organisatie.

De laatste jaren wordt er echter ook steeds vaker geselecteerd op kwaliteit van medewerkers. Dit is vooral zinvol als de organisatie op een hoger niveau moet gaan opereren om haar marktpositie te behouden. In een dergelijke situatie moeten de werknemers vaak solliciteren naar een 'veranderde' functie in de nieuwe organisatie. De selectieprocedure bestaat meestal uit de volgende onderdelen:

★ Belangstellingsregistratie: er wordt in kaart gebracht welke medewerkers belangstelling hebben voor welke functies.

★ Selectie-interview: er wordt een inschatting gemaakt van de geschiktheid van de medewerkers voor de nieuwe functies.

★ Assessment: dit gebeurt vooral wanneer er behoefte is aan een objectieve toetsing van de kwaliteit van medewerkers.

Nadat alle functies ingevuld zijn, wordt voor de 'overtollige' medewerkers een mobiliteitscentrum opgericht. Zij krijgen hier ondersteuning voor het vinden van alternatieve functies en banen en hulp bij het sollicitatieproces.

De toekomst is nooit zo zwart als jouw koffie!
Veranderingen vragen een flinke dosis flexibiliteit en dat is niet voor iedereen even gemakkelijk. Het verlangen naar vroeger en de angst voor het onbekende, kunnen samen een verlammende werking hebben. Het is begrijpelijk maar zeer onverstandig om als medewerker terug te blijven kijken of je hard te blijven maken voor de oude werkwijze of organisatievorm.

Natuurlijk heb je niet om veranderingen gevraagd, maar als je je met hand en tand verzet tegen de nieuwe organisatie, betekent dat meestal dat je kansen om aan boord te blijven afnemen. De (nieuwe) bestuurders, directieleden en leidinggevenden zoeken tijdens een reorganisatie nog meer dan anders naar medewerkers die bereid zijn om constructief mee te denken en samen op zoek te gaan naar oplossingen. Bovendien is zo'n gevecht altijd een verloren gevecht: zodra de OR en bonden om zijn, zijn veranderingen onomkeerbaar. Voor jouw zielenrust *en* die van je geliefden, is het dus beter om veranderingen te accepteren. Bovendien houd je dan energie over om je invloed op een vruchtbaardere wijze aan te wenden.

Een slimme aanpak loont

Een slimmere strategie is het accepteren van de grote lijnen van de verandering en je invloed uitoefenen op de invulling van de (re)organisatie. Bij een reorganisatie zijn de details vaak nog niet ingevuld en is er dus nog behoorlijk wat speelruimte. Die speelruimte ligt meestal bij de meest invloedrijken. Als jij een van hen bent, is dat erg plezierig en dan heb je vanzelfsprekend de mogelijkheid om je invloed te doen gelden. Als je niet tot de invloedrijken behoort, kun je proberen om je invloed te vergroten. Dit kan op verschillende manieren.

★ Werk aan je imago: benader collega's in sturende posities en laat duidelijk merken dat je in grote lijn niet tegen de voorgenomen verandering bent. Bied aan om kritisch mee te denken bij de verdere invulling van de plannen en maak duidelijk dat je je hulp aanbiedt omdat je kennis hebt van eventuele valkuilen. Met jouw hulp kunnen deze worden vermeden. Met deze strategie kun je je positie versterken: sleutelpersonen zullen bij jou niet de associatie hebben van een 'tegenhanger' of van een exponent van de oude organisatie.

★ Kies een actieve rol in de reorganisatie. In het kader van een re-organisatie worden vaak stuur- en werkgroepen opgericht. Het is verstandig om hier deel van uit te maken; de werkgroepleden van vandaag zijn vrijwel altijd organisatieleden van morgen! In een stuurgroep kun je meedenken over de invulling van de verande-ringen en consequenties van de reorganisatie overzien.

★ Kijk of je via de stuurgroep een goede plek voor jezelf kunt vin-den. Als je deel uitmaakt van de stuurgroep kun je gemakkelijker manoeuvreren om je baan te behouden en bovendien biedt het de mogelijkheid om interessante functies op het spoor te komen – en te bemachtigen.

Dit soort stappen werken natuurlijk alleen als je daadwerkelijk in de reorganisatie (gaat) geloven. Als je echt niet met de veranderingen uit de voeten kunt, valt deze strategie beslist af te raden. Forceer niets en kies voor een oplossing die bij jou en bij je overtuiging past.

> *Als mensen onder spanning staan, doen ze vaak de gekste dingen – zo gek dat je het eigenlijk alleen gelooft als je het zelf gezien hebt. Bij reorganisaties komt vaak zogenaamd barracuda-gedrag voor waarbij men probeert elkaar de or-ganisatie uit te werken. Iemand neemt dan een voorschot op de toekomst door een toekomstbeeld te 'communiceren' dat voornamelijk in zijn belevingswereld bestaat. Het uit zich vaak in opmerkingen als 'En ben je je cv al aan het schrijven?' of in een schets van de nieuwe situatie waarin dan – natuurlijk – geen plaats voor de ander is. Dit soort gedrag is onnodig kwetsend in een tijd dat compassie met medewerkers die uiteindelijk hun baan gaan verliezen, de enige integere reactie is. Bovendien heb je jezelf er uitein-delijk ook mee: het is de effectiefste wijze om je eigen gla-zen in te gooien.*

Brood op de plank of een nieuwe uitdaging die bij jou past?

De reorganisatie is een feit en de contouren van de nieuwe organisatie worden duidelijk, de richting die gekozen is, heeft consequenties voor de invulling van de functies, nieuwe kerncompetenties – al dan niet benoemd – worden helder. Voel jij je aangesproken of niet? Als je je aangesproken voelt, is er geen vuiltje aan de lucht. Misschien heb je nu meer vertrouwen in de toekomst van de organisatie, vind je de gekozen koers veel uitdagender of biedt het jou persoonlijk de mogelijkheid je te ontwikkelen.

Het is lastiger als je je nauwelijks herkent in de nieuwe koers en de verwachtingen die het management heeft van de toekomstige medewerkers. Dilemma is dan of je kiest voor werkgelegenheid – je baan – of een baan zoekt die wel bij je past. In feite gaat het om een korte- en langetermijnbelang. Kies je voor brood op de plank of ga je voor onzekerheid? Wat is verstandig om te doen? Bij het maken van deze afweging speelt je zelfvertrouwen en de mate waarin je om kunt gaan met onzekerheden een rol. Maar ook objectieve feiten als je leeftijd, kennis – *up to date* of *obsolete* –, mobiliteit en schaarste of krapte op de arbeidsmarkt spelen een rol.

Als je in een dergelijke situatie verkeert moet je een aantal dingen op een rij zien te krijgen om de keuze te maken of je blijft of vertrekt. Figuur 14.1 kan daarbij helpen.

Als het sociaal plan de mogelijkheid biedt voor heroriëntatie middels ondersteuning, tijd en een afvloeiingsregeling, is er een vangnet. Dit vangnet biedt de ruimte om uit te zien naar een andere baan als je je niet thuis voelt in de nieuwe organisatie. Het financiële risico wordt verkleind en de kans om een functie te vinden bij een andere organisatie is groot.

Als er een mager sociaal plan is of als het ontbreekt, is het verstandig om pragmatisch te zijn. Stel jezelf op korte termijn in veiligheid door je te verzekeren van een plaatsje aan boord. Mocht in een later stadium blijken dat je je echt niet meer thuis voelt in de nieuwe organisatie, dan kun je altijd nog op zoek naar een baan die beter bij je past.

Ik ben ervan overtuigd dat ik binnen afzienbare tijd een nieuwe baan vind.

| 1 | 2 | 3 | 4 | 5 |

Mijn kennis en ervaring zijn waardevol.

| 1 | 2 | 3 | 4 | 5 |

Mijn kennis is *up to date* doordat ik regelmatig opleidingen volg.

| 1 | 2 | 3 | 4 | 5 |

Ik (en mijn familie) ben (zijn) bereid te verhuizen.

| 1 | 2 | 3 | 4 | 5 |

Ik accepteer een uur (enkele reis) aan reistijd.

| 1 | 2 | 3 | 4 | 5 |

Mijn vrienden roemen mij om mijn optimisme.

| 1 | 2 | 3 | 4 | 5 |

Op de arbeidsmarkt is veel vraag naar mensen zoals ik.

| 1 | 2 | 3 | 4 | 5 |

Ik voel me geïnspireerd door veranderingen.

| 1 | 2 | 3 | 4 | 5 |

Ik twijfel niet snel aan mezelf.

| 1 | 2 | 3 | 4 | 5 |

Mijn leeftijd is heel courant op de arbeidsmarkt.

| 1 | 2 | 3 | 4 | 5 |

Ik raak niet snel van slag.

| 1 | 2 | 3 | 4 | 5 |

1: Niet op mij van toepassing.
2: Zeer ten dele op mij van toepassing.
3: Redelijk op mij van toepassing.
4: In ruime mate op mij van toepassing.
5: Helemaal op mij van toepassing.

Score tussen de 10 en 30:
Je positie op de arbeidsmarkt lijkt niet veelbelovend en jouw geloof in je mogelijkheden is beperkt. Blijf indien mogelijk bij je huidige werkgever.

Score tussen 31 en 40:
Mogelijk kun je kiezen tussen je oude werkgever en een nieuwe zet. Kies wat het beste bij je past en wat perspectief biedt.

Score van 41 en hoger:
Als je dit niet al te positief hebt ingevuld, heb je heel wat mogelijkheden. Maak een keuze die perspectief en uitdaging biedt.

Figuur 14.1 Blijven of niet?

Wetgeving

Er zijn plannen om de wetgeving op het gebied van arbeidsovereen-komsten te wijzigen. Een van de wijzigingen betreft de versoepeling van het ontslagrecht. Dit is een omstreden zaak. Voorstanders zeg-gen dat een versoepeling de arbeidsparticipatie zal versterken, te-genstanders zien een versoepeling als een uitholling van de rechten van werknemers. Bij het verschijnen van deze tweede editie van *Jij bent aan Z* is nog niet duidelijk hoe de wetgeving er in de toekomst uit gaat zien. Informatie over de actuele stand van zaken is te vin-den op de site van het Ministerie van Sociale Zaken en Werkgelegen-heid (www.szw.nl) en www.jijbentaanz.nl.

Collectief ontslag

Bij collectief ontslag worden met de vakbonden of OR voorwaarden opgesteld waaronder de ontslagen zullen plaatsvinden. Dit sociaal plan bevat afspraken over de werkingssfeer, het moment van ont-slag, de wijze waarop de arbeidsovereenkomsten worden beëindigd en de ontslagvergoeding. Daarnaast bevat een sociaal plan afspra-ken voor maatregelen die de overgang naar andere banen moeten vergemakkelijken en criteria voor ontslag.

Tot 1 maart 2006 gold bij collectief ontslag dat de werkgever het *last in, first out*-beginsel (LIFO) diende toe te passen. Door een wets-wijziging in het zogenaamde Ontslagbesluit moet de werkgever te-genwoordig echter aan de hand van het afspiegelingsbeginsel bepa-len welke werknemer(s) voor ontslag worden voorgedragen.

Concreet betekent dit dat de werkgever eerst moet bepalen welke functies uitwisselbaar zijn (welke functies dusdanig veel op elkaar lijken dat degenen die de functies vervullen, elkaars functies zonder veel problemen over kunnen nemen). Vervolgens worden werkne-mers per categorie uitwisselbare functies ingedeeld in leeftijdsgroe-pen van 15-25 jaar, 25-35 jaar, 35-45 jaar, 45-55 jaar en 55 jaar en ouder. Binnen deze leeftijdsgroepen worden vervolgens de werkne-mers met het kortste dienstverband als eerste voor ontslag voorge-dragen. Daarbij dienen de ontslagen zo verdeeld te zijn over de ver-schillende leeftijdsgroepen dat er een evenredige vertegenwoordi-ging van alle leeftijdsgroepen binnen de onderneming ontstaat.

Het doel van het afspiegelingsbeginsel is een gelijkmatigere ont-slagbescherming voor diverse groepen (jongeren, ouderen, herin-treders, et cetera) en een evenwichtigere leeftijdsopbouw van het personeelsbestand binnen ondernemingen.

Ontslag legt uiteraard een enorme domper op je stemming, vooral als je stressgevoelig bent. Probeer de situatie realistisch tegemoet te treden en schat je kansen zo *reëel* mogelijk in. Alleen als je daartoe in staat bent, kun je verantwoorde keuzes maken voor de toekomst.

Kan het nog erger?!

Als je ontslagen wordt, kun je het gevoel krijgen dat je aan de rand van de afgrond staat; je bent wanhopig en angstig voor eventuele persoonlijke en financiële gevolgen. Waarschijnlijk spelen allerlei doemgedachten door je hoofd: Stel dat ik geen andere baan vind, houdt mijn man/vrouw dan nog wel van mij? Hoe rooien we het financieel? Wat zullen mijn buren, vrienden en (schoon)ouders wel niet van mij denken?

Vaak probeert de omgeving je gerust te stellen: 'Zo'n vaart zal het niet lopen', 'Jij vindt vast wel weer een andere baan', 'We kunnen best met een beetje minder toe, dan gaan we dit jaar gewoon niet op vakantie'. Deze aanpak is goedbedoeld en zal je stress verminderen, maar toch blijf je waarschijnlijk piekeren: Stel dat... wat doe ik dan?

Als je door een (dreigend) ontslag met doemgedachten rondloopt, kun je proberen de controle terug te krijgen door een *worst-case scenario* te maken: wat is het allerergste dat je kan overkomen? Bijvoorbeeld: ik vind nooit meer een andere baan en ik kom in de bijstand terecht, dan moeten we verhuizen en mijn vrouw zal me een *loser* vinden en van me scheiden. In het allerergste geval is dat wat je zou kunnen overkomen. Formuleer wat je in die situatie zou doen. De gedachte achter deze benadering is dat het vertrouwen geeft, als je je zelfs uit het *worst-case scenario* zou kunnen redden. Als het al lukt om daar een oplossing voor te bedenken, dan red je je ook in de werkelijkheid wel, want die is vast minder desastreus dan jouw *worst-case scenario*.

Individueel ontslag

Individueel ontslag is alleen onder zeer specifieke omstandigheden mogelijk. Er moet sprake zijn van een 'gewichtige' reden, bijvoorbeeld een wijziging van arbeidsomstandigheden of een omstandigheid die een dringende reden voor ontslag op staande voet is. Een voorbeeld van een reden voor ontslag op staande voet is een greep uit de kas of het in de wind slaan van veiligheidsmaatregelen – een prullenbak als asbak gebruiken bijvoorbeeld. Van gewijzigde omstandigheden is meestal sprake als een reeks van gebeurtenissen tot een verstoorde arbeidsrelatie hebben geleid. Alleen als de rechter de arbeidsovereenkomst ontbindt wegens een wijziging van de omstandigheden, kan hij een vergoeding naar billijkheid toekennen.

Omdat het arbeidsrecht permanent in beweging is, is het raadzaam de website www.jijbentaanz.nl te bezoeken. Daar vind je doorverwijzingen naar sites over de juridische aspecten van individueel ontslag.

Zodra je werkgever te kennen geeft dat ontslag dreigt, moet je een advocaat in de arm nemen. We raden dit sterk aan omdat het over het algemeen een investering is die zich dubbel en dwars terugverdient.

Hoe groot is de kans dat je met ontslag te maken krijgt? In een economisch zwakke tijd is het prettig als je hiervan een inschatting kunt maken. Het blijkt dat het risico op ontslag substantieel toeneemt als je functioneren ter discussie staat. Voor werkgevers is de keuze kennelijk snel gemaakt als er sprake is van matig functioneren of disfunctioneren.

Andere factoren die de kans op ontslag vergroten, zijn zwangerschap, veelvuldige ziekteverzuim, parttime werken, een kort dienstverband (last in, first out) *en een (commerciële) baan in de Randstad. Wees dus gewaarschuwd als je een parttime werkende, vaak zieke, zwangere vrouw met een nieuwe commerciële functie in de Randstad bent!*

Werkgevers maken bij een reorganisatie zowel kwantitatief als kwalitatief schoon schip. Tot de favoriete medewerkers die aan boord gehouden worden behoren leidinggevenden, hoog opgeleiden met een bovenmodaal salaris en medewerkers met een probleemloos privéleven. Het is een weinig bemoedigende gedachte dat problemen in de privésfeer ook nog eens gevolgd kunnen worden door het verlies van je baan!

(Roos Kuiper, Intermediair 5, 2004)

Je werkgever weet zich in zo'n geval namelijk meteen aan de spelregels gebonden en hij kan jou slechts serieuze voorstellen doen.

Je kunt ook een rechtsbijstandsverzekering afsluiten, geen overbodige luxe want zo verzeker je jezelf van rechtshulp. Uiteraard moet dit wel ruim van tevoren gebeurd zijn, anders worden je kosten niet vergoed. De vakbond kan je eveneens bijstaan bij het aanvechten van je ontslag.

Mocht je het echter eens zijn met je ontslag dan hoef je tegenwoordig geen actie meer te ondernemen; je werkgever hoeft geen ontslagbeschikking meer aan te vragen én jij hoeft geen bezwaar meer te maken. Voorheen moest je in zo'n geval een pro forma procedure volgen om recht op een ww-uitkering te behouden. Het is nu mogelijk om met 'wederzijds goedvinden' de arbeidsrelatie te beëindigen zonder tussenkomst van de kantonrechter. Er is alleen nog sprake van *verwijtbare werkloosheid* als er voor jouw werkgever een dringende reden voor het ontslag was (bijvoorbeeld onbekwaamheid, dronkenschap of diefstal), of als jij zonder acute noodzaak zelf ontslag hebt genomen. Het wordt de werknemer dus niet langer aangerekend dat hij zich neerlegt bij zijn ontslag. Dit leidt tot minder kosten en een soepelere ontslagpraktijk.

Schadeloosstelling ofwel vergoeding bij ontslag

Bij een ontbinding van de arbeidsovereenkomst vanwege een gewichtige reden, kan de rechter een vergoeding toekennen. Deze ontbindingsvergoeding wordt meestal berekend aan de hand van de zogenaamde 'kantonrechtersvergoeding': A x B x C. A staat daarbij voor het gewogen aantal hele dienstjaren, B voor het brutoloon en C voor de correctiefactor.

Dienstjaren worden op de volgende wijze gewogen:
★ Dienstjaren tot het 40e levensjaar tellen een maal.
★ Dienstjaren tussen het 40e en 50e levensjaar tellen anderhalf keer.
★ Dienstjaren na het 50e levensjaar worden met twee vermenigvuldigd.

Voor de berekening van de beloning wordt uitgegaan van het brutomaandsalaris en de vaste looncomponenten als vakantietoeslag en dertiende maand.

De correctiefactor C is één als de ontbinding geen van de partijen te verwijten is. Deze factor kan lager of hoger zijn als een van beide partijen iets te verwijten valt (Dekker, 2003). Zie ook de websites www.goudenhanddrukwijzer.nl, www.ontslag.nl, www.ontslag-krijgen.nl, www.vdab.be of www.vacature.com.

Concurrentiebeding

Een concurrentiebeding is bedoeld als beperking voor na het beëindigen van de arbeidsovereenkomst. Die beperking kan te maken hebben met:

★ De aard van de nieuwe werkzaamheden.
★ De aard van de nieuwe werkgever.
★ De tijd of plaats van de nieuwe werkzaamheden.

Het concurrentiebeding moet schriftelijk overeengekomen zijn in de arbeidsovereenkomst en heeft betrekking op de functie uit die arbeidsovereenkomst.

Er doen nogal wat indianenverhalen de ronde over het concurrentiebeding. De een beweert dat het slechts een papieren tijger is terwijl een ander beweert dat hij een flinke boete aan zijn broek heeft gehad. In ieder geval heeft een concurrentiebeding alleen maar zin als het volgende erin vermeld wordt:

★ De werkzaamheden en het gebied waarvoor de beperking geldt.

★ De duur van de beperking – maximaal een jaar: langer is moeilijk te verdedigen.

★ De hoogte van de maandelijkse vergoeding die de werkgever betaalt gedurende de looptijd van het beding. De werkgever compenseert zo de werknemer voor het feit dat deze gehouden is aan het concurrentiebeding.

Een afgezwakte vorm van een concurrentiebeding is het relatiebeding. Een relatiebeding verbiedt een werknemer om na afloop van een arbeidsovereenkomst zakelijke contacten te onderhouden met de relaties van de werkgever. Zodra er sprake is van een overtreding, moet de oud-werknemer een boete betalen.

En... hoe voel je je nu?

Als je je baan verliest, verlies je meer dan alleen je bron van inkomsten. Verlies van het werk betekent ook verlies van:

★ Sociale contacten.
★ Structuur.

★ Zelfontplooiing. Door te werken kun je nieuwe activiteiten ontplooien en nieuwe kennis en ervaringen opdoen.
★ Zingeving. In je werk kun je activiteiten verrichten of ontwikkelingen in gang zetten die er, op korte of langere termijn, toe doen en waar je in gelooft.
★ Status.

De klap van ontslag komt bij individueel ontslag vaak harder aan dan bij collectief ontslag. Er kunnen veel vragen door je hoofd spelen, zoals de vraag wat je verkeerd hebt gedaan. Ben jij echt zoveel minder effectief, slim en succesvol dan je collega's? Past dit werk niet bij je? Waarom hebben 'ze' niet eerder wat gezegd? Waarom moest het op deze manier?

Je ego krijgt een klap bij ontslag en het verwerken ervan vraagt de nodige tijd en aandacht. Daarbij kun je de volgende fases onderscheiden:

★ **Ontkenning:** je gelooft je ogen niet, dit kan niet waar zijn. Er moet een vergissing gemaakt zijn, het besluit zal wel teruggedraaid worden.

★ **Boosheid:** het begint te dagen dat deze nachtmerrie werkelijkheid is en je bent woedend. Je voelt je niet alleen onheus bejegend en tekort gedaan, je bent ook verbijsterd over het besluit. Het liefst wil je de zaak aanvechten en misschien doe je dat ook daadwerkelijk.

★ **Verdriet:** langzaam maar zeker wordt het duidelijk dat er geen weg terug is. Je begint te beseffen wat je allemaal gaat missen en de pijn wordt voelbaar.

★ **Acceptatie:** langzaam neemt de hevigheid van het verdriet af en kun je weer enigszins vooruit kijken. Je gaat voorzichtig nadenken over de toekomst en maakt weer wat plannen. Je blikt terug op een hele moeilijke tijd, maar de angel lijkt eruit te zijn.

Onderhandelen: do's en don'ts
Als je ontslagen wordt, zul je waarschijnlijk een regeling moeten treffen. In zo'n regeling kunnen de volgende punten aan de orde komen:

★ hoogte van de ontslagvergoeding

★ ontslagdatum

★ outplacement

★ overname lease-auto en andere roerende goederen

★ concurrentiebeding

★ advocaatkosten

Over de ontslagregeling wordt meestal flink onderhandeld. Soms zijn daar advocaten bij betrokken en soms niet. Als je zonder advocaten tot overeenstemming komt, is de gang naar de kantonrechter aanzienlijk eenvoudiger en minder stressvol.

Bij de onderhandeling is de strategie belangrijk: wil je bepaalde resultaten behalen of hecht je meer belang aan de onderlinge relatie? Er zijn vier strategieën te onderscheiden (Figuur 14.2, Killman, 1987).

	Weinig zorg voor het eigen resultaat	Matige zorg voor het eigen resultaat	Veel zorg voor het eigen resultaat
Veel zorg voor de relatie	Aanpassen, toegeven		Win-win-onderhandelen
Matige zorg voor de relatie		Compromis	
Weinig zorg voor de relatie	Vermijden		Vechten, forceren, doordrukken

Figuur 14.2 Onderhandelingsstrategieën

Bij ontslagonderhandelingen speelt de relatie vaak een minder belangrijke rol dan de zorg voor het eindresultaat. Toch is het niet raadzaam om alleen de vechtstrategie te hanteren omdat de bereidwilligheid van de tegenpartij dan af kan nemen.

Het is raadzaam om een win-win-strategie te kiezen. Omdat er niet alleen over geld maar ook over andere zaken onderhandeld moet worden, is er ruimte voor een win-win-strategie. Uitgangspunt is dat beide partijen hun belangen kunnen verwezenlijken mits er openheid, ruimte en tijd voor is. In praktijk blijkt het vaak mogelijk om alternatieven te bedenken die waardevol zijn voor de ene partij, maar de andere partij niet te veel 'kosten'. Als er verschillende alternatieven worden bedacht, kan er uiteindelijk een oplossing naar voren komen die beide partijen voldoening geeft.

Als de werkgever bij de ontslagaanzegging de onderlinge relatie al de das om heeft gedaan, zal de onderhandelingsstrategie snel uitlopen op vechten en doordrukken. Sluit dan niet te snel compromissen, want daar heb je alleen jezelf mee.

Het is raadzaam om voorafgaand aan de onderhandelingen je ondergrens vast te stellen. Als je daaronder gaat, ben je een dief van je eigen portemonnee. De tegenpartij heeft ook een ondergrens vastgesteld. het gaat erom zicht te krijgen op de onderhandelingsruimte tussen beide 'grenzen'.

| Persoon A | streef-
punt B | weerstand-
punt A | weerstand-
punt B | streef-
punt A | Persoon B |

Figuur 14.3 Onderhandelingsruimte

Een deel van het onderhandelingsspel is erop gericht de ondergrens van de andere partij te ontdekken (Linneman, 2002). Hoe ver kun je gaan voordat de andere partij afhaakt?

Het is de kunst dat je je niet op het verkeerde been laat zetten door de manier waarop de tegenpartij reageert op jouw bod. Meestal betekent een theatrale weigering dat je nog lang niet bij de grens van de ander bent beland. Als dat wel zo is, dan zal de ander je voorstel apert weigeren of verbouwereerd reageren.

Jouw ondergrens beschermt je tegen compromissen waar je naderhand spijt van krijgt. Ga je bijvoorbeeld te gemakkelijk akkoord met een schorsing, dan kun je niet meer vanuit een baan solliciteren. Maar ook financieel kun je jezelf in de vingers snijden, vooral als je niet snel een nieuwe baan vindt. Houd dus vast aan je ondergrens, ook als de onderhandeling langer duurt.

Hogedrukpan
De emoties kunnen tijdens een ontslagonderhandeling hoog oplo-

pen; je zit aan tafel met een partij die geen prijs meer stelt op jouw bijdrage of met een – in jouw ogen – laffe vertegenwoordiger van diezelfde organisatie, bijvoorbeeld een P&O-functionaris.

Het wederzijds respect is vaak geschonden en je ego gekwetst. Ondernemers en managers spelen bovendien vaak niet alleen op de bal, maar ook op de man, waardoor het verhaal een heel persoonlijk karakter kan krijgen. Als je niet oppast, kunnen de emoties zo hoog oplopen dat de boel explodeert. Hoe kun je dit voorkomen?

★ Houd je tot op zekere hoogte onder controle – als de sfeer echt verziekt is, lukt dat natuurlijk niet meer.

★ Neem een woordvoerder mee die afstand tot het geheel houdt, bijvoorbeeld een advocaat of mediator. Een relatieve buitenstaander kan gemakkelijker het hoofd koel houden en effectief aansturen op een bepaald resultaat.

★ Uit je gevoelens meteen om te voorkomen dat de druk oploopt. Probeer afspraken te maken over het gewenste gedrag tijdens de onderhandeling.

★ Neem de gevoelens van de andere partij serieus. Vraag er naar en sta open voor de perceptie van de tegenpartij.

★ Reken af met emotionele manipulaties door deze aan de orde te stellen. Hanteer hiervoor de feedbackregels (hoofdstuk 13, *Je baas de baas*). Voorbeelden van manipulatie zijn extreme woede, lachen om gedane voorstellen, blufpoker en doen alsof er open kaart wordt gespeeld.

Outplacement

Als onderdeel van een afvloeiingsregeling wordt vaak de mogelijkheid geboden om gebruik te maken van outplacement. De klassieke vorm van outplacement bestaat uit 'rouwverwerking', herbezinning (Wat wil en kan ik? Wat past het beste bij mij?) en sollicitatiebegeleiding (praktische hulp bij het verwezenlijken van je plannen). In de praktijk varieert de inhoud van de programma's echter sterk, bepaalde onderdelen komen soms wel en soms niet aan bod.

Meestal – zeker bij collectief ontslag – is er een contract met een of twee bureaus, je kunt dan dus niet zelf een bureau kiezen. Wel krijg je vaak de keuze of je überhaupt begeleiding wilt. Als je geen begeleiding nodig denkt te hebben, kan dat positief doorwerken in de afvloeiingssom.

Mocht je zelf een outplacementbureau uit kunnen kiezen, dan is het belangrijk om bij een paar bureaus langs te gaan om te kijken welk bureau het best bij je past. Houd daarbij rekening met de volgende vragen:

★ Wil ik begeleiding bij alles fasen of bij een deel ervan (verwerking, heroriëntatie, sollicitatiebegeleiding)?

★ Wat is mijn meest dringende vraag? Wordt daar goed antwoord op gegeven?

★ Krijg ik specialistische begeleiding van een psycholoog en een wervingsspecialist?

★ Heeft het bureau ervaring met mensen van mijn leeftijd, uit mijn branche en met mijn functie?

★ Is maatwerk mogelijk als het standaardprogramma niet aan mijn wensen voldoet?

★ Wil ik groeps- of individuele begeleiding of een combinatie van beiden?

★ Hoeveel gesprekken krijg ik?

★ Hoe vaak wil ik een gesprek?

★ Voelde ik mij op mijn gemak bij de adviseur in kwestie en gaat hij mij daadwerkelijk begeleiden?

> **Voor informatie kun je terecht op:**
> **www.outplacement.**
> **pagina.nl**

★ Is er sprake van wederzijds vertrouwen?

★ Beschikt de adviseur over de juiste kwaliteiten en ervaring?

★ Krijg ik goed inzicht in het verloop van het traject?

★ Wordt er een garantie geboden? Hoe hard is deze?

★ Past de prijs in mijn budget?

Wat wil ik nu eigenlijk/eindelijk?

Als je outplacement krijgt, biedt dat je de mogelijkheid om je loopbaan eens kritisch te bekijken en om (nieuwe) lijnen uit te zetten voor de toekomst. Outplacement wordt daarom ook wel beschouwd als het moment voor herbezinning. Weliswaar kies je er meestal niet vrijwillig voor, maar outplacement leidt vaak niet alleen tot een nieuwe baan, maar vaak ook tot een nieuwe, beter afgestemde functie.

Vragen die je in een outplacementtraject kunt verwachten zijn:
★ Hoe is je loopbaan tot op heden verlopen?
★ Passen de gemaakte keuzes wel bij je of ben je gewoon in je werk of functie gerold?
★ Wat zijn jouw kernkwaliteiten?
★ Hoe zou een nieuwe functie er uit kunnen zien en waar vind je die?
★ Hoe ga je die nieuwe functie bemachtigen?

Outplacement vraagt een kritische houding, je zult veel aan zelfreflectie moeten doen en van tijd tot tijd kan dat behoorlijk confronterend zijn. Outplacement vraagt tijd, energie en inzet maar biedt ook houvast en perspectief. Het gegeven dat je actief werkt aan je eigen toekomst kan je sterken in een onzekere tijd.

Met de billen bloot in de groep

Het volgen van een groepsoutplacement heeft voor- en nadelen. Voordeel is de (h)erkenning: je merkt direct dat je niet de enige bent die in een ontslagsituatie zit. Met je groepsgenoten heb je waar-

schijnlijk snel een band, omdat jullie allemaal in hetzelfde schuitje zitten. Je kunt elkaar helpen en steunen. Een ander voordeel is dat je leert van de ervaringen van de anderen; de groep kan je een spiegel voorhouden en je vertellen hoe je op hen overkomt en wat zij uitzonderlijk – positief en negatief – aan jou vinden.

Als je van nature individualistisch bent ingesteld en er niet dol op bent om in een groep met je billen bloot te gaan, of als je vooral hecht aan het contact met de adviseur of als je je eigen tempo wilt bepalen, kun je beter kiezen voor een individueel traject. Je kunt het programma naar jouw hand zetten; je kunt versnellen als je wilt en bepaalde accenten leggen. Bovendien krijgt je de volledige aandacht van de adviseur, die zich geheel op jou kan richten. Een laatste voordeel; individuele trajecten nemen meestal minder tijd in dan groepstrajecten.

Het is ook mogelijk om een groepsaanpak te combineren met een individuele aanpak. Vaak wordt dan het begin van het traject en de sollicitatiecursus gezamenlijk gedaan, met daartussen een aantal individuele afspraken. Deze aanpak betekent aandacht en herkenning *en* individuele begeleiding en tempo.

15

Eindelijk een bord in je tuin!

Aan Z met je eigen zaak

Je hebt een aantal jaren werkervaring opgedaan en je wilt je verder ontplooien als ondernemer omdat het al jaren kriebelt of omdat je kansen ziet met jouw netwerk zelfstandig opdrachten te verwerven. Hoe dan ook, het moment is aangebroken dat je die langgekoesterde droom in vervulling laat gaan: je eigen zaak!

Voor velen betekent een eigen zaak een enorme uitdaging. Je bepaalt niet alleen zelf je inkomen en toekomst, een eigen zaak is ook je eigen plantje waar je al je energie, tijd en geld in steekt. Als je het ziet groeien en bloeien, is dat een geweldige kick. Veel ondernemers beschouwen hun zaak als een stuk van hun identiteit: een faillissement zou niet alleen een commercieel debacle betekenen, maar ook een persoonlijk falen.

Verschillende mogelijkheden

Als je voor jezelf begint, zijn er verschillende opties. Je kunt als freelancer aan de slag, je kunt een eenmanszaak beginnen, met anderen een zaak opzetten of alleen starten en later mensen in dienst nemen. Alle opties hebben een ding gemeen, het beginnen van een eigen zaak betekent het wegvallen van de vanzelfsprekendheid van een inkomen.

En dat vooruitzicht kan met hevige angsten, buikpijn en slapeloze nachten gepaard gaan. In een baan heb je een financiële horizon van ongeveer zes maanden, met een beginnende eigen zaak ben je gezien je schuldenlast min drie maanden van je faillissement verwijderd. Uiteraard verschuift je horizon weer naar de plus zodra je zaak goed begint te lopen.

Freelancer:	Eenpitter:	Samen met anderen:
Als freelancer kun je alleen werken of je verbinden aan een bureau en in opdracht van het bureau werken. Als freelancer kun je veel en gemakkelijk verdienen in tijden van voorspoed maar bij economische teruggang ben je vaak de eerste bezuinigingspost. Je hebt veel vrijheid van handelen. Een van de belangrijkste dingen voor een freelancer is een goed netwerk. Voor meer informatie verwijzen we je naar het *Handboek freelancen* en *Eigen Baas* (Van den Boomen, 2006 en 2007) en www.handboek-freelancen.nl	Een eigen zaak runnen betekent zowel acquisitie doen als produceren en bijvoorbeeld zelf folders maken, de administratie doen en een website verzorgen. Daarnaast moet je de ontwikkelingen in je vakgebied bijhouden – iets wat vaak in een netwerk gebeurt. De werkvoorraad valt moeilijk te voorzien, dus het is hollen of stilstaan. Een eenpitszaak kan een eerste stap zijn naar een groter bedrijf.	Het besluit om samen met anderen een zaak te beginnen, moet je nog beter overwegen dan de stap in het huwelijksbootje. Kies niet voor je beste vriend maar liever voor een collega die je door en door kent en die het geven en ontvangen van directe feedback op prijs stelt. Zorg dat je elkaar in professioneel opzicht aanvult en maak duidelijke afspraken over de rol- en functieverdeling. Kies onder leiding van een notaris voor een passende rechtsvorm.

Figuur 15.1 Verschillende vormen van een eigen zaak

Patricia

Patricia werkt al zeventien jaar bij een snoepjesfabriek. Ze is doorgegroeid van secretaresse tot octrooigemachtigde en patentbeheerder van de organisatie; een internationale baan waarvoor ze veel moet reizen. Ze is getrouwd en heeft twee kinderen. Thuis heeft ze het goed geregeld, er is een vaste oppas en schoonmaakster en haar man steunt haar in haar carrière. Door een reorganisatie vertrekt Patricia bij haar werkgever en start ze een eigen bedrijf op het gebied van octrooien. Twee dagen per week werkt ze nog in opdracht voor haar oude werkgever.

Het werken als zelfstandige vanuit huis valt Patricia zwaar; het scheiden van werk en privé is bijzonder lastig. Steeds als ze haar werkplek ziet, doet ze een klusje en zoekt ze wat uit. En tijdens haar werk kan ze het niet laten om even de was in de wasmachine te stoppen, het aanrecht af te nemen en de stofzuiger te pakken. Zes maanden nadat ze met haar eigen bedrijfje is gestart, loopt het bedrijf goed maar is ze niet blij. Ze mist rust in haar werk en haar privéleven. Vrienden en bekenden zeggen dat ze zich niet zo druk moet maken, en vragen waarom ze niet stopt met werken, ze hebben toch geld zat? Maar Patricia wil economisch onafhankelijk zijn en bewijzen dat ze het kan.

Patricia besluit dat ze door wil gaan met haar bedrijfje maar ze wil niet meer thuis werken. Met een aantal andere zelfstandigen huurt ze een bedrijfsruimte. De zaken blijven goed gaan en thuis kan ze weer gewoon de was doen zonder gestoord te worden door haar werk.

Netwerkeconomie en vitamine A

Netwerken, netwerken en nog eens netwerken is de basis voor commercieel succes. Leg en onderhoud contacten met huidige, potentiële en slapende klanten, vroegere werkgevers, brancheorganisaties en dergelijke. Organiseer boeiende bijeenkomsten met, voor of bij een klant en zorg voor informele contacten: jij moet *voorin* het geheugen staan want dat vergroot de kans dat er aan jou gedacht wordt op het moment dat er een opdracht is.

Verder is er natuurlijk geen betere (en goedkopere!) reclame dan een tevreden klant; als zelfstandige moet je bereid zijn om nagenoeg alles te doen voor je klant. Dat betekent vooral heel veel aandacht. Een klant wil het gevoel hebben dat hij volledig en op ieder moment op je kan bouwen, dus ook op Sinterklaasavond als de Sint net binnenkomt. Als je dan je klant in nood helpt, zal deze je niet alleen dankbaar zijn maar ook het gevoel hebben dat hij jou wat verschuldigd is en dan heb je je klant succesvol aan je weten te binden, voor langere tijd.

Klanten verwachten van kleinere bedrijven vaak een integrale dienstverlening. Soms vragen ze diensten of producten die eigenlijk niet direct tot je *corebusiness* horen. Maak je over deze *corebusiness* niet te druk, als je denkt dat je iets kunt leveren, doe dat dan. Zo niet, verwijs dan door naar het beste bedrijf dat jij op dit vlak kent. Wees in ieder geval niet te kieskeurig in het aanvaarden van opdrachten want je wint er krediet van klanten mee en je bent er financieel bij gebaat. Als je economische basis eenmaal goed is, kun je altijd weer terug naar je *corebusiness*.

De beste leerschool is tegenslag, want het bepaalt op termijn het succes van je bedrijf. Van tegenvallers leer je immers het meest; je wordt gedwongen om een tandje bij te zetten en creatieve oplossingen te bedenken. Je *moet* verder denken en er is meer inzet nodig dan anders. Door tegenslagen kun je ontdekken dat je veel meer kunt dan je dacht, en als iets uiteindelijk toch lukt, geeft dat een enorme kick en dat is precies waarom werken voor jezelf zo verslavend kan zijn.

Een zaak van gezin en kids

Een eigen bedrijf is hard werken geblazen. Ondernemers (en vooral hun partners!) klagen vaak dat ze eigenlijk nooit vrij zijn en veel van hun privétijd moeten investeren in hun bedrijf. Niet alleen omdat de website nog moet worden aangepast, de nieuwsbrief moet worden geschreven of de administratie moet worden gedaan, maar ook omdat de etentjes met klanten vooral in de avonduren plaatsvinden, klanten op de meest onmogelijke momenten bellen en opdrachten meer tijd vergen dan je had gecalculeerd.

Een eigen zaak *en* een gezin met kinderen kan te veel van het goede zijn. Minstens een partij – in praktijk meestal niet het bedrijf! – komt vaak aandacht te kort. De partner van de ondernemer zorgt meestal nagenoeg alleen voor het gezin, al dan niet in combinatie met een eigen baan of ondersteunende werkzaamheden voor het bedrijf. Een eigen bedrijf beperkt dus je privéleven en vraagt om grote steun en zelfstandigheid van je partner. Het is dus zaak om de praktische aspecten en de eventuele afbreukrisico's uitgebreid te bespreken met je partner voor je een eigen bedrijf begint.

Een eigen bedrijf geeft in de opstartfase vaak spanning in je relatie, niet alleen vanwege de verminderde hoeveelheid tijd en energie die je in deze periode voor je partner beschikbaar hebt, ook vanwege de stress. Van de partner wordt een ondersteunende, meedenkende rol verwacht; hij of zij moet kunnen relativeren, mee kunnen denken en rustig blijven en vertrouwen houden in een goede afloop.

Double kids, no income: iets voor jou?
Als je denkt dat een eigen zaak iets voor jou is, moeten minstens tien van de volgende uitspraken op jou van toepassing zijn.

Ik ben flexibel	waar/onwaar
Mijn veerkracht is groot	waar/onwaar
Ik ben nergens te beroerd voor	waar/onwaar
Ik ben praktisch	waar/onwaar
Ik beschik over veel energie	waar/onwaar
Mijn partner steunt mij door dik en dun	waar/onwaar
Ik ben optimistisch	waar/onwaar
Moeilijkheden kan ik goed relativeren	waar/onwaar
Het deert mij niet als ik weinig tijd heb voor mijn familie of vrienden	waar/onwaar
Financiële zorgen schrikken mij niet af	waar/onwaar
Een eigen zaak geeft aanzien	waar/onwaar
Ik kan de broekriem aanhalen	waar/onwaar
Ik droom van een eigen zaak	waar/onwaar
Ik stel mij graag dienstbaar op	waar/onwaar
Klanten gaan voor alles	waar/onwaar
Geld is belangrijk voor mij	waar/onwaar

Figuur 15.2 Ben jij geschikt voor de rol van zelfstandig ondernemer?

En dan?

Als je besloten hebt zelfstandig te worden, moet je een groot aantal besluiten nemen en een stappenplan maken. Je kunt daarbij gebruik-maken van starterscursussen en -seminars en startersondersteu-ningspunten. Daarvoor kun je terecht bij de Kamer van Koophandel (www.kvk.nl of www.cci.be) en bij MKB-Nederland (www.mkb.nl) of bij de Unie van Zelfstandige Ondernemers (www.unizo.be). Verder kun je voor alle financiële informatie terecht bij banken, accountants en notarissen.

Bij het starten van een eigen zaak is de financieringsvorm van belang: als je door een participatiemaatschappij of aandeelhouders wordt gefinancierd, heb je in de beginfase meer financiële zeker-heid. Daar staat wel tegenover dat je als het ware een baas hebt ge-creëerd want er zijn investeerders die verwachtingen van je hebben en waarmee je doelstellingen overeen moet komen.

Na een ontslag kun je je ontslagvergoeding gebruiken als start-kapitaal. Ook kun je via *outsourcing* voor een bepaalde periode werk-zaamheden voor je voormalige werkgever verrichten zodat je verzekerd bent van een bepaalde werkvoorraad. Tegelijkertijd kun je op zoek gaan naar nieuwe klanten om je economische basis te verbreden.

Als je je bedrijf via een bank wilt financieren, heb je een onderne-mingsplan nodig waar de bank vertrouwen in heeft. Niet iedereen vindt het even gemakkelijk om een ondernemingsplan te maken, in figuur 15.3 vind je een aantal tips.

In een ondernemingsplan mogen niet ontbreken:

★ Een onderbouwde omzetprognose: heb je de markt in kaart gebracht?

★ Een investeringsbegroting: hoeveel wil je lenen en waarom?

★ Een exploitatiebegroting: wat zijn je verwachte kosten en omzet?

★ De rentabiliteit: maakt het bedrijf voldoende winst om de rente en aflossing te kunnen betalen en te investeren?

★ Een omzetprognose: hoeveel denk je om te zetten? Hierbij wordt jouw schatting vergeleken met de gemiddelde omzet in jouw branche.

★ De solvabiliteit: in hoeverre is het bedrijf in staat om op korte termijn tegenvallers op te vangen uit eigen middelen?

★ De liquiditeit: over welke som geld kun je op korte termijn beschikken en is deze som voldoende om een normale bedrijfsvoering mogelijk te maken?

Bestaat je bedrijf al langer en wil je uitbreiden of investeringen doen, dan zijn de jaarcijfers van de laatste drie jaren een belangrijke informatiebron.

Bron: www.mkbkrediet.nl

Figuur 15.3 Wat niet mag ontbreken in een ondernemingsplan

Goede raad

Ten slotte nog een goede raad. Ga, voordat je beslist om een eigen zaak te beginnen, praten met ondernemers die een of twee jaar geleden een eigen bedrijf begonnen. Zij hebben de beginfase nog vers in het geheugen en kunnen je relevante adviezen geven en behoeden voor valkuilen. Het is echt geen overbodige stap want de laatste tien jaar sloot ongeveer de helft van de startende zelfstandigen binnen vijf jaar de deuren. (*Het Financieele Dagblad*, 11 april 2003)

16

(Bijna) vijftig plus?

Grijs van buiten maar niet van binnen

Het vinden van een andere baan wordt lastiger naarmate je ouder wordt; misschien voel je je van binnen nog een jonge god of godin maar aan de buitenkant ben je voor anderen moeilijker als zodanig te herkennen, zeker als je de stap naar een plastisch chirurg nog niet hebt gezet. Dit heeft zo zijn voordelen, want rijpere mannen of vrouwen worden vaak als wijzer, verstandiger en betrouwbaarder gezien, maar het heeft ook nadelen: je wordt in eerste instantie minder aantrekkelijk gevonden op de arbeidsmarkt.

In hoeverre je leeftijd precies meespeelt, is afhankelijk van je opleiding en beroepsachtergrond. Globaal kunnen we zeggen dat je langer aantrekkelijk blijft naarmate je opleiding hoger is en je beroep schaarser. Daarnaast speelt mobiliteit een belangrijke rol, hoe meer je geïnvesteerd hebt in opleidingen en hoe vaker je bent overgestapt – tot op zekere hoogte uiteraard – naar een andere baan, hoe beter je uitgangspositie is bij sollicitaties. Het spreekt vanzelf dat hierop allerlei uitzonderingen zijn.

De combinatie van wat je hebt opgebouwd in de loop der jaren – een relatief goed inkomen aan het einde van de schaal en bijbehorende arbeidsvoorwaarden, een relatief zekere positie en de behoefte aan stabiliteit – gecombineerd met een verminderde aantrekkelijkheid op de arbeidsmarkt, maakt dat mensen met het stijgen der jaren minder snel van werkgever of functie veranderen.

Ook zijn werkgevers terughoudend met het aannemen van mensen van middelbare leeftijd. Zij kijken liever naar – alsmaar schaarser wordende – jonge veelbelovende kandidaten, alle stimuleringsmaatregelen van de overheid ten spijt. Toch kan een kentering niet lang meer op zich laten wachten, simpelweg omdat vanaf ongeveer 2011 de schaarste op de arbeidsmarkt naar verwachting nog verder zal toenemen. Een versoepeling van het ontslagrecht zal enerzijds de zekerheden van ouderen verminderen, maar kan anderzijds de drempel om ouderen aan te nemen verlagen.

Overstappen

En dan kan het toch zomaar gebeuren dat je 48 of 54 bent en beslist dat je nog een overstap wilt maken, of dat de omstandigheden je daartoe dwingen. Hoe ga je dan om met je positie op de arbeidsmarkt? Zeg je tegen jezelf: 'Er zit niemand meer op mij te wachten, tegenwoordig gaat het alleen nog maar om diploma's, contacten, bestuursfuncties...'? Of zeg je: 'Ongetwijfeld duurt het wat langer voordat ik goed aan de slag kom, en ik moet het waarschijnlijk meer hebben van netwerken dan van vacatures in de krant, maar ik heb het nodige te bieden. Ik kan zelf beslissen hoe ik met deze situatie omga, ik hoef me er niet door uit het veld te laten slaan'?

Realiseer je dat bedrijven met een vacature een probleem hebben: ze hebben een belangrijke klus die ze graag aan een goede man

John

John is 58 en heeft diverse managementfuncties in de bank- en verzekeringsbranche vervuld. Hij ziet zijn vrienden en oud-collega's met vervroegd pensioen gaan, maar dat ziet hij zelf helemaal niet zitten. Hij barst van de energie en wil zijn tijd niet verdoen op de golfbaan.

Na enkele maanden peinzen, is hij eruit: na zijn pensioen wordt hij loopbaancoach. In zijn omgeving ziet hij namelijk veel managers die een eenzaam bestaan leiden en die behoefte hebben aan een klankbord, iemand met wie ze fundamentele keuzes en beslissingen kunnen bespreken.

Omdat hij zich realiseert dat hij de achtergrond noch de vaardigheden heeft voor de functie van loopbaancoach, wordt hij, na overleg met zijn directie, hoofd management development van zijn organisatie. Daarin kan hij de nodige ervaring opdoen op het gebied van loopbaanmanagement en -coaching. Dit biedt hem de gelegenheid om na zijn pensioen zijn diensten aan te bieden aan diverse loopbaanadviesbureaus. Inmiddels werkt John alweer drie jaar als freelance loopbaancoach.

of vrouw overlaten en de schaarste op de arbeidsmarkt speelt jou daarbij in de kaart. Vooral de groep mensen tussen de 45 en 50 jaar plukt de vruchten van het feit dat het aanbod van dertigers steeds schaarser wordt. Daarnaast kun je zeker concurreren met jongere kandidaten: een enthousiaste, sportieve en representatieve vijftiger is aantrekkelijker dan een afwachtende, afhoudende en terneergeslagen dertiger. Je uitstraling en je vaardigheden om jezelf te presenteren zijn cruciaal. Als ze met jou in contact komen, stellen ze zich de vraag of ze jou om een boodschap kunnen sturen. Om te laten zien dat ze dat kunnen, moet je zorgen dat je aan tafel komt en in gesprek raakt zodat ze je niet op basis van een papieren indruk afwijzen, werkgevers hebben namelijk vaak vooroordelen ten opzichte van oudere kandidaten. Deze vooroordelen komen langzamerhand minder voor. Werden vijftigers vroeger vaak als 'vergane glorie' gezien, tegenwoordig zijn ze over het algemeen nog zeer vitaal en staan ze midden in het leven. De vooroordelen waar je desondanks nog altijd mee te maken kunt krijgen, zijn inhoudelijk niet erg veranderd. Vijftigers zouden eigenwijs, minder flexibel en vaker ziek zijn, te veel kosten en niet meer willen leren. Aan jou de taak om te laten zien dat dat anders is.

Ik dacht het rustiger aan te kunnen doen, maar niets van dat alles!

Dacht je altijd dat zekerheid en stabiliteit in je baan gegarandeerd waren en dat je rustig je pensioen kon halen? Of leefde je toe naar je pensioen en zag je deze datum door de veranderde wetgeving opeens een jaar of vijf verschuiven? Dat kan een behoorlijke tegenvaller zijn, maar het kan ook een verandering in perspectief betekenen. Misschien was je de laatste jaren niet meer zo actief op het gebied van je loopbaanontwikkeling en heb je weinig nieuwe persoonlijke ontwikkelingen – op zakelijk vlak – in gang gezet. Je gedachten gingen wellicht meer uit naar een zinvolle invulling van je leven ná je pensioen en er was geen aanleiding om nog na te denken over een nieuwe Z. Nu de zaken anders liggen, is het van groot belang om het initiatief in eigen hand te nemen.

Vergrijzing biedt kansen!

Steeds meer organisaties houden zich bezig met een leeftijdsbewust beleid of *agemanagement*. Dit onderscheidt zich van het traditionele beleid doordat niet alleen in jonge mensen wordt geïnvesteerd, maar ook in de ontwikkeling van ouderen. Organisaties denken vaak dat het rendement – *return on investment* – groter is als je investeert in jongeren, maar over het algemeen is het zo dat ouderen veel langer bij een organisatie blijven dan een dertiger. Redenen voor *agemanagement* zijn:

★ Behoud en intensivering van kennis. Bij de medewerkers boven de vijftig zit veel kennis en ervaring waar meer mee gedaan kan worden.

★ Vergroten van mobiliteit. Op managementniveau stagneert de doorstroom wanneer ergens veel managers boven de vijftig zitten. Vanwege hun arbeidsvoorwaarden – gouden ketenen – bewegen zij niet meer, maar ze zijn vaak ook niet meer zo geïnspireerd. Het creëren van nieuwe kansen voor deze mensen wekt veel energie op en zorgt voor een nieuw elan.

★ Meer evenwicht in personeelsopbouw. De kennis, ervaring en het enthousiasme van de vijftiger brengen de arbeidsproductiviteit omhoog. De aanwezigheid van ouderen in een team met veel jonge mensen brengt evenwicht.

Daarnaast wordt in steeds meer organisaties in bijvoorbeeld de zorg, het onderwijs en de industrie met zogenaamde Persoonlijke Ontwikkelings Plannen – POP's – gewerkt. Hierbij worden werknemers, ook de oudere, aangespoord om de regie in eigen hand te nemen. POP's kunnen veel vragen en blokkades oproepen:
★ Wat kan ik nog op mijn leeftijd?
★ Welke mogelijkheden zijn er op de arbeidsmarkt?
★ Leren lukt me niet meer.
★ Wat gaat er met mijn pensioen gebeuren?
★ Wat is mijn kennis en ervaring nog waard op deze markt?
★ Het is jaren geleden dat ik gesolliciteerd heb: hoe schrijf ik een brief, wat vragen ze tegenwoordig?

Ouderen ervaren het veelal als frustrerend dat ze vooral worden aangesproken op datgene wat ze niet kunnen en niet op wat ze wel kunnen – er wordt in veel bedrijven gefocust op hun tekortkomingen en niet zozeer op hun kracht. Zo werd een oudere werknemer bijvoorbeeld steeds aangespoord om effectiever met het nieuwe (geautomatiseerde) CRM-systeem om te gaan – er werd aan voorbijgegaan dat deze werknemer al 25 jaar perfect met klantrelaties omging, een aantal van zijn collega's kon wat dat betreft niet aan hem tippen.

En hoe zit het bij mij?

De zet om je te oriënteren, is groter en ogenschijnlijk minder geaccepteerd als je ouder bent. Je zult met veel vooroordelen te maken krijgen dus je moet een sterke *drive* hebben om je zaken scherp te krijgen en je plan en visie te verkopen. Toch blijkt een heroriëntatie voor veel vijftigers een nieuwe toekomst op te leveren; nu de pensioenleeftijd verhoogd is, is het geen overbodige luxe om ook op latere leeftijd grondig na te denken over je drijfveren, je dromen en je mogelijkheden. De beroepsbevolking wordt namelijk steeds ouder, de voorspelling is dat in 2020 een op de vier werknemers boven de vijftig is (De Wit, 2001). Bepaal je eigen toekomst!

Het is overigens handig om je niet pas op je vijftigste te gaan oriënteren – als je slim bent, bereid je je op je toekomst voor door een jaarlijkse 'apk-keuring' of een 'rondje rotonde' waarin je jezelf dwingt om na te gaan of je nog op het goede spoor zit. Je kunt elke keer het volgende nagaan:

Oscar

Oscar is zestig en is sinds twee jaar Chief Operating Officer van een middelgroot productiebedrijf. Het bedrijf heeft net een vier organisaties in Europa opgekocht en van Oscar wordt verwacht dat hij deze bedrijven zo snel mogelijk uniformeert en rationaliseert. Eigenlijk heeft Oscar daar niet veel zin meer in: al die weerstand die hij moet overwinnen! Zijn hart gaat eigenlijk pas sneller kloppen bij het oplossen van grote operationele problemen of hele specifieke problemen van klanten.

Na lang dubben besluit Oscar te stoppen als coo en zich de laatste jaren van zijn loopbaan te concentreren op datgene waar hij echt heel goed in is en waar hij echt plezier aan beleeft: het realiseren van speciale projecten. Het valt hem niet mee om alle statusgerelateerde zaken los te laten, maar na verloop van tijd merkt hij dat hij echt opgelucht is dat hij verlost is van alle *nitty gritty*.

★ Waar kreeg ik de afgelopen periode energie van?
★ Wat waren mijn ambities?
★ Wat is daarvan uitgekomen?
★ Wat heb ik nu nodig om verder te komen?
★ Is een verandering van richting wenselijk of noodzakelijk?

Van belang is dat je niet afwacht tot je vastgelopen bent of niet meer weet wat je wilt. Zoek al vroegtijdig – en regelmatig – naar andere invalshoeken en zet jezelf aan tot reflectie. Het is echt onverstandig om te wachten tot het fout gaat – van jouw kant of van de kant van je werkgever.

Realiseer je dat nevenfuncties, netwerken en uitstraling van groot belang zijn als je op latere leeftijd switcht. Doe je voordeel met de volgende tips:

★ Maak een winst-en-verliesrekening van je huidige baan en van een eventuele nieuwe baan. Wat levert de nieuwe baan op ten opzichte van de baan die je nu hebt? Houd hierbij rekening met zowel de korte als de lange termijn.

★ Wees helder en realistisch in wat je te bieden hebt aan kennis, ervaring en competenties (zie deel 1). Zoek ondersteuning bij een coach als je er zelf niet uitkomt.

★ Bereid je voor op niet hard te maken vooroordelen: ouderen zijn vaker ziek – rollatorbrigade –, ouderen zijn minder flexibel, ouderen leren niet meer, ouderen zijn minder productief. Ga niet in de verdediging maar spring erop in met jouw *unique selling points* (gebruik de STAR-methode: hoofdstuk 4, *Spiegeltje, spiegeltje aan de wand...* en hoofdstuk 9, *Het gesprek*).

★ Ga op zoek naar organisaties die een leeftijdsbewust personeelsbeleid voeren.

★ Oriënteer je op ontwikkelingsmogelijkheden: wat wil of moet je bijleren? Wees hier open over.

★ Denk niet te veel in termen van vaste banen, je zou ook tijdelijke functies kunnen vervullen of interimprojecten kunnen doen die passen bij je kennis en ervaring. Projecten zijn goed voor je netwerk.

Ahmed

Het bericht was een schok voor Ahmed: na dertig jaar trouwe dienst bij een multinational werd hij niet benoemd tot *operator*. De productie ging verhuizen naar Oost-Europa en er waren twijfels of zijn functiegroep het niveau van de nieuwe functie van operator wel aankon. Er werd meer flexibiliteit, initiatief en schakelvermogen gevraagd om bij steeds andere klanten producten in elkaar te zetten met klantgerichte specificaties.

Ahmed had zelf ook al geaarzeld of hij wel over moest stappen naar de functie van *operator* en uit een test bleek dat hij het inderdaad niet aan zou kunnen. Ondanks de schok was hij ook wel opgelucht want stiekem was zijn oude droom om meer van de wereld te zien en met leeftijdsgenoten op stap te gaan, weer boven komen drijven. Buschauffeur, dat leek hem wel wat. Zijn groot rijbewijs had hij al en samen met de adviseur van het mobiliteitscentrum werkte Ahmed zijn overstap uit. Financieel zou hij er op achteruit gaan maar zijn werkgever bood hem een goede vertrekregeling. Na een paar maanden was het zo ver; Ahmed ging aan de slag als buschauffeur en zag zijn oude droom alsnog verwezenlijkt.

★ Wees bereid om een contract voor bepaalde tijd te accepteren. Direct een contract voor onbepaalde tijd is bij veel organisaties onbespreekbaar, onafhankelijk van je leeftijd.

★ Maak een sport van netwerken en solliciteren en blijf positief!

Tot slot nog een aantal sites met informatie en vacatures:
www.50pluscarriere.nl
www.seniorgroep.nl
www.midlife.nl
www.oudstanding.nl
www.seniorwerkt.nl
www.topsenior.nl
www.40pluswerk.nl
www.pluseenbaan.nl
www.midlife.nl
www.senioren.startpagina.nl
www.gitp.nl/life: Life@40 en Life@50
www.ouderenenarbeid.be
www.seniorennet.be

Henk

Henk is 48 en heeft voorspoedig carrière gemaakt. Na een aantal leidinggevende functies
en directiefuncties bij een grote uitgeverij is
hij nu eindverantwoordelijk operationeel directeur. Hij vindt zijn werk leuk; hij gaat er
helemaal in op en hij kent het bedrijf en zijn
mensen door en door. Zijn positie is stevig,
hij is gezien en men kan in het bedrijf niet om
hem heen. Qua arbeidsvoorwaarden zit hij aan
zijn top.

Toch vindt hij het perspectief om tot zijn 62e
of 65e bij dit bedrijf te werken, niet aanlok-
kelijk. Het zou voor hem een herhaling van
zetten betekenen. Een paar jaar geleden realiseerde hij zich al dat hij graag bij een organisatie in de zorg of in het onderwijs zou werken
en daarom heeft hij bestuurservaring in een
aantal nevenfuncties op dit vlak opgedaan.

Via zijn netwerk solliciteert hij bij een aantal
gezondheidszorginstellingen. Elke keer moet
hij uitleggen waarom iemand met zijn succes
en salaris weg wil uit het bedrijfsleven maar
hij heeft een goed verhaal, ergert zich niet
aan de gestelde vragen en gaat niet aan zichzelf twijfelen. Na anderhalf jaar netwerken
wordt hij algemeen directeur van een zorgin-
stelling.

17

De kracht van anders zijn

Nederland heeft een lange traditie van nieuwe groepen die hierheen kwamen en maatschappelijk – en dus ook op de arbeidsmarkt – een plaats verwierven. En daarmee kregen zij ook economische waarde. Denk bijvoorbeeld aan de joden in de zeventiende eeuw en de instroom van mensen uit Italië, Spanje, Indonesië, Suriname, de Antillen, Turkije en Marokko na de Tweede Wereldoorlog. De laatste jaren komen er steeds meer mensen in Nederland werken uit het voormalig Oostblok, Iran, Afghanistan en China. Immigratie is een fenomeen dat diep verankerd is in de Nederlandse maatschappij en waar we ook in deze tijd niet omheen kunnen.

Werkgevers komen steeds meer tot het inzicht dat een personeelsbestand dat voornamelijk uit medewerkers met dezelfde culturele achtergrond bestaat, niet langer wenselijk is. Daarnaast zien sommige ondernemingen en de overheid vanuit maatschappelijk bewustzijn in dat het van groot belang is om specifieke groepen niet uit te sluiten van de arbeidsmarkt.

De laatste jaren onderschrijven steeds meer organisaties dan ook dat diversiteit op de werkvloer kan leiden tot innovatie en creativiteit en dus een succesvollere bedrijfsvoering – als de randvoorwaarden maar worden gecreëerd. Die randvoorwaarden zijn van groot belang want culturele diversiteit leidt tot een organisatiecultuurverandering die verder gaat dan de instroom van nieuwe groepen en vooral te maken heeft met de doorstroom en het inzetten, ontwikkelen en behouden van de talenten van deze medewerkers. Met andere woorden: het tij keert.

Hoe kom je een baan op het spoor?

Veel werkgevers vinden het moeilijk om sollicitanten met een dubbele cultuur te vinden omdat ze vaak op een traditionele wijze werknemers werven. Natuurlijk zijn er bedrijven die hier steeds behendiger mee omgaan door biculturele netwerken te sponsoren of in andere media te adverteren. Maar zolang niet alle organisaties dit doen, is je verdiepen in de wegen die werkgevers bewandelen de meest effectieve aanpak bij het vinden van een baan.

Koop op zaterdag bijvoorbeeld een landelijk (kwaliteits)dagblad en lees Intermediair en Volkskrant banen. De juiste vacaturesites om te zoeken vind je terug in hoofdstuk 7. Daarnaast kan het nuttig zijn om je aan te sluiten bij een bicultureel netwerk of een biculturele studentenvereniging. Zo kun je een netwerk opbouwen, wat weer kan helpen bij het vinden van een baan.

Kijk voor vacatures ook op:

www.yepjobs.nl

www.werk.nl

(zoek op servicepunt HOA)

www.vdab.be

(kijk bij VDAB-diensten)

Ga verder naar carrièrebeurzen en lees een carrièregids. Kijk goed hoe er op je gereageerd wordt, welk deel van je verhaal of je presentatie aanslaat en welk deel niet of minder. Zo kun je je eerste indruk steeds verder versterken. Kijk ook goed in je naaste omgeving naar bekenden, vrienden en familieleden die al een baan hebben; misschien kunnen zij je adviseren of introduceren.

Wie schrijft die blijft, tenzij...

Een brief (per mail) met je cv is een gebruikelijke manier om je interesse in een vacature kenbaar te maken. Alle tips en opmerkingen uit hoofdstuk 8 gelden natuurlijk ook voor jou, maar een onderwerp verdient nog wat extra aandacht en dat is taal. De meest voorkomende reden voor een afwijzing is een brief met taalfouten. Zorg er dus voor dat je brief absoluut foutloos is! Je kunt dit doen door je brief na te laten lezen door iemand uit je omgeving van wie je zeker weet dat hij of zij foutloos Nederlands schrijft. Als je een brief met taalfouten stuurt, komt die snel op de verkeerde stapel terecht. Dit geldt overigens voor alle bi- en monoculturen en functieniveaus.

Als je nog geen relevante werkervaring hebt opgedaan, kun je bijbaantjes en andere activiteiten opnemen in je curriculum vitae, bijvoorbeeld projecten die je tijdens je studie hebt gedaan. Noem deze niet alleen, maar beschrijf ze ook in hoofdlijnen en leg bijvoorbeeld uit welke rol – formeel of informeel – jij daarin vervuld hebt. Beschrijf vooral die projecten die overeenkomsten hebben met de functie waar je op solliciteert.

> *Pas je brief voor iedere sollicitatie weer aan.*

   Ten slotte is motivatie altijd een belangrijk item in een brief. Een stukje over je motivatie spreekt alleen aan als je je motivatie toespitst op de specifieke functie en/of het specifieke bedrijf. Een algemeen stukje ('Ik houd van nieuwe uitdagingen') zegt namelijk helemaal niets over de reden van jouw sollicitatie. Dit betekent dus dat je een brief bij iedere sollicitatie weer moet aanpassen.

Werken aan je presentatie

Het eerste gesprek

Als je op gesprek mag komen, is dat vaak een gesprek met een P&O-er of recruiter (de functionaris die nieuwe medewerkers aantrekt voor de organisatie). Het is belangrijk om je te realiseren dat deze persoon geen directe collega wordt, tenzij je naar een functie op zijn of haar afdeling gesolliciteerd hebt.

   Recruiters of P&O-ers doen de eerste selectieronde; je moet deze ronde door om verder in de organisatie te kunnen praten. Als het met deze persoon niet klikt, hoeft dat dus geen onoverkomelijk bezwaar te zijn: als je er eenmaal werkt, heb je waarschijnlijk niet veel meer met hem of haar te maken. Je wilt de baan graag hebben, dus het gesprek is een drempel die je moet nemen. Het is belangrijk dat je dit gesprek serieus neemt.

Directheid

De inhoud van het gesprek kan je verrassen omdat het misschien anders gaat dan in jouw cultuur gebruikelijk is. Een voorbeeld daarvan is de directheid die eigen is aan de Nederlandse cultuur. Als je erg direct bejegend wordt, is dat niet persoonlijk maar zakelijk bedoeld om te achterhalen of de functie bij je past. De directheid is een kwestie van een andere cultuur en een andere manier van met elkaar omgaan. Je kunt overigens ook weinig merken van die Nederlandse directheid en een weinig eerlijke reactie krijgen. Eerlijkheid is soms ver te zoeken, waardoor de reden voor een afwijzing soms indirect en verkapt gegeven wordt.

Bescheidenheid

Van huis uit heb je wellicht meegekregen dat bescheidenheid een heel groot goed is, maar die overtuiging kan je behoorlijk dwarszitten in het sollicitatieproces, waarin jij je kwaliteiten kenbaar moet maken. Zorg er dus voor dat je alle informatie geeft die de andere partij nodig heeft om jou als toekomstig medewerker goed in te kunnen schatten.

Onder 'alle informatie' wordt overigens niet alleen zakelijke informatie verstaan – het is gebruikelijk dat sollicitanten ook open zijn over persoonlijke zaken. Schrik dus niet als er aan je gevraagd wordt of je getrouwd bent, wat je naast je werk doet, wat je vrijetijdsbesteding is en dergelijke. De recruiter probeert met deze vragen meer inzicht te krijgen in wie jij bent, wat jou beweegt en waar je warm voor loopt. Een gesloten reactie van jouw kant maakt het voor een recruiter of manager erg moeilijk om te ontdekken wie je bent en wat je talenten zijn en vergroot je kans op het krijgen van de baan niet.

Sterktes, zwaktes en ambities

Heel vaak wordt in sollicitatie gevraagd naar je sterktes en zwaktes om jou beter te leren kennen. Hier kun jij je uitstekend op voorbereiden want als we het hebben over *de kracht van anders zijn*, betekent dat dat iedereen een eigen, unieke inbreng heeft. Die is deels persoonsgebonden (je persoonlijkheid, kennis en ervaring) en voor een deel cultuurgebonden.

Als je jezelf goed wilt neerzetten in het sollicitatiegesprek is het goed om van te voren te bedenken waar jouw kracht ligt en in hoeverre deze verschilt van die van andere sollicitanten. Als het in jouw cultuur bijvoorbeeld heel belangrijk is om positief te denken en niet bij de pakken neer te gaan zitten, kun je dat vertellen en duidelijk maken hoe dat bij jou uitpakt.

Aisha

Aisha heeft net haar heao beëindigd en wil graag aan het werk. Ze wil het liefst aan de slag bij een groot bedrijf vanwege de doorgroeimogelijkheden. Tijdens haar sollicitatiegesprek wordt haar gevraagd wat haar ambitie is. In eerste instantie houdt ze zich op de vlakte en zegt ze dat ze haar werk graag goed wil doen. De recruiter merkt op dat dat van iedereen verwacht wordt en dat ze niet vertelt in welke mate zij wil doorgroeien. Aisha besluit haar bescheidenheid te laten varen en vertelt over haar lang gekoesterde wens om directeur procurement te worden – zij vertelt dus eigenlijk over haar droom en niet over haar ambitie op kortere termijn. De recruiter vindt het wel erg onrealistisch dat een starter zulke verwachtingen koestert en loopt niet warm voor dit deel van haar verhaal.

Aan het eind van het interview wil de recruiter wat meer weten over Aisha zelf en hij vraagt haar of zij nog thuis woont. Aisha antwoordt ontwijkend: Het gaat toch om de manier waarop zij haar werk verricht? Dan maakt het toch niet uit waar ze woont? Wanneer de recruiter hier toch op doorgaat, reageert ze een beetje kortaf en zegt ze dat ze nog thuis woont en dat dat heel normaal is in haar cultuur. De recruiter voelt zich een beetje op de vingers getikt en weet nog steeds weinig over Aisha zelf. Op zijn beurt voelt hij zich ook niet meer op zijn gemak.

Verder is het erg belangrijk dat je je ambities goed kenbaar maakt. Vertel zonder schroom maar ook zonder te overdrijven of op te scheppen wat je de komende drie jaar graag zou willen bereiken. Als je bijvoorbeeld als trainee solliciteert, zeg dan in welke richting je na dat traineeschap het liefst door zou willen groeien. Sla hierbij niet door en schets geen irrelevant perspectief, want dat maakt je verhaal minder realistisch en daardoor zul je minder serieus genomen worden.

Respect

Met respect wordt in verschillende culturen heel anders omgegaan. In veel culturen krijg je van het begin af aan respect, totdat het tegendeel bewezen is. In de Nederlandse cultuur werkt dat echter anders: je wordt in eerste instantie neutraal of bevooroordeeld benaderd en moet respect verdienen. Dat betekent dat de eerste fase van een gesprek vaak aftastend verloopt; je gesprekspartner probeert in te schatten wie jij bent.

De salarisonderhandeling

Een initiatiefrijke houding vergroot de kans op een succesvol gesprek en een geslaagde salarisonderhandeling. Verdiep je van tevoren goed in de hoogte van een marktconform salaris. Als het aanbod naar jouw mening te mager is, vraag dan naar de reden van de salarishoogte en vertel waarom jij denkt dat je in aanmerking komt voor een hoger salaris. Overtuigende argumenten zijn gebaseerd op kennis en werkervaring, dus als je daar over beschikt, is het goed om dat nog eens duidelijk naar voren te brengen. Wees daarin dus niet te bescheiden, want daar heb je alleen jezelf mee.

Aan de andere kant: overvraag niet en kijk ook naar de mogelijkheden die je naast het salaris geboden worden; een lease-auto lijkt leuk, maar waarschijnlijk heb je op termijn veel meer aan een goed opleidingstraject. Geld maakt niet gelukkig: succesvol functioneren zeker wel!

Waardevriendelijke tests

Bij steeds meer organisaties maakt een assessmentonderzoek deel uit van de selectieprocedure. Het is het verstandig om te informeren naar waardevriendelijke tests waarbij rekening wordt gehouden met cultuurverschillen. Er zijn zowel waardevriendelijke persoonlijkheidstesten als intelligentietesten. Deze laatste zijn minder op taal gebaseerd.

Hoera je bent binnen!! En nu?

Meteen een nieuwe stap?

Als je een baan hebt gekregen, wil je dat deze een succes wordt. Het gebeurt niet vaak dat je al binnen een of twee jaar van functie wisselt. Zet je kaarten dus niet in op snelle doorgroei, maar probeer vooral een succes van je huidige functie te maken voordat je om je heen gaat kijken. Accepteer dat carrière maken tijd kost. Als je de inhoud van het werk goed onder de knie krijgt en tegelijkertijd je ontwikkeling in gang zet door bijvoorbeeld een opleidingstraject te volgen, maak je na een paar jaar een goede kans op een tweede stap. Opleidingen, coaching, mentoring en meester-gezel-systemen zijn vaak een goede steun in de rug en zeker geen teken van onvermogen, integendeel: hulp bieden en accepteren maakt effectiever functioneren – en daarmee een snellere doorgroei – mogelijk.

Ambities tonen

Het is wel goed om je ambitie kenbaar te maken aan je werkgever. Als bekend is dat je wilt doorgroeien, word je sneller benaderd dan wanneer je hier minder helder over bent. Alleen hard werken is niet voldoende om carrière te maken, denk ook regelmatig na of jouw aanpak effectief is op weg naar de top. Probeer af en toe te genieten van het uitzicht en overweeg dan ook of dit het uitzicht is dat je voor ogen had.

Je kunt je ambitie langs formele weg kenbaar maken, maar ook in je informele netwerk; bij grote ondernemingen zijn er vaak allerlei soorten netwerken. Stap over je schroom heen, als je die hebt, en ga naar zo'n bijeenkomst. Het is van belang dat je een groepje medestanders en bekenden om je heen verzamelt in het bedrijf waar je werkt, dat kan je een goede ingang bieden.

18

Aan Z: de moed om je eigen pad en passen te kiezen

Hard aan het werk geweest? Je *personal brand* en strategie helder? Of zijn er juist meer dilemma's gerezen – realiseer je je nog meer dat je vooral in het spoor van anderen bezig bent en nog te weinig je eigen pad volgt? Ook dat is het effect van een boek als *Jij bent aan Z.*

Naast de praktische tips en tools die we je mee hebben willen geven, geloven we sterk in zelfbewustzijn. Zelfbewustzijn zorgt dat je steeds je eigen stappen zet en niet te snel meegaat met de verwachtingen of kaders van anderen; dat je jezelf af en toe bijstuurt wanneer je jezelf betrapt op een 'slap' verhaal, zo'n verhaal dat begint met allerlei mitsen en maren, zo'n verhaal waarbij je je toehoorder nog een keer moet uitleggen wat je bedoelt, omdat hij de kern niet goed begrepen heeft. En je blijft maar proberen hem te overtuigen... Dat is een moment om te concluderen dat je verhaal misschien niet helemaal goed staat – dat de ander een aantal punten heeft dat je zelf nog niet gezien had, punten die maken dat je je verhaal moet bijspijkeren.

Kiezen voor je eigen pad en dat ook volgen, betekent dat je jezelf en anderen recht aan moet kijken, dat je zaken los moet laten of opnieuw aan moet leren. Natuurlijk is het bekende comfortabel en veilig, maar tegelijkertijd verandert de omgeving snel. We hebben in vier maanden tijd meer informatie te verwerken dan een mens in een heel mensenleven 150 jaar geleden. Het tempo en de complexiteit van nu vragen om schakelen, rondjes rotonde rijden, afslagen nemen en weer terugrijden en bijsturen via de TomTom omdat er files staan.

In deze dynamiek hebben we je willen bijstaan: 'dit is het einde, dat doet de deur dicht' bestaat niet meer. Aan Z zijn is een continu proces dat de nodige kicks en incidentele teleurstellingen zal opleveren – het zal niet altijd zijn wat je ervan verwacht had en soms zul je tegen je grens oplopen. Maar in de regel is in beweging blijven lekker, zolang het jouw keuze is. Wees daar alert op, dan blijf jij aan Z. Succes!

NVP Sollicitatiecode
Dé gedragscode voor werving & selectie

De NVP Sollicitatiecode (hierna te noemen: 'de code') bevat basisregels die arbeidsorganisaties (bedrijven en instellingen die arbeidsrelaties aangaan) en sollicitanten naar het oordeel van de Nederlandse Vereniging voor Personeelsmanagement & Organisatieontwikkeling (NVP) in acht behoren te nemen bij de werving en selectie ter vervulling van vacatures. Het doel van de code is een norm te bieden voor een transparante en eerlijke werving en selectieprocedure. De code is chronologisch opgebouwd vanaf het ontstaan van de vacature tot de aanstelling. De arbeidsorganisatie kan de (toepassing van de) code aan haar eigen specifieke situatie aanpassen, zo daartoe aanleiding bestaat. De NVP zal de praktijk van werving en selectie door arbeidsorganisaties volgen en haar invloed aanwenden om deze op het door haar voorgestane peil te brengen en te houden. De code is opgesteld in overleg met de Stichting van de Arbeid.

1 Uitgangspunten

1.1 De code is gebaseerd op de volgende uitgangspunten:

★ een eerlijke kans op aanstelling voor de sollicitant (gelijke kansen bij gelijke geschiktheid; de arbeidsorganisatie bepaalt haar keuze op basis van geschiktheid voor de functie);

★ de sollicitant wordt deugdelijk en volledig geïnformeerd over de procedure, over de inhoud van de vacante functie en over de plaats daarvan in de organisatie;

★ de arbeidsorganisatie vraagt van de sollicitant slechts die informatie die nodig is voor de beoordeling van de geschiktheid voor de functie;

★ de sollicitant verschaft aan de arbeidsorganisatie de informatie die deze nodig heeft om een waar en getrouw beeld te krijgen van de geschiktheid van de sollicitant voor de vacante functie;

★ de van de sollicitant verkregen informatie wordt vertrouwelijk en zorgvuldig behandeld; ook in andere opzichten wordt de privacy van de sollicitant gerespecteerd;

★ op een door de sollicitant schriftelijk bij de arbeidsorganisatie ingediende klacht over onzorgvuldige, onbillijke of onjuiste behandeling wordt door de betrokken arbeidsorganisatie schriftelijk gereageerd.

1.2 Het is van belang dat de sollicitant duidelijkheid heeft over de te volgen sollicitatieprocedure. Dit betekent dat indien de arbeidsorganisatie afwijkt van de eenmaal gekozen procedure, zij dit aan de sollicitant meedeelt en toelicht. De sollicitant kan, indien daartoe aanleiding bestaat, om een afwijking van de procedure verzoeken. De code is van toepassing op een procedure die erop gericht is om een vacature binnen een arbeidsorganisatie te vervullen en waarvoor de werving van kandidaten plaatsvindt door a) openbare bekendmaking, zoals advertenties in kranten, radio, internet, b) binnen beperkte kring, zoals via kennissen of familie, CWI, publicatieborden, interne werving en c) via uitzendbureaus, werving- en selectiebureaus, executive search. De code sluit aan bij bestaande Europese (inclusief Nederlandse) wet- en regelgeving.

2 Ontstaan van de vacature

2.1 Indien de arbeidsorganisatie besluit dat er een vacature is of komt en dat die vervuld moet worden, maakt zij een beschrijving van de vacante functie waarin de relevante kenmerken worden vermeld. Daartoe behoren in elk geval: functie-eisen, taakinhoud en verantwoordelijkheden, plaats in de organisatie, aard van het dienstverband (bijvoorbeeld tijdelijk of detachering), arbeidstijden en arbeidsduur (bijvoorbeeld ploegendienst of deeltijd) en standplaats.

2.2 Functie-eisen kunnen betrekking hebben op vakbekwaamheid (opleiding, kennis en ervaring), gedrag en
persoonlijke kwaliteiten. Eisen ten aanzien van persoonlijke kenmerken worden slechts gesteld indien
deze in verband met een goede functievervulling
noodzakelijk zijn en voor zover zij niet in strijd zijn
met wettelijke regelingen.

3 Werving

3.1 Een personeelsadvertentie vermeldt, naast de relevante kenmerken van de vacature, de wijze van soltrici-
teren (bijvoorbeeld of een sollicitatieformulier moet
worden ingevuld), de door de sollicitant te verschaf-
fen informatie (zoals opleiding, diploma's, arbeids-
verleden en ervaring), eventuele bijzondere selectie-
procedures/-middelen (zoals psychologisch onderzoek
en/of assessment), een eventuele aanstellingskeuring, een verplicht antecedentenonderzoek en de termijn waarbinnen moet worden gesolliciteerd.

3.2 Wanneer het stellen van een leeftijdsgrens noodzakelijk is, wordt de reden daarvan aangegeven.

3.3 Indien een voorkeursbeleid ten behoeve van bepaalde
groepen wordt gevoerd, wordt daarvan uitdrukkelijk
melding gemaakt en de reden gegeven.

3.4 De arbeidsorganisatie verlangt van de sollicitant geen
pasfoto voordat zij de sollicitant heeft uitgenodigd.

4 Selectiefase

4.1 De arbeidsorganisatie bericht de sollicitant zo spoedig
mogelijk (binnen enkele weken) na de sluitingsdatum
voor reacties:
★ of hij wordt afgewezen;
★ of hij wordt uitgenodigd;
★ of zijn sollicitatie wordt aangehouden (onder
vermelding van de termijn waarbinnen nader bericht volgt).
Indien de sollicitant voor een bezoek wordt uitgenodigd of indien zijn sollicitatie wordt aangehouden,
stuurt de arbeidsorganisatie samen met dit bericht de
bij haar geldende sollicitatieprocedure, met inbegrip
van de verwachte duur daarvan.

4.2 De arbeidsorganisatie stelt alleen vragen over aspecten die voor de functie en/of voor de functievervulling

relevant zijn. De arbeidsorganisatie kan de sollicitant
verzoeken zich te legitimeren met een geldig legitimatiebewijs. De sollicitant verschaft de arbeidsorganisatie de informatie die een waar en getrouw beeld
geeft van zijn vakbekwaamheid (opleiding, kennis en
ervaring) en hij houdt geen informatie achter waarvan hij weet of behoort te weten dat deze van belang
is voor de vervulling van de vacante functie waarop hij
solliciteert.

4.3 De arbeidsorganisatie verstrekt de sollicitant naar
waarheid alle informatie die deze nodig heeft om zich
een zo volledig mogelijk beeld te vormen van de vacature en van de arbeidsorganisatie.

4.4 De arbeidsorganisatie geeft in de openbare bekendmaking van de vacature of in de procedure duidelijkheid over het wel of niet vergoeden van de door de
sollicitant in redelijkheid gemaakte kosten.

5 Nader onderzoek

5.1 Indien de arbeidsorganisatie inlichtingen over de sollicitant wil inwinnen bij derden en/of andere bronnen, vraagt zij hiertoe vooraf diens toestemming,
tenzij zulks niet vereist is op grond van een wettelijk
of algemeen verbindend voorschrift.De beoogde informatie moet direct verband houden met de te vervullen vacature en mag geen onevenredige inbreuk
maken op de persoonlijke levenssfeer van de sollicitant. Bij derden en andere bronnen verkregen informatie zal, indien relevant, met de sollicitant worden
besproken.

5.2 Een psychologisch onderzoek of assessment kan
slechts plaatsvinden door of onder verantwoordelijkheid van een psycholoog met inachtneming van de
richtlijnen van het Nederlands Instituut van Psychologen (NIP). De psycholoog behoeft toestemming van
de sollicitant om de resultaten van het onderzoek aan
de opdrachtgever (de arbeidsorganisatie) te kunnen
verstrekken.

5.3 Een medisch onderzoek in verband met de aanstelling
kan slechts plaatsvinden indien er aan de vervulling
van de functie bijzondere eisen op het punt van de
medische geschiktheid moeten worden gesteld en uit-
sluitend nadat alle overige beoordelingen van geschiktheid hebben plaatsgevonden aan het einde van

de selectieprocedure. Het onderzoek wordt verricht door een keurend arts, met inachtneming van de voor een dergelijk onderzoek geldende wettelijke regels. Bij een aanstellingskeuring vormen de Wet op de Medische keuringen, het Protocol Aanstellingskeuringen van juni 1995[1] en het Besluit aanstellingskeuringen van november 2001[2] het richtsnoer.

6 Afwijzing, afronding sollicitatieprocedure en aanstelling

6.1 Indien de arbeidsorganisatie, in enige fase van de sollicitatieprocedure, besluit dat een sollicitant niet in aanmerking komt voor de vervulling van de vacature, ontvangt deze binnen twee weken na dit besluit schriftelijk bericht. De afwijzing wordt zo goed mogelijk gemotiveerd. De afwijzing geschiedt schriftelijk (per brief of e-mailbericht). De sollicitatieprocedure wordt als afgerond beschouwd indien de vacature is vervuld door een of meerdere sollicitanten dan wel doordat de arbeidsorganisatie heeft besloten dat de vacature vervalt. Allen die op dat moment nog deelnemen aan de procedure worden hierover binnen twee weken schriftelijk bericht.

6.2 Voor zover van toepassing worden (schriftelijke) gegevens afkomstig van een sollicitant binnen vier weken na de afwijzing teruggezonden of vernietigd, tenzij anders met de sollicitant is overeengekomen.

6.3 Bij de aanstelling worden alle afspraken en toezeggingen schriftelijk vastgelegd.

7 Klachtenbehandeling door de arbeidsorganisatie

7.1 De arbeidsorganisatie onderzoekt schriftelijke klachten van sollicitanten die van oordeel zijn dat zij onzorgvuldig, onbillijk of onjuist zijn behandeld, waarna de sollicitant binnen een maand schriftelijk en gemotiveerd wordt geïnformeerd over de bevindingen van

U kunt contact opnemen met de Klachteninstantie NVP-Sollicitatiecode voor informatie over de code of als u een klacht wilt indienen.

de arbeidsorganisatie.

7.2 De ondernemingsraad, respectievelijk de personeelsvertegenwoordiging, wordt jaarlijks geïnformeerd over het aantal, de aard en de wijze van afhandeling van de ingediende klachten.

8 Klachtenbehandeling door de NVP

8.1 Een sollicitant die zich met een schriftelijke klacht omtrent een sollicitatieprocedure heeft gericht tot de betrokken arbeidsorganisatie en daarop geen of een onbevredigende reactie heeft gekregen, kan zich met zijn schriftelijke klacht wenden tot de NVP. De NVP toetst deze schriftelijke klacht vervolgens aan deze code. De NVP stelt de arbeidsorganisatie waartegen de klacht zich richt in de gelegenheid om schriftelijk te reageren op hetgeen de klager naar voren heeft gebracht. De uitspraak van de NVP wordt toegezonden aan de klager en in afschrift aan de betrokken arbeidsorganisatie.

8.2 De uitspraak is niet bindend. De NVP kan haar oordeel vergezeld doen gaan van een aanbeveling aan de arbeidsorganisatie, welke aanbeveling kan bijdragen aan een zorgvuldig werving- en selectiebeleid.

8.3 Klachten wegens inbreuk op een wettelijke regeling[3] worden niet in behandeling genomen. Klager wordt gewezen op de mogelijkheid zijn klacht voor te leggen aan de rechter, respectievelijk wanneer het (wettelijk verboden) discriminatie betreft ook aan de Commissie Gelijke Behandeling (www.cgb.nl) en wanneer het een aanstellingskeuring betreft ook aan de Commissie Klachtenbehandeling Aanstellingskeuringen (www. aanstellingskeuringen.nl).

U kunt contact opnemen met de Klachteninstantie NVP Sollicitatiecode voor informatie over de code of als u een klacht wilt indienen. De Klachteninstantie NVP Sollicitatiecode is van woensdag t/m vrijdag van 9.00 uur tot 17.00 uur telefonisch bereikbaar.
Klachteninstantie NVP Sollicitatiecode
Postbus 70
3430 AB Nieuwegein
T 030 605 57 84 / F 030 234 39 91
sollicitatiecode@nvp-plaza.nl / www.nvp-plaza.nl

1   Het protocol aanstellingskeuringen is ondertekend door de centrale organisaties van: werknemers, werkgevers, patiënten/consumenten, artsen en arbo-diensten. Het protocol kan worden opgevraagd bij de Koninklijke Nederlandse Maatschappij tot bevordering der Geneeskunst, Lomanlaan 103, 3526 XD Utrecht, 030 282 39 11.

2   Het Besluit van 23 november 2001 tot regeling van de klachtenbehandeling aanstellingskeuringen is op 1 februari 2002 in werking getreden. Dit besluit legt de organisatie onder meer de volgende verplichtingen op. De organisatie stelt de sollicitant die daarom verzoekt tijdig voor de aanstellingskeuring het desbetreffende advies van de arbodienst ter beschikking. De organisatie informeert de sollicitant over de mogelijkheid een klacht in te dienen bij de Commissie Klachtenbehandeling Aanstellingskeuringen.

3   Het betreft hier de Algemene wet gelijke behandeling (ter zake van godsdienst, levensovertuiging, politieke gezindheid, ras, geslacht, nationaliteit, hetero- of homoseksuele gerichtheid of burgerlijke staat), de Wet gelijke behandeling van mannen en vrouwen en ook de Wet medische keuringen met de daarop gebaseerde Besluiten aanstellingskeuringen en klachtenbehandeling aanstellingskeuringen. Ook kunnen worden genoemd de Wet gelijke behandeling op grond van handicap of chronische ziekte en de Wet gelijke Behandeling op grond van leeftijd bij de arbeid. Het juridische spreekuur van de Commissie Gelijke behandeling is te bereiken op werkdagen tussen 14.00 uur en 16.00 uur, tel. 030 888 38 88. De Commissie Klachtenbehandeling Aanstellingskeuringen is te bereiken onder tel. 030 272 30 44. Voor informatie over bescherming persoonsgegevens kunt u terecht bij www.cbpweb.nl.

Literatuur

Deel 1

★ Buzan, T., *Use your head,*
  BBC Consumer Publishing, London 2003.

★ Carroll, L., *De avonturen van Alice in Wonder-land*, Van Goor, Amsterdam 2000.

★ Kuijpers, M., *Breng beweging in je loopbaan*,
  Academic Service, Den Haag 2005.

★ *Beroepengids tot en met mbo-niveau*,
  LDC Publicaties, Leeuwarden (verschijnt jaar-lijks).

★ *Beroepengids vanaf mbo-niveau*,
  LDC Publicaties, Leeuwarden (verschijnt jaar-lijks).

★ Moses, B., *What Next? The Complete Guide to Taking Control of Your Working Life*,
  Dorling Kindersley, London 2003.

★ Ofman, D., *Bezieling en kwaliteit in organisa-ties*, Service, Utrecht 2002.

★ Quinn R. e.a., *Een kader voor management-vaardigheden*, Academic Service, Schoonho-ven 1996.

★ Wallace, K. & Monks, L., *Stress! Leidraad voor een beter leven*, De Brink, Amsterdam 2000.

Deel 2

★ Ekman, P., *Gegrepen door emoties*,
  Uitgeverij Nieuwezijds, Amsterdam 2003.

★ Schmidt, F.L., & Hunter, J.E., The validity and utility of selection methods in personnel psy-chology: Practical and theoretical implica-tions of 85 years of research findings. *Psycho-logical Bulletin, 124* (2), 262-274, 1998.

★ Mehrabian, A., *Nouverbal Communication*,
  Walter de Gruyter, New York 1972.

★ Soudijn, K., *Ethische codes voor psychologen*,
  Uitgeverij Nieuwezijds, Amsterdam 2007.

Deel 3

★ Boomen, T. van den & Hoeflaken, W. van,
  Handboek freelancen 2006/2007,
  Uitgeverij Nieuwezijds, Amsterdam 2006.

★ Martin Bril, *de Volkskrant,* 13-04-2004.

★ Dekker, F. e.a., *Werkgever alert 2003*,
  Sdu Uitgevers, Den Haag 2003.

★ Drenth, B. e.a., *De kunst van het volgen*, Van Gorcum, Assen.

★ Ellis, A. & Backx, W., *Moeten maakt gek*,
  Anthos, Baarn 1991.

★ Gaillard, A., *Stress, productiviteit en gezond-heid*, Academic Service, Schoonhoven 2003.

★ Holmes, T.H. & Rake, R.H., The Social reajust-ment rating scale, *Journal of Psychosomatic Research,* 11,213-218, 1967.

★ Hoogendijk, A., *Loopbaanzelfsturing*, Business Contact, Amsterdam 2000.

★ Kuiper, R., Jong, Vrouw en verkoper? Pas-op voor ontslag, *Intermediair 5*, 2004.

★ Karsten, C., *In dertig dagen uit je burnout*, Uitgeverij Elmar, Rijswijk 2001.

★ Killman, R. & Thomas, K., Four perspectives on conflict management. *California Manage-ment Review,* 3, 59-68, 1987.

★ Kuijpers, M. & Heijden, B. van der, *Loopbaan-ontwikkeling*, Samsom, Alphen aan den Rijn 2000.

★ Legierse, I., *Tech-no-stress?! Een onderzoek naar het construct Technostress en de voorspel-lende waarde van omgeving en persoon*, doctoraalscriptie, Rotterdam 2003.

★ Linneman, J. *Onderhandelen op niveau*, GITP, Tilburg 2002.

★ Moor, W. de, *Stress- en conflictmanagement*, Bohn Stafleu Van Loghum, Houten 1997.

★ Pont, S., *Neuroten! Waarom je soms gek wordt van je collega's (en zij van jou)*, M.O.M., Hou-ten 2004.

★ Portegijs, W., Boelens, A. & Keuzenkamp, S., *Emancipatiemonitor 2002*, Sociaal en Cultureel Planbureau, Den Haag, Centraal Bureau voor de Statistiek, Voorburg 2002.

★ Schoenmakers, I., De derde ronde, nieuwe kansen voor oudere werknemers, *Binnenlands Bestuur, 16*, 44-49, 2002.

★ Tanis, I. & Tanis, P., *Solliciteren nu: de comple-te sollicitatie wijzer*, Thema, Zaltbommel 1996.

★ Visser, P., Henkens, K. & Schippers J.J., Beeldvorming en stereotypering van oudere werknemers in organisaties. *Gedrag & Organisatie, 1*, 2003.

★ Wit, R. de, Behoud oud met goud! Hoe de de-mografische tijdsbom te demonteren? *Tijdschrift voor Loopbaanadviseurs en begelei-ders, 5*, 2001.

Index

Index